跳出会计看会计

（精装修订版）

李玉周　罗杰夫　著

西南财经大学出版社

中国·成都

图书在版编目(CIP)数据

跳出会计看会计/李玉周,罗杰夫著.—修订本.—成都:西南财经大学出版社,2019.6
ISBN 978-7-5504-3914-6

Ⅰ.①跳… Ⅱ.①李…②罗… Ⅲ.①会计学 Ⅳ.①F230

中国版本图书馆 CIP 数据核字(2019)第 041091 号

跳出会计看会计(精装修订版)
TIAOCHU KUAIJI KAN KUAIJI(JINGZHUANG XIUDINGBAN)
李玉周 罗杰夫 著

策划编辑:何春梅
责任编辑:何春梅
封面设计:冯单单
责任印制:朱曼丽

出版发行	西南财经大学出版社(四川省成都市光华村街 55 号)
网　　址	http://www.bookcj.com
电子邮件	bookcj@foxmail.com
邮政编码	610074
电　　话	028-87353785
照　　排	四川胜翔数码印务设计有限公司
印　　刷	四川五洲彩印有限责任公司
成品尺寸	170mm×242mm
印　　张	16
字　　数	245 千字
版　　次	2019 年 6 月第 1 版
印　　次	2019 年 6 月第 1 次印刷
书　　号	ISBN 978-7-5504-3914-6
定　　价	48.00 元

升级会计思维，开拓会计职场新赛道

每年春节后的两个月，是“跳槽”应聘的高峰。然而，传统的“金三银四”在2019年却成了最寒冷的“跳槽季”，以往大量招聘的会计岗位，变得少之又少，像财务经理这样的高阶岗位更是凤毛麟角。

大部分跳槽找工作的会计，都在抱怨投出去的简历如石沉大海，获得面试通知的概率好比彩票中了头奖，即使去面试也说不了两句话，招聘方就让回家等通知，最后的结果往往是音讯全无、不了了之。

同命相连的是，大部分的老板也都在抱怨，招到一个称心如意的会计，好比上九天揽月、下五洋捉鳖。

会计工作说简单也简单，说复杂也复杂。能做简单工作的人很多，多到是个普通会计就能胜任，甚至之前没做过，手把手带上三个月，也能上岗工作、独立做账。

然而，老板真正要的是能算账、会管理、懂生意的会计，并不缺只会做简单工作的会计。

所以，应聘找工作的难，招聘给工作的也难！

现实中，90%的会计工作本就是围绕审核、报销、做账、编表、纳税申报等展开的，涉及管理、经营内容的少之又少。然而，凭证做一万遍，除了科目分类、摘要编写不一样，本质上，还是个凭证处理、会计核算。

干的就是“低端”的事，要做出高级的感觉，不容易，得想招。

招术简单——就是做“嫁接”。

会计干的是基础核算，老板想要的是管理、支撑和服务，咱们把做账和管理合一块不就行了。

比如，会议费报销，在基础核算环节，就三件事：审核原始凭据、确认签批流程、编制会计分录。我们以基础核算为前提，再回答这三个问题，就能走进业务，跨入管理，就会产生新的思考维度——会议费因何而生？会议费支出为何这么多？会议费使用效果如何？

如下表展示的内容，老板清晰地看到 3 月支出的 22 万元会议费，会议地点是在成云会议中心，召开了为期一天，包含了午餐的“季度地区经销商采购推介会”，共有 367 人参加，人均花费 600 元。

结合各地区经销商的产品推广情况、公司近期产品营销计划、经销商合作关系，老板就能看出“季度地区经销商采购推介会”是否低效或无效，会议地点的规格是否超标，人均支出是否超标。

3 月会议费支出明细表

项目	会议级别	会议地点	会议参加人数	会议日程安排	会议支出	人均费用
季度地区经销商采购推介会	公司级	成云会议中心（四星）	367 人（累计）	每季度一次，会议时间一天，含午餐	22 万元	600 元/人
合计						

一张简单的明细表，为老板提供了会议费支出的关键信息，支撑老板完成特定事项的管理，这就是财务管理。

同时，会议费明细表记录的信息，正是会议费原始凭据中反映的内容，不用计算、没有指标、无需分析，简单明了地摆事实，自然而然地讲道理。

我们说，管理很远，确实很远：财务分析、预算绩效、成本控制、资金管理、内控风险、投融资规划、资本运作，哪个不是“高高在上”，看得见、摸不着，可望不可及的样子。

我们说，管理很近，确实很近：通过报销管好费用、通过收支用好资金、通过开票和收票降低税负、通过制度守住风险、通过报表编制分析经营、通过台账跟踪预算执行，哪个不是手到擒来，只要愿意做，就能摸得着，瞬间从核算切换到管理。

除了老板对会计工作提出的要求，时代发展也在催会计奋进，大数据、财务共享、云计算、财务机器人……新技术层出不穷，一步一步蚕食传统会计基础工作。

暂且不说技术进步对会计行业的挑战，也不论“消灭会计”会不会成真，单论升职、加薪、跳槽成功，只会做账、报销、编报表，做一年和做十年的会计，除了工龄工资的细微差异，二者有何区别?

要成为年薪 30 万元的会计，要当上财务总监，要顺遂心意地跳槽，要有底气地和老板谈论薪资，要体现十年会计和一年会计的差异，靠的就是“嫁接”在基础核算之上的财务管理和业务控制。

财政部 2014 年提出，会计改革的方向是推广和运用管理会计，本书写作的立意也是帮大家从简单核算会计中解脱出来，运用做生意、搞经营的思维，结合眼前工作，就地取材，因地制宜，借助简单好用、快速上手的方法，搭建新的职业发展通道。争取在最短的时间内，成为老板眼中得力的财务助手、能干的会计人员，进而晋升为行业内的高端财务人员。

“会计叔”：接地气的会计学教授，在会计职场驰骋十余年后回到高校从事教学；在实践和理论的磨炼中取得一手“会计真经”。

他独立教授的《管理会计学》被教育部评选为首批国家级精品课程，并登录中宣部学习强国网。

“算盘哥”：会计学硕士，在上市公司摸爬滚打十余年，做过市场部经理、当过财务总监，是独当一面的“职场大师兄”。

“算盘哥”专属话题“一分钟学管理会计”累计阅读量破 2 000 万，详情搜索新浪微博：会计罗杰夫。

⊙目　　录⊙

第一部分

着眼当下，做一个面向未来的会计

一、会计是描绘世界的一种方式
——升级会计思维

会计，一个古老又不断焕发生机的行业。作为理论学科，会计产生发展不过两百多年的时间；而作为实务运用技术，会计自石器时代便萌发雏形。如果用一句话解释会计是什么，那么“会计是描绘世界的一种方式”应该是恰当的。

如同数学、物理学、哲学一样，会计也是我们描绘世界、解释现象的工具。

在数学家眼里，一切存在都可以抽象归纳为以数字方式表达的逻辑，小到加减乘除，大到宇宙的起源，都是能计算出来的；在物理学家的眼里，世界是遵循物质运动一般规律和基本结构的现实存在；在哲学家眼里，任何问题都是“我是谁”“我从哪里来”“我要到哪里去”的千古哲思。

世界这么大，在会计学家的眼里，可以体现为收入、支出和结余，可以归纳为资产、负债和权益。我们用企业会计描绘商业活动、用行政事业单位会计描绘政府行为、用公益组织会计描绘慈善活动……只要有人和人类活动的存在，我们就能以会计的方式描绘世界，并将其表达为经济活动形式的会计内容。

会计是描绘世界的一种方式，但要说清楚会计用什么逻辑描绘世界，就不是容易的事了。

我们知道，会计的定义是“以货币为计量单位，核算与监督资金运动，提供信息的经济管理活动”。但在货币出现之前，在没有资金运动的人类活动时期，会计功能就已经出现。

根据会计定义本身，很难解释清楚会计描绘世界的逻辑，换个角度，我们深挖这个问题，就会变为“如果没有会计，人类社会能否正常运转?”

很多学科都不是人类生存的必要因素，“会计”当然也不是人类生存的必要因素。

在当下，如果与会计相关的工作都不存在了，人类社会的经济体系，估计也会就此崩塌。所以，当经济活动复杂到超出人的大脑运算、理解和记忆的极限时，“会计”自然就成为人类活动的“必需品”。

一项人类生存的非必要的内容，成为社会运转的一个基本要素，这体现了人类不断探索未知，通过理论知识和技术推动社会进步的过程。

所以，会计是“被重要”出来的实用功能，是“被抽象”出来的理论学科。会计描绘世界的过程，是以“数”为载体，通过记录经济活动“量”的变化，反映经济活动的原貌。

1998 年亚洲金融危机后，联合国贸易和发展会议成员在《会计披露在东亚金融危机中的作用及应吸取的教训》报告中提道：“缺乏透明、可靠和可比的会计信息是东亚金融危机产生的重要原因。”意思就是，会计信息反映的“事实”和经济活动实质的差异太大，误导了经营、商业和金融活动，由此引发了危机。

这就是会计信息“背离经济活动原貌”的严重后果。

现在看来，上海国家会计学院“不做假账”的校训，其内含的深意，几乎是会计存在的唯一理由。

有意思的是，非财会行业的人很难理解，“不做假账”是多么简单的工作要求，为何会计人员总抱怨工作多、压力大？通常，会计工作体现为

“报销记账”“报税做表”，要做到“不做假账”确实简单，但这些不过是会计工作的形式，其实质是确认、计量和报告。

“确认”是以会计标准描述经济活动的过程，“计量”是用数量的方式抽象表达经济活动的过程，“报告”则是归类划分经济内容和经济活动，展现经济内容价值变化的过程。

这三件事都是为“还原经济活动原貌”这一目标服务的。

我们以案例来诠释会计工作的这三个程序。

王老板卖矿泉水给张老板，双方签订合同后，张老板预付 3 万元，约定一个月后送货，年底再付余款 7 万元。王老板认为收到的这 3 万元就是收入，年底收回 7 万元时，再增加 7 万元的收入。

但在会计看来，现在收到的 3 万元不是收入，因为，矿泉水还没送出，万一张老板改主意不要了，这 3 万元最终将不属于王老板。只有矿泉水发出后，与之相关的风险和报酬转移给了张老板，才能确认收入。

王老板和会计对同一个事情的看法，相差如此之大，谁的看法是对的呢？在王老板看来，每一笔都是实实在在的交易，没有问题：但王老板的会计以会计准则的标准确认经济活动，也没问题。

会计人员是在会计准则的“价值观”下，以会计的规则描绘经济活动（商业活动、经营行为）。“确认、计量和报告”是会计描绘经济活动过程的经验总结和一般原则，当“确认、计量和报告”成为具体的标准和规则后，又有可能与经济活动发生冲突。

好比以上案例中，王老板和会计各自持有相互矛盾的观点。

正是因为人类活动无法穷尽的各种可能性，会计准则才需要不断修订和补充，这种“打补丁”式的自我完善方式，正是为了扩大会计准则的边界，尽可能地涵盖不同经济活动的所有特质。

人类对“会计”的运用，自旧石器时代就已开始，原始人以简单刻记、绘图、记事等方式，记录内容和数量的变化，以弥补人脑记忆的不足。在会计的演进过程中，计量、核对、报数等内容的会计功能，伴随人类活动持续至今。

会计最早是为满足“记事本”“备忘录”的功能需求出现的。实物记事、绘画记事、结绳记事、刻契诩中，都是具体的计数和计量方法。

据说“结绳记事法”是伏羲氏通过结绳记数的方式，管理部落生产及日常生活的工具。虽然结绳的操作很简单，但其内含的计量和记录的原理，却比实物记事、绘画记事和刻契诩中要复杂得多。“事大，大结其绳；事小，小结其绳”的计量特征，类似于现代会计信息的重要性要求。

我们穿越历史，当年结绳记事的伏羲氏和现代身处办公楼里的会计，二者从事的工作没有本质差别，都是从事计量、报告内容和数量变化的脑力活。

显然，在体力劳动为生存前提的原始社会，从事结绳记事工作的就是“金领”阶层的员工，他们的劳动强度低，常伴“老板”左右，从事的还是“管理”工作。

什么样的人会被安排到如此重要的岗位？

无奈笔者没当过部落首领，也不是部落首领的朋友，但我们可以从工作内容推断一个大概：

任职条件一：手要巧，绳结要打得又快又好。

任职条件二：记忆力要好，能清楚记得绳结记录的内容。

任职条件三：智商要高，可以根据经济内容确定结绳的大小。

任职条件四：学习能力要强，宰杀牲口和交换物品是不同的业务，必须快速理解才能结绳。

任职条件五：职业操守要好，成年的牛和初生的牛，在绳结的大小上必须有差异，要体现会计计量客观公允的原则。

任职条件六：情商要高，常伴“老板”左右，如果情商不高，怕是干不了几天。

可以看出，原始社会“会计”们的专业胜任能力和任职要求，一点也不比现代会计的低，说会计是一门古老的职业，确实有历史渊源。

后来，随着人类活动范围扩大和内涵加深，出现了以文字（图形、甲骨文、象形字等）形式刻记在可收藏保管的实物上，并可供查阅使用的

“书契记录”。“书契记录”的操作模式体现了“连续、系统、全面地记录、反映和监督经济活动”的特征。

不论结绳记事还是书契记录，都是为了尽可能完整地记录和反映经济活动的原貌。

原始社会的经济活动简单明了，结绳、画图、刻契都能满足描述经济活动的需求。到了夏、商、周时代的奴隶社会，简单计量、记录的会计功能，不再满足经济活动的需求，计量和记录技术的落后，成为会计发展的重大障碍。

西周时期甲骨文开始向钟鼎文升级，文字的出现和发展，为会计抽象地描述经济活动创造了可能。人们采用文字、数字、计量单位相结合的方式，完成记录工作，并分类“收”“支”，会计簿记开始向单式簿记的方向发展。

伴随簿记技术的进步，西周出现了最早的会计机构，“司会”为机构最高长官（相当于现在的财政部部长），下设职内、职岁、职币等岗位，分别负责财政收入、支出和结余的登录和核算，“司会”总管全部会计账。这样的岗位设置，与现代企业财会部门收入核算岗、成本费用核算岗、汇总会计岗的分类方式非常相似。

在西周还出现了“宰夫”这一官职，粗看还以为是刑部官员，其实不然，“宰夫”的职责是考核百官治绩，并兼负责检查“司会”工作的职责。

“宰夫”的出现体现了“内控”的推广和应用，也就是说，在西周，考核监督成为会计职能的一部分，会计不再只是单纯的计量和计数工具，开始具有管理功能，成为控制和影响经济活动的工具。

伴随着会计机构和簿记技术的进步，西周还建立了配套的财计制度，有名的“九府出纳制度”“九式均节财用”便出自这个时期，说起来有点拗口，翻译成白话文就是，按照收入类型匹配对应支出项目，多收就多支、少收则少支。

关于“九府出纳制度”“九式均节财用”对后世的影响，这里多说两句。这两个制度都是财务收支管理的具体方法，其“政在节财”“崇尚节用”的思想，对后世财务管理影响颇深，以至于现代企业的成本管理，都将财务视为重要的控制手段和管理工具。

实际上，决定企业成本的核心要素是生产技术、运营能力和商业模式，财务当然能发挥成本管控的作用，但并非决定性要素。

既然如此，为什么以“九府出纳制度”“九式均节财用”为代表的管理思想，能在封建帝国的财计制度中存在几千年？

因为“九府出纳制度”“九式均节财用”是“官厅会计”下产生的财计制度。“官厅会计”的根本逻辑是政治，而政治关注的是如何“分配”的问题，与经济关注如何“赚钱”的逻辑完全不同。

同时，农耕经济时期的生产力极为有限，不可能在短时间内骤然提高生产力以扩大收入。因此，严格按照收入的多少控制支出，是最直接有效的管理方式。

但凡事都有两面性。偏重“节流”的财计制度难免忽视“开源”。

中国官厅会计的先发优势，极大地影响了民间会计的发展。以经济活动为基础，以收益最大化为目标的民间会计被大量植入官厅会计“重在节流”的财务管理思想。

为什么会计总被认为过于谨慎？为什么财务管理时常制约经营，而不是有力支撑业务拓展？

这些问题，我们从会计发展的历史轨迹里，就能找到答案。

春秋战国时期，奴隶社会向封建社会转型，生产力和文明程度快速提升，但各国会计簿记的形式和标准大相径庭。常出现赵国会计看不懂楚国的账，楚国会计看不懂齐国的账，这对国家集权统治来说，管理成本实在太高。统治者要想知道全国财政收入情况，还得先完成一次“汇兑损益”和“会计政策”调整的工作。

秦始皇一统天下后，依靠行政手段，强力推行统一规范的记录规则，并规范会计记录的内容和形式，形成相对统一的簿记方法。文字或图形叙述式的记录方法被逐步取代，以“入、出”为符号的会计记录开始出现，会计信息的可比性、可理解性在这个时期初露端倪。

这一切都为“定式简明簿记法”的出现建立了现实基础。

所谓“定式”，是指核算规则、形式、标准相对统一。所谓“简明”，是指用标准化的会计要素、记录方式取代文字叙述方式，解决了记录烦琐且不易理解的问题。

定式简明簿记法算是第一个在国家层面推广的簿记方法，其作用类似于现在的会计核算规范。

虽然直出直入的单一会计记录方式，无法完整反映经济业务的逻辑，但其为后来的借贷记账法奠定了实务和理论的基础。

定式简明簿记法采取序时流水式的方式，按对象归类，分项核算。虽然，按主观意志或自然属性的分类方式仍不够科学，但较为统一、标准的簿记形式，有利于信息的传递和使用。

簿记方法的进步当然有利于服务经济建设，但在秦朝后期，大规模、大范围同时开工特大型建设项目，在生产力极为有限的时期“以支定收”，依靠暴力机构横征暴敛，也导致秦朝最终被推翻，西汉政权开始建立。

秦朝后的西汉政权，力推休养生息政策，生产力得以恢复，出现了“文景之治”的繁荣景象。

经济一繁荣，会计就发展。

国家层面的财计制度逐步丰富和完善，出现了编户制度（一种赋税制度）、上计制度（相当于地方政府工作报告和预算执行情况报告）、专仓储备制度（国家储备粮管理制度）和财政收支制度等财计制度。

这期间的官厅会计凭证开始有序编号，“入”“出”作为簿记符号通行一致，“收”“付”作为簿记符号也在民间出现，西汉时期的簿记形式体现了简要、明确、完整的特点。

西汉时期的财计制度和财政管理，彰显出科学性和系统性，但西汉时期郡县和封国并存的“郡国制”，赋予地方过多财政权（封国享有地方税收），以致后期形成庞大的既得利益集团，动摇了国家根基。

也就是说，西汉时期的财政授权体系和权力分配机制出了问题。而对现代财务管理来说，如何处理财权的集中和分配，也是个难题。

西汉政权后，封建社会进入政权更迭最为频繁的魏晋南北朝，在三百多年的时间里，只有三十多年时间国家统一。这期间更迭的朝代和国家多达几十个。不光中原政权，在北方地区也是政权纷立，史称五胡十六国。

魏晋南北朝虽然承袭汉制簿记方法、财计制度和机构设置，但实际执行时却有名无实，甚至完全放弃了“量入为出”的基本原则。总的来说，魏晋南北朝时期的财政支出，主要就两项，一是和别国打仗的军费支出，二是统治阶层的个人消费。

封建时期的财政收入来自田租、口赋（人口税）、力役（免费使用劳动力）。因为政权极不稳定，魏晋南北朝时期存在大量农田荒芜、人口流失的现象，所以，国家主要的财政收入来源根本没有保证。迫于无奈，这期间的财计制度，以扩大经济流入为核心，以适应环境变化为原则，统治阶层开始适度放松国家财政管理权。

魏晋南北朝时期的国家财计制度形式上很混乱，是因为相对于西汉时期稳定的政权，魏晋南北朝的国家治理环境根本没法推行标准化、规范化的财计制度。

财计制度本身没有好坏对错，适不适用才是关键。

着眼当下，我们常困惑什么是完美的财务流程和管理制度。从历史的经验来看，决定财务管理体系和具体内容的关键，是市场环境和经营规律，而“完美”的管理制度，往往是建立在众多假设之上的理想状态。

如果缺乏对环境因素的考量，制度越“完美”，效果反而越差。

纵观整个魏晋南北朝时期，政治是混乱的，经济是倒退的，战乱是不断的，文化是自由的，混乱的魏晋南北朝结束后，迎来了封建社会存在时间最短的王朝——隋朝。

隋朝国祚 38 年，在如此之短的时间里，隋朝却创造了封建社会经济的高峰。史载：“中外仓库，无不盈积。所有赉给，不逾经费，京司帑屋既充，积于廊庑之下。”

意思是说，储备物资的仓库塞得满满当当，不论赏赐还是耗用都不会超支，京都存放金银财宝的房子堆满后，还有很多积压在房屋四周的走廊中。

更夸张的是“所有赉给，不逾经费”，也就是说，想做什么就做什么，根本不用考虑钱的事！

隋朝这么富是有道理的，核心在于财政和财计制度很给力。概括起来，有三方面的突破：第一，切分士族门阀一部分土地交予农民，同时，将生产工具（牛）还给农民；第二，根据人口普查数据，制定与人口相关的赋税制度，以此，在扩大财政收入的同时，降低个人赋税压力；第三，建立储备粮制度，价高时放粮，价低时收粮，确保谷贵不伤民，谷贱不伤农。

财计制度一给力，生产力得到解放，经济收益自然就迅猛上升。三管齐下，短短十几年，成就“古今称国计之富者莫如隋”的美誉。

“会计叔”：这一时期的会计发展史对我们的启示是，只要把握经济规律，制定恰当的财务制度，激发和推动经营的活力，就一定能创造价值。

“算盘哥”：会计是价值的管理者，也是价值创造的参与者，这其中最重要的工作，就是制定和运用能够提升生产效率的财务制度。

在会计簿记技术方面，隋朝时期的会计簿记，开始推行“入、出、余”三柱式簿记方法，但没有其他实质进展。真正对会计发展有重大影响的，是隋文帝重新规范了度量衡标准，包括统一币制和重量标准。

上次做这个事情的是秦始皇，目的是为了国家管理，而这一次，是为了规范市场。

古时的会计计量标准，包括货币、实物（物资的重量）和劳动（工作时间、工作量）三个维度。作为会计，我们都知道，存在多种计量标准的情况下，核算时很难准确定义核算对象，极易造成会计信息失真。

隋文帝统一和规范计量标准，对会计发展的推动意义可见一斑。

隋朝在国家财政制度变革方面大有作为，其积累的庞大财富为唐、宋时期的会计发展奠定了经济基础，创造了商业环境。

隋朝之后的唐朝，代表了封建社会文明的最高水平，其时，国家统一、经济发达、文化昌明、国力强盛。“贞观之治”“开元盛世”更是封建政权巅峰的代表。

汉代的财计制度和财政体系，具有规范、统一和体系化的特征。唐朝的财计制度和财政体系也展现了同样的特征，并在财务机构设置、风险控制和资金管理等方面，有了长足的进步。

最具创新性的是在财务机构设置方面。唐朝时设立户部，分管财税工作，户部下设度支部负责预算、核算和考核，金部负责钱、帛收支等具体工作，仓部则负责粮谷出入库的管理。

这种基于账、实分离原则的职责划分，有利于强化财产物资的专业化管理，这在当时是非常先进的。

更先进的是，唐朝正式确立了国家层面的会计法律法规，如发现记账、户籍和会计报告不实，会予定罪。唐朝虽然不是第一个对会计记录、簿记规则提出具体要求的朝代，但《唐律疏议》是以法典形式出现的，而负责编写的长孙无忌，是唐太宗任命的宰相，双方还结有姻亲关系。言外之意，这是一部高起点、有强大政治资源做保障、可以落地、并能强有力推行的法律。

唐朝统治者不仅在法制层面对会计工作提出规范性要求，还高度关注会计人员的执业能力。中唐时期的户部侍郎刘晏（相当于现在的财政部部长、税务总局局长外加农业部副部长），对会计职业胜任能力提出“通敏”“精悍”“廉勤”的执业要求。

一个国家部级官员，专门对会计工作提出要求，这说明两点：第一，会计工作对国家经济的影响重大；第二，当时的会计行业已有相当规模。

从唐朝开始，簿记方法体现出专业化的特征。这时期的账、簿已有区分。“簿”登录各种财、物变动（相当于核算凭证、流水账），“账”则按“簿”的类别分类归集（相当于明细账、总账）。

账、簿功能的分离，在中国会计发展史中，具有划时代的意义。

更具划时代意义的是“利润”概念的出现。“利润”是现在司空见惯的报表项目，可在当时，却是开天辟地的大事，因为这首次体现出会计核算的对象是有价值的内容！这是以前从未出现过的概念，会计从“计数”层面，上升到价值计量的层面。可让人费解的是，“利润”项目出现来自唐朝的官厅会计，而非民间会计，这确实有点出乎意料。

唐朝时期的簿记技术，没有根本性的变化，仍然承袭“三柱结算法”，唯一的变化在于会计记账的工具和方式——唐朝开始以货币计量的方式记账了！

唐朝的“两税法”实施后，实物地租变为货币地租，国家收入开始以货币形式体现。同时，唐朝经济发达，政治稳定，发行了“开元通宝”铜钱（中国历史上币值最稳定的铜钱），并且唐后期铜钱与白银同为金属货币，大幅挤压实物货币的用量，复本位币具备了大范围、标准化使用的基础。

既有强大的经济支撑，又有贸易结算货币的保证，货币计量方式具备了广泛推广的基础。

我们知道，货币计量是会计专业化发展的前提条件和基础，其意义堪比簿记技术和方法的进步。

在唐朝，专门的“会计报告”也已具雏形，编制方法、内容、规则趋于统一和规范，分为日、旬、月、季、年五个时点，前三种重在反映财物收支情况，后两种则全面反映出、入、余的内容。

伴随会计报告的运用，还出现了国家层面的财务专业报告。唐代李吉甫撰写的《元和国计簿》被认为是最早的会计专著，其中大量运用了数据分析的方法。此书共十卷，其内容与数据高度相关，在没有统计软件、数据库的年代，完成此书实属不易。关键是笔者的身份——李吉甫是唐宪宗的宰相。可想而知，唐宪宗对这本书的创作应该是大力地支持了一把。

“会计叔”：看来唐朝的统治者很重视会计信息和信息的应用。所以，当会计的朋友，天天和数据打交道，写点分析报告什么的，确实很有必要。

“算盘哥”：从唐朝开始，会计从单纯的计量和记录功能，向决策所需的分析功能发展，会计工作的边界进一步扩大了。

估计李吉甫编写的《元和国计簿》被狠狠地表扬了一番，唐文宗的宰相韦处厚又编写了《大和国计》，这次一口气写了 20 卷，比《元和国计簿》整整多了一倍，结构、内容与其差不多，也是早期的会计著作。

到了宋朝，更是一发不可收拾，类似的如《景德会计录》《祥符会计录》《皇佑会计录》《绍兴会计录》等与会计相关的著作有十几种。这一时期也是商品经济异常发达的年代，著名的《清明上河图》，就突出反映了当时繁荣昌盛的城市生活。

“经济越发达，会计越重要”，这一定论在现实中得到反映。

宋朝商品经济的繁荣，有力地促进了民间会计的发展，而这一时期的官厅会计（类似现在的政府会计），却只能用“纠结”来形容。

宋时期官厅会计纠结的根源在于政权的“不安全感”。

自宋太祖“杯酒释兵权”以后，历代宋朝执政者的核心工作就是确保中央的集权统治。中央集权的核心基础是财权集中，所以，唐朝归属于宰相管辖的户部职能，划归“三司”（包括盐铁、度支、户部，相当于财政部、税务总局、农业部和民政部），而三司听命于皇帝。

看起来，没什么问题，其实，问题很严重。

因为皇帝对“三司”拥有绝对的控制权和决策权，但皇帝不从事具体的工作，还得委托第三人——宰相，可宰相既没有决策权也没有控制权，面临事权和财权相互割裂的尴尬。后果自然是，办事效率大幅降低，而财务审核工作也变得异常麻烦。

为了解决这样的麻烦，宋太宗设置了“总计司”（专门的审计复核部门），这样一来，更是机构重叠、流程冗长。不到一年，又走回老路——复设三司。

于是，接下来的108年里，机构是设了撤、撤了设，反反复复没个定准，直到王安石变法，设置“三司条例司”（推行改革的总结构），将盐铁、度支部、户部三机关合并为一，划归宰相统管财计大权。可惜的是，仍然没有解决问题，并再次落入机构重叠的“死循环”中。

再后来，由于实在折腾不清楚，同时也折腾了不少事出来，干脆不折腾了！直接恢复唐朝的三省六部制，还是由户部来管。

结果，事情又闹大了。

由于长期的机构调整，财权、事权相互交叉重叠，是剪不断理还乱，国家财计大权变为皇帝管一部分、宰相管一部分、户部管一部分。

各位会计朋友一定知道财权分属而不集中的种种恶果。“责、权、利”本该高度相关的三者相互隔离，最终导致宋王朝集权统治的乏力。

宋朝财务机构调整的过程如此折腾，实在让人揪心，但对后世如何设置财务机构却有重要启示：为了“理想”的财务组织形式，贸然改变既有状态，往往适得其反。

有些时候，不折腾反而是最好的“折腾”。

宋朝在财务机构设置方面问题重重，在会计簿记发展方面却卓有成效。宋朝的官厅会计开始运用两联式原始凭证，一联由当事方留存，一联作入账凭据，并与其他经济档案一并交由专人常年保存。同时，分别设置草流（会计分录内容）、细流（按日序时账）和总清（分类核算汇总账簿）三类账簿，分工明确、层次清晰。

值得标榜的是，宋朝开始启用“四柱结算法”（期初结余+本期增加-本期支出=期末结余的计算公式），这一方法有效降低了因新旧账目混淆而发生贪污盗窃事件的概率。自“四柱结算法”出现后，便形成了后期历代记账方法的基本逻辑，著名的“龙门账”就是“四柱结算法”的升级版。

有意思的是，宋朝时的会计工作具有强烈的人文情怀。苏轼、王安石、曾巩等众多文豪巨匠，纷纷提出观点鲜明的财计制度。也正是从这个时期开始，中国与欧美国家的会计发展出现了根本性的差异，二者开始朝着不同的方向演进。

我们知道，自宋朝开始，历朝历代一直沿用单式簿记法，而在 13 世纪，复式簿记法开始在意大利广泛的使用。为何簿记概念最早出现在中国，而复式簿记法却出现在欧洲？

有观点认为资本主义萌芽出现在欧洲，经济发展推动了簿记方法的发展。但资本主义萌芽是 14~16 世纪之间的事，而复式簿记在 13 世纪就广泛地使用，况且，这一时期中国的经济体量远超他国，这一说法显然不成立。

所以，复式簿记法最早出现在欧洲的原因很可能是——纯属偶然。

1494 年，一本名为《算术、几何、比及比例概要》的著作，系统性总结了复式簿记理论，本书的笔者卢卡·巴其阿勒，是位数学家，也有认为其是思想家的，总之不是会计学家。

后世的数学家凯利对复式簿记原理的评价是“像欧几里德的比率理论一样，是绝对完善的”。复式会计簿记就是在如此严密的逻辑推演下形成的，此后的会计记账方法和处理规则，都以此为基础衍生发展。

但为什么说这是偶然发生的？有三个理由。

理由一：文艺复兴时期的欧洲，科学精神成为一种思潮，在当时，研究数学甚至成为一种时尚，尊崇科学精神的欧洲人民对任何涉及“数”的事都抱有浓厚的兴趣。

理由二：那个时候研究数学还不是专门的职业，需要靠其他营生养家糊口。

理由三：卢卡·巴其阿勒年轻时在商人家庭作坊当学徒，这期间，对威尼斯商人们广泛采用的复式簿记法进行了多年的研究。

于是，科学精神+案例（经验）积累+数学方法=复式簿记原理。

这就是“纯属偶然”的原因，但偶然性的底层是必然性。好比文艺青年和理工学霸的区别，在充满文艺气息的宋朝，确实没有研究具有科学精神的复式簿记法的基础。

“会计叔”：所以，颇具人文情怀的宋朝会计们，失去了从量变到质变的历史机遇，中国的会计簿记方法继续在单式簿记法的框架下奋力前行。

“算盘哥”：中国的会计发展更多的是自发性的经验总结和修补式的技巧完善，缺乏严密的逻辑推演，从单式簿记升级为复式簿记，光靠时间的积累难以实现质变。

在失去簿记方法升级发展机遇的宋朝之后，元朝的会计发展呈现出三个特征：第一，财计组织方式极其简陋，后期基本失控；第二，经济发展脱离农耕经济的基本形态，官厅会计失去发展的基本条件；第三，民间会计略有进步。元朝时期的会计发展，基本可以用八个字来形容：按部就班、毫无亮点。

转眼来到明朝。明朝的财计制度很简单，就围绕一个核心——中央集权，由皇帝直接控制的中央集权。所以，明朝财计组织中的委托—代理关系大大减少，监督监控职能大大增加。

究其原因，与洪武大帝朱元璋的成长经历密切相关。这样看来，一个公司财务管理的风格，基本取决于“一把手”的个人风格。

所以，明朝官厅会计的特点就是“严”，令人难以想象的严，其典型代表就是明初的“空印案”。简单地说，就是国家每年关于预算执行的审计工作，因为其制度设计过于严苛导致了“舞弊”事件，从中央到地方诛杀官员几百人，还连坐了几万人。

整个明朝时期的财计制度、记账方法体现出三个特征：一是会计报告的格式和内容高度统一；二是审核内容细化到了“骇人听闻”的程度，三是审核的程序也是异常严格。

明朝的官厅会计虽然没有创新的空间，民间会计却发展迅猛。在明朝中后期异常开放的政治环境和自由的市场环境中，民间创新热情空前高涨，龙门账（有人认为是中国的复式簿记法）出现并成型，这一时期甚至还出现了“账房”这种专业性的民间会计组织形式。

明朝之后的清朝，封建帝国的财计制度经过几千年的积累，达到前所未有的高度，从中央到地方搭建起由财税、会计、国库、出纳构成的经济监控系统，形成了条线与模块相结合的财计组织管理体制。而这种体制，也深刻地影响了民间财务组织的形式，现在广泛存在的科层式组织架构，承继的就是这种模式。

同时期的民间会计，以“钱庄会计”的发展为代表，出现了“四角账”复式账簿，在成本结转、盈亏平衡、结账编制等方面与西式的复式簿记法有许多共通之处。

可以看出，清朝的官厅会计和民间会计的发展，同时达到相当高度，特别是民间会计，不管是发展速度还是高度，都是前所未有的。

“会计叔”：截止到清朝，我们算是浅尝了近代以前的中国会计发展的概要。这里有个问题值得思考：以“入”“出”为会计要素的簿记方法从出现一直到19世纪共计约2 600年的时间里，我们都没有升级到复式簿记法，时间都去哪了？

“算盘哥”：这是非常有意思的问题，约2 600年，这个量变到质变的时间，确实太长了，最终，我们还是从国外引进了复式簿记法。

单式簿记法在我国沿用这么长时间，却未能升级为复式簿记法，个中原因众多且复杂。根本在于农耕经济时代下的簿记方法缺乏技术进步的内

生动力。

农牧经济基本是自给自足的生产方式，经济活动范围小、内容简单，单式簿记法完全能胜任记录和管理经济活动的需要。而历代封建统治阶层的主流意识，是不允许大范围开展商业活动的，“重农轻商”的国家意识，限制了商业经济的发展，复式簿记法缺乏外部环境和现实基础。

同时，封建王朝中央集权式的统治，形成了经济集中的财计管理体系，经济管理方式对更复杂的簿记技术完全没有需求。官厅会计没有复式簿记技术的需求，民间簿记又缺乏复式簿记发展的环境。所以，单式簿记法才会一路高歌、不断前行，直到复式簿记法从国外传入。

至此，我们大致了解了中国古代簿记技术和财计制度的演进过程。研究历史是为了看清现实，从会计发展的脉络中，我们可以得到六点启示。

启示一：会计是一种古老又新兴的行当，只要有人类活动存在，一定就有对会计的需要。

启示二：会计是一门只能修补式完善的学科，其基本的原理和逻辑都已确定。

启示三：会计是需要不断创新和丰富的工作，工作内容包括计量记录的方法、统计分析的应用、管理控制的工具……

启示四：会计是不可或缺的部门，特别是在专业性不断增强、应用程度不断加深、会计理论不断完善的大趋势下。

启示五：会计是一门两极分化极为明显的职业，年薪 30 万元和年薪 3 万元的会计都会出现在这个行业里。

启示六：以上五项中与会计年薪相关的是内容是启示三和启示四。

要当一个年薪 30 万元的会计并不难，读者朋友们，只要接着看完本书后面的章节，相信您就能找到突破的方向。

二、会计的边界与内涵
——做一个有取舍的会计

“算盘哥”：会计是描绘世界的一种方式，但会计描绘世界的具体方法是什么？会计能多大程度地还原经济活动的原貌？

“会计叔”：这两个问题涉及会计相关的方法、功能、范围和作用，我们将其归纳为会计的“边界”和“内涵”两个内容分别进行讨论。

会计信息是从财务角度记录和反映的经济行为。作为描绘世界的一种方式，会计工作的边界越大，反映的内容越多，越能完整地还原经济活动。

人们对会计的天然诉求，就是尽可能地扩大信息的边界。而会计工作的内涵与会计信息的边界密切相关。

人类经济活动范围不断扩大、内容不断丰富，会计工作的边界随之不断扩张，内涵也越来越丰富。比如，预算管理、财务分析、税收策划等工作，就是会计边界扩大后，不断增加的工作内容。

会计工作内涵因会计工作边界的扩大而不断丰富，会计工作边界因会计工作内涵的丰富而不断扩大。会计工作边界与会计工作内涵作为相互关联的内容，二者相互交融，呈螺旋式上升发展。但不论二者如何变化，始终受“会计视角”“会计信息计量方式”和“会计工作位置”的影响。会计的这三个专业属性，是会计边界和内涵发展变化的内在基因，具有决定性的作用。

视角，是在某个确定的价值观下，看待事物的角度和态度。

会计有没有独有的视角呢？如果有，会计的视角是什么呢？

最早出现的会计功能，只是简单地记录数量和内容的变化，这个时期，会计描绘世界的方式很简单。在会计发展出独立的计量标准和记录规则后，会计工作开始按照一定的规则进行，这些规则不断地被理论化，成了规范，进一步系统化以后，就变为了“会计准则”。

“会计准则”统一了会计工作的基本假设和一般原则，这些理论化的假设和原则，规定了会计确认、计量和报告的具体标准，自然而然，会计工作就成了准则约束下的“规定动作”。

会计工作的视角，就是以“会计准则”的视角看待和描绘经济活动。

从专业的角度看，会计准则是指导实务操作的标准；从实务的角度看，会计准则是会计区别于其他专业的“标签”。

我们以案例来诠释什么是“会计准则”下的会计视角。

张老板开办一定出租车公司，他购买了三辆轿车，并统一配置顶灯，还成立了运营中心。年底，张老板算了一笔账：购车花了 30 万元，配置顶灯花了 60 万元，运营中心一年费用 5 万元，全年营运收入 24 万元，所以，全年“亏损”71 万元。

公司会计也算了一笔账：当年的购车成本，通过折旧体现 6 万元（按 5 年折旧），“顶灯”的摊销费用为 3 万元（按 20 年摊销），加上 5 万元的营运费用，当年公司的税费支出 0.7 万元（假设是小规模纳税人，不考虑税费附加等内容）。全年合计支出 14.7 万元。

所以，当年公司收益是：

（24−0.7）－（6+3）－5=9.3 万元

在张老板看来，当年是亏损 71 万元，在会计看来却是盈利。会计的解释是，“亏损”的 71 万元，不是会计利润，而是现金。可张老板总也想不明白，但会计说得头头是道，好像也有道理。

通过案例，我们看出会计测算盈余的过程，是按会计准则重新定义经济活动的过程，特别是张老板难以理解的“折旧”和“摊销”，是在会计视角下，重新定义的“支出”概念。

诸如此类，很多会计的概念都是通过理论假设，得出的原则和标准。所以，面对同一项经济业务，会计的视角与老板的视角会有天壤之别，会计按准则规范的要求，描述经济活动得出的结论当然也就“与众不同”。

既然会计准则中的很多内容，是理论推演得出的结论，那么，会计准则下的“会计视角”是否客观、合理？会计准则是否能真实、完整地反映经济活动？

会计准则是否合理，关键要看会计记录、反映经济活动的方式是否适当。比如说，“折旧”和“摊销”概念的应用，是为了反映购买出租车的支出，在整个运营期内，对公司成本、费用的影响。从这个角度看，会计视角下的成本计算过程更合理。但如果第二年，公司运营出租车的特许权被取缔了，那么，“车辆”和“顶灯”在整个经营期内摊销的基础，也就消失了。在这种情况下，张老板测算盈亏的方式更符合实际情况。

以此类推，我们可以演绎出各种情况，到最后，推演的结果是，没有一个统一的标准能用于会计工作。所有的会计信息将失去通行一致的记录规则，整个会计信息体系随之瓦解分裂，变为“花样百出”的记录内容。

请问各位，我们是情愿容忍会计准则的瑕疵，按统一的标准开展会计工作，还是情愿“尊重”所有个性化的特殊事项，形成标准不一、千差万别的会计信息？

我们当然是“两害相权取其轻”。

会计准则下的会计视角当然存有缺陷，准则无法穷尽所有情况，却能有效地反映通常的、一般性的经济活动规律。

作为会计人员记录和反映经济活动的标准，会计准则虽然不一定完全合理，但是明确且高效的。就算我们考虑了所有的可能性，会计描绘经济活动的一般原则仍是可信的。所以，会计准则作为会计执业的基本逻辑，在实务工作中，我们不能任意修改，只能通过会计准则规范下的会计视角，计量和反映经济活动。

“会计叔”：会计信息通过抽象的数据，反映经济活动，会计准则是会计描绘经济活动的基本逻辑，这些逻辑共同构成了会计看待世界的视角。

“算盘哥”：非会计专业的人，之所以看不懂会计，就在于无法理解会计描述经济活动的逻辑。有意思的是，这些逻辑影响会计视角的同时，也体现了会计的专业性。

会计准则决定了会计的视角，会计看待经济活动的标准来自会计准则。那么会计信息计量的方式，是否也是出自同样的原理，也是被标准所规范的内容？

在没有货币的历史时期，会计簿记以文字或图形的方式，记录数量和内容的变化。直到货币广泛成为商品贸易的交换媒介和计量工具后，会计信息才开始以“货币计量”的方式，记录和反映经济活动。

货币计量是会计信息标准化的现实基础。

在公司经营中，经济活动的业务内涵和财务内涵千差万别，最终，两者却能够汇集成格式统一的资产负债表、利润表和现金流量表。这是因为货币计量使不同内涵的经济活动，具备了标准统一的数据表达方式。得益于此，会计信息才能通用并用来比较分析，这极大地促进了会计信息的传播速度和范围。

因为货币金额化的表达方式，提高了会计信息传播速度，扩大了传播范围，这才提升了会计信息的使用率，但也是因为“货币金额式”的表达形式，会计信息的可理解性也受到了限制。

因为对同一个信息，描述的方式越多样，描述的内容越丰富，越能清晰、完整地传递信息，越有利于信息解读和使用。

在会计信息使用过程中，信息的标准化和可理解性，两者有可能相互冲突。

比如，公司提供了资产负债表、利润表和现金流量表，报表使用者快速获得关于资产、经营和现金的信息，但这些信息很有限，除非附加说明，否则，使用者很难只用数字就判断优劣、做出决策。

在会计信息生产过程中，我们先通过货币计量的方式，将经营活动转化为货币金额化表达的会计信息，向管理层报告时，再将数字化的内容，翻译为表达更形象的文字。这就是我们在财务会计和管理会计环节，对信息的不同处理方式，前者侧重于信息的规范性，后者关注的则是信息的可理解性。从这个层面上看，**会计既是信息的生产者，也是信息的解读者。**

会计信息货币计量的方式，在推动会计信息生产效率的同时，也限制了会计信息的使用效率。毕竟，有些信息很难通过货币计量的方式有效地反映，比如人工成本相关的信息。

对老板来说，最关心人工成本三个方面的内容：一是支付的人工成本换回劳动服务的数量和质量；二是现有薪酬水平能否吸引优秀的从业者；三是薪酬体系能否激发员工的生产积极性。

然而，关于人工成本的会计信息一般只包括：人工成本支出的绝对值、平均人工薪酬、人工成本明细构成。

我们通过计算劳动生产率、人均收入或人均净利润，可以反映人工成本的使用效率，展现员工劳动生产效率。而老板关心的薪酬竞争力的问题，通常表现为员工入职和离职情况。这一点很难通过会计信息展示出来。至于人工成本的激励作用，除非其他部门的配合，否则，会计信息对这个问题几乎无能为力。

正是由于货币计量方式，会计信息的生产效率和传播速度大大提高，同时，受制于货币计量方式的单一性，它也面临无法反映非货币化信息的问题。

所以，货币计量方式推进会计簿记技术的发展，使会计信息具有了通用、可比、一贯且持续的特征。但同时，货币计量的方式也造成会计信息无法完整反映经济活动全部内容的缺陷。

“会计叔”：货币在会计簿记中的应用，极大地解决了会计信息传递效率的问题，统一和规范的信息，是会计理论和实务进步的前提。但凡事都有两面性，在效率提高的同时，会计信息能反映的内容，也受到了限制。

“算盘哥”：所以说，会计信息作为抽象表达的内容，满足了信息传递效率的需求，但如何完整、恰当、合理地描述经济活动，又成了会计面临的另一个难题。

如果我们将会计信息比作盆景，会计信息就是按照特定标准，生产出来的，满足特殊需求的“观赏植物”。会计的视角和计量方式从根本上决定了会计信息的生长方式、属性和形态。

因此，从某种意义上看，修饰了不该修饰的内容，是会计信息造假，而没有洗涤该洗涤的“污泥”，看不到经济活动的“庐山真面目”，则是会计信息失真。

会计的视角和计量方式，是会计的内在基因，决定了会计信息是按特定标准生产的“产品”。所以，会计只能“有限保证”信息的真实性，无法全覆盖、无边界地记录和反映经济活动。

要突破这一限制，只有改变会计工作的“物理位置”。

随着位置的改变，观察同样一个对象，感受会是天壤之别。“不识庐山真面目，只缘身在此山中”说的正是当获取信息不全面时，就容易迷惑的困境。

财务部门是公司后端管理部门，这样的位置，天然决定了会计获取信息的位置非常靠后。从经济行为的发生，到会计信息的生成，位置越靠后，信息越容易扭曲，而会计通常处于最后一个环节，所以，在实务工作中会计经常“上当”。

我们都玩过传话游戏，前面的人接收信息后，依次传递，到最后一个人时，要说出第一个人告知的内容。这个游戏的好玩之处在于，第一个人和最后一个人，对同一信息的描述经常“牛头不对马嘴”。而完成这个游戏最有效的方式，是接收信息的第一人直接描述，或是最后接收信息的人，跳过中间环节，直接获取原始信息。

道理很简单，实际很难做到。因为游戏规则不允许。同样的道理，也适用于处于信息链条最末端的会计，会计也面临信息扭曲的困境。

会计总坐在办公室，接收别人传来的信息（业务信息），再生产信息（会计信息），结果沦为得到什么信息就确认什么的“录入员”。

我们用一个小案例看看某物流公司的会计工作，认识一下会计工作位置，对会计信息的影响。

某日，公司物流一部报销 5 月运输费用 8 万元，所需的原始要件齐全、凭据合规、数据准确，会计是否可以进行会计处理？在“所见即所得”的思维下，既然原始凭据齐全，当然就应该入账处理，但从经营角度看，原始凭据对经营活动的合理性、完整性和真实性，只是有限保证的证据材料。

如果我们将思维转变为“所见即所需核实的内容”，就需要前置会计工作的位置，改变观察经营活动的角度。按这个思路，处理该会计业务时，我们应首先对比物流一部上年同期成本发生额，假如上年成本是 5 万元，而今年是 8 万元，我们就应该追问成本上升的原因。

如果上年同期收入是 8 万元，今年增长到 13 万元，在收入增长（业务增长）的情况下，成本相应上升，在逻辑上说得过去。要是收入没增加，甚至低于上年同期，会计又无法通过财务数据找出原因，就需要业务信息的支撑才能查明原因。

对收入不增反降，但成本上升的现象，业务部门通常会从业务量增加、市场区域扩大、产品结构调整、交付速度提高、原材料价格上涨等方面找理由。会计可以询问营运中心（公司负责业务管理的部门），以印证业务部门说法的合理性。

如果送货量没有增长，是否成本增长就不合理？我们继续咨询运营中心，本月物流一部的业务是否还有其他变化。通过派单系统，我们看到，物流一部拓展了城区外的区县市场，送货量虽无增长，但送货的地理距离增加了，进而导致运输成本上升。

我们总算找到当月运输成本增长的业务动因，通过这个案例，我们看到，只有前移会计工作的位置，与具体的业务活动相融合，才能提高会计信息的真实性和完整性。

“算盘哥”：前移工作位置后，会计核算工作涉及的内容，似乎超出了核算会计该干的工作。

“会计叔”：改变工作位置，会计核算就会涉及财务分析、预算管理、成本控制和业绩评价等内容，但正是这些工作，才体现出会计在价值创造过程中的作用。

会计的边界和内涵，受会计视角、信息计量方式和工作位置的共同影响，这三者既是会计边界扩大、会计内涵丰富的动力，也是制约我们进一步扩大会计边界和丰富会计内涵的阻力。

除了这三者，还有什么会影响我们扩大会计边界、丰富会计内涵呢？

在实务工作中，财会工作还包括：预算、分析、考核、资金、税务和资产等内容。这种根据工作内容，对财会工作的分类，隐含的问题是：这样的分工，是否符合会计工作的一般逻辑，是扩大还是缩小了会计的边界？

分工作为大工业时期兴起的生产组织方式，通过规模化的流水线生产，提高了单个工种的工作速度，从而提升了整体生产效率。

但管理工作和生产工作的劳动属性不同。

我们以完整的财会工作流程为例。

财会工作从预算起头，设定具体的业绩指标，包括收入增长率、投融资方案、成本费用定额标准、利润和现金流指标等内容，再细化分解为具体的生产任务。根据具体的生产任务，开展资源配置工作，将生产所需的人、财、物，按经营责任切分到各经营单元。资源配置工作完成后，业务部门从事具体的经营活动，在经营活动实施过程中，会计完成核算——确认、计量和报告。与此同时，财务分析发挥经营管控职能，与生产经营同步进行，监督预算执行和资源使用效果，并预警各种可能的风险。年末，公司以财务数据为基础，考核各部门业绩指标完成情况。

我们看到，整个财务工作，每一项内容都与具体的经营活动相互配合，出现了不同内容的财务、会计职能。

从表面上看，我们根据工作范畴、专业属性和管理目的，确定财会工作的分工，似乎是情理之中的事。但问题就出在这“情理之中”的思维上。比如，预算是控制成本的基础和工具，但预算工作和核算工作分离后，制定预算的人和记录预算执行情况的人，在预算事项的管控上，存在时空差异，预算控制的效率随之降低。

又比如，财务分析是为了及时发现风险，但最先发现风险的是核算会计，而不是负责分析的同事。

虽然工作细分有利于提高工作的专业化和精细化，但现实中，一个人完成比分给几个人做更有效率，很多问题，反而是因为环节过多，人为折腾出来的。

专业化的会计分工，确实丰富了会计工作的内涵，却在一定程度上，破坏了会计工作的整体性，造成会计脱离经营，工作效率反而降低，会计的边界反而缩小。

要破解这个难题，关键在突破传统财务工作的框架，根据会计工作的边界重新确定会计工作的内容。

首先，我们要接受会计信息天然就存在缺陷的客观现实；其次，前移会计工作的位置；最后，以保证会计工作效率为原则，不要凭想象扩大会计工作的内涵。

1. 接受会计信息存在固有缺陷的现实，不盲求“高大全”的管理

随着财会专业理论的发展，诸如差异化预算管理、资金集中管控、动态资源配置、实时财务分析等管理，逐步被引入实务工作。

不论多么先进的管理方法，都需要真实、充分和全面的信息来保障。越高端的财务管理，越需要扎实的会计信息为基础。

然而，会计的视角和会计信息的计量方式，决定了会计信息存在天然的缺陷，一味追求“高大全”的管理，就好像在沙石上建大厦，建得越高，可能垮得越快。同时，凡是需要大量数据支撑，依靠复杂运算才能实现的管理，在实务中，都不太好用，毕竟越复杂的东西越生僻，而生僻的管理往往不能被有效执行。

笔者曾参观某大型农产品公司，该公司经营流程长、流通环节多、产品覆盖面广，但公司的管理内容并不复杂，就集中在三个方面：一是带动周边村民共同富裕，避免公司与农户产生利益冲突；二是强化与渠道经销商的合作，不断提高存货周转速度；三是争取农业相关的优惠政策。公司财务管理，无非是与原材料，产品相关的进、销、存以及应收回款等基础工作。参观结束时，公司财务经理却咨询了一个问题：“如何运用 EVA（经济增加值）开展财务管理?”因为 EVA（经济增加值）是“投资回报率”减去“综合资本成本”后的结果，而“综合资本成本”要考虑股东权益的投资回报率。

问题就在于，这家公司的股东人数不少，结构还很复杂，为了计算 EVA，去激活所有股东对公司回报的疑问和诉求，这实在没有必要。

财务经理之所以关心这个问题，是老板希望财务在推动公司价值增长方面多下功夫，于是，选择了 EVA 这个“先进”的理念作为突破的方向。事实上，这家公司根本用不上 EVA，日常管理才是重点，而核心则是在简单重复的工作中，保持足够的敏感和细致。

“会计叔”：好在这家农产品公司“迷途知返”，没有朝错误的方向越走越远。其实，会计工作的内涵并不高深，会计的创新还在于如何“接地气”。

“算盘哥”：这位财务经理勤于思考的态度还是值得我们学习的，其实，要做好会计工作，就八个字——实事求是、求真务实。

2. 只有前移会计工作的位置，才能生产有价值的会计信息

很多专业能力超群的会计，空有一身技艺，却不能驰骋职场，最大的用处只是编制一份“漂亮”的年报。在公司领导和部门同事眼中，会计成了简单的数据统计工作。造成这种现象的主要原因在于，会计总是坐在办公室，被动地接受业务信息，再加工生产会计凭证。这样的工作方式，当然难以提供真实、全面的内容，更谈不上运用会计信息，推动价值创造。

如果别人给什么，会计就生产什么，会计信息就失去了存在的意义，会计人员就沦落为“数据录入工”。

我们当然无法改变会计准则，不能完全摆脱会计工作的时空限制，但我们也不能一味地盲从，要学会舍弃对效率有拖累的工作内容，尝试改变工作位置，突破影响信息真实性和完整性的障碍。

会计职业素养要求我们具备质疑的精神和怀疑的能力。质疑应该是我们看到业务信息时的第一反应，但质疑是有依据的适当怀疑，如果没凭没据地胡乱猜疑，那叫找碴。

我们通过前置会计工作的位置，掌握公司业务经营规律，以业务信息为线索，充当“搜索引擎”，验证业务活动的真实性和合理性，才能生产有价值的会计信息。

“算盘哥”：坐在办公室当会计，时间一长就成了“数据录入工”。如此一来，会计支撑经营、服务管理的功能，就成了水中月、镜中花。

“会计叔”：前移会计工作的位置，就是要“走出门”从事会计工作，前移会计信息生产的位置和环节，才能生产有价值的信息，这是会计工作创新突破的关键。

3. 以保证工作效率为前提，不要凭想象扩大会计工作的内涵

大型企业的财务工作，通常呈现系统性强、环节多和层级复杂的特征，对这类企业来说，采用更复杂的财务管理体系是情理之中的事，因为会计工作的边界扩大了，只有丰富和完善工作内涵，才能满足公司对财务管理的需求。

然而，过于复杂的财务管理体系和会计工作内容，必定弊大于利。会计工作的内涵，一旦突破会计工作的边界，非但无益，反而还会降低整体工作效率。毕竟，超过自身管理需求的工作，除了增加工作量、浪费成本，还会持续不断地消耗公司资源。

会计的边界和内涵，始终与会计信息的生产有关，与会计信息的使用有关。会计边界如果过小，会限制会计工作的内涵；而过度的会计工作内容，既白费精力，又无收益。

“会计叔”：只有客观认识会计信息的先天不足，才能摸索出提高会计信息质量的方法。各位读者需要亲身实践，只有真正理解会计的边界和内涵，才能找出合适的工作模式。

“算盘哥”：客观看待会计信息的先天不足，正确理解会计的边界和内涵，我们就能明确未来会计发展的方向。

三、后会计时代的挑战
——石器时代的结束并不是因为没有石头了

“算盘哥”：随着经济的发展，会计的边界和内涵将会发生什么变化？会计行业的从业者该如何应对？

“会计叔”：在未来，会计的边界向经营延伸，会计工作的内涵将发生巨大变化，公司对单纯核算功能的会计需求大大减少，这是会计从业人员将面临的最大挑战。

工业革命以后，简单计量功能的会计工作，逐渐不能满足经营管理需求，而且烦琐复杂的会计程序，容易造成信息归集速度严重滞后。

手工核算时期的会计工作，从会计记账到生成报表，需要人工完成六步工作：第一步，填制凭证；第二步，登记现金和银行存款日记账；第三步，登记明细分类账；第四步，登记总分类账；第五步，核对现金、银行存款日记账、明细分类账与总分类账；第六步，编制报表。

作为标准的会计工作流程，程序上没问题，问题在于，如果全靠人力完成以上内容，对会计来说，极其繁杂。特别是，负责登记总分类账的会计，工作量最为繁重。

在纯手工核算的时代，会计最害怕报表数据出现差异。由于所有单据、账簿、报表都是手工完成，没有 EXCEL 表又缺乏现成的数据线索。遇到数据出现差异，得顺着会计程序挨个检查，全靠手动翻找、人脑计算来找出差异，有时甚至需要重新查过整年的账簿。

后来，为了降低核对工作量，在第四步和第五步之间增加了编制“科目汇总表”环节，报表编制前先试算平衡，锁定可能的差异，再通过科目汇总表登记到总分类账。这在一定程度上减轻了工作量，但也是治标不治本。

所以，在手工记账时期，会计的数据敏感性极强，基本能做到过目不忘，找差异的能力也是了得。

后来，计算机应用到会计核算，才算真正解决了核算工作量的问题。我们现在常说的“会计电算化”就是“电子计算机在会计中的应用”的简称。很多财经类院校，都开设有会计电算化专业，授课的内容非常丰富，但会计电算化本身，目前还属于边缘学科。

学科虽然边缘，应用却很主流，即使小微企业，现在也都配置了电算化的财务软件，在一些大型企业，已上升到信息化应用的层面。

会计电算化环境下的核算工作，只需人工完成数据录入。财务软件根据“借、贷必相等”的原则，自动进行数据处理，避免了人为差错，数据处理效率极高，核算工作的及时性和准确性全面提升。同时，会计人员利用计算机系统，可以轻松得到想要查询和计算的数据，劳动强度大大降低。

借助计算机技术的运用，会计人员的“生产工具”有了质的飞跃，因为生产工具的升级换代，会计信息质量大幅提升。“会计电算化”对核算技术的提升，功不可没。依托会计电算化，现在的会计人员找差错，变得非常容易。会计人员从繁重的手工劳动中解放出来，工作效率提高，工作质量大幅提升。

在信息化改造较为彻底的公司，会计连凭证录入的工作都可以省去。业务人员在信息平台，录入原始凭证的关键信息后，会计系统按照默认的分录规则，自动完成核算工作，会计只需审核原始凭据即可。

会计核算逐渐成为只要能操作计算机就能完成的工作。

“经济越发展，会计越重要”的定论，在信息技术发展的大环境下，受到极大冲击。将来的会计工作可能会是“技术越先进，会计越不重要”，这对单纯从事核算工作的会计来说更是如此。

笔者曾和某跨国财务咨询公司负责人，讨论会计人员最需要提升的专业能力。这位负责人讲到了管理、沟通和筹划能力，却极少提及核算。

让笔者困惑的是：一个以财务为背景的专业人士，却认为会计核算能力不重要？

这位负责人的解释是，信息化技术已能取代人工核算，将来，核算职能不再是公司关注的重点。而这家公司核心团队中80%的人员，也都不是财务专业出身，而集中在应用数学、数据和软件编程等领域。

以这家公司的财务外包业务为例，财会工作的运行体系、环境搭建和顶层设计，全部由外包的技术团队完成。会计核算的每一步操作，都是标准化流程，包括原始凭据审核标准、数据录入规则、系统操作规范等，通通固化在操作手册中。

操作层的会计人员（准确说应该是操作员），只需按部就班地照章操作即可。

这样的会计工作模式，别说是本科生，专科生就足以胜任，即使其他专业的毕业生，经过简单培训也能上任。所以，这家公司在人力成本大幅下降的同时，还能充分保证工作质量。

技术进步提升了会计核算的效率和质量，现在却可能取代会计核算。这在理论上成立，现实中也有实证。这样的预期，让从业多年的会计后背发凉。特别是，信息化工具和系统化模块构成的会计运行体系，譬如“财务外包”，对会计行业产生的极大冲击。

因为人类活动相互关联的特性，只做最擅长的事，将资源集中于核心能力，一定是明智的选择。基于这样的逻辑，业务外包的商业模式逐渐兴起，一些跨区域发展的公司，通常会采用这样的方式经营，旨在降低运营成本。

譬如苹果手机的生产，苹果手机界面友好、外观精巧、功能丰富，可如果没有富士康的工业设计和制造，没有三星的芯片，没有数以万计的APP应用，就不会有苹果手机。如果苹果公司撇开富士康，自己建生产线、自己设计、自己生产，除了初期投入的成本增加，还会面临高额的营运费用和管理成本。更可怕的是，公司的精力和专注力一旦分散，如同行军打仗，战线一长，作战能力必定呈几何倍数下降。

“会计叔”：外包的内在逻辑是“我做得比你好，所以，交给我来做会更划算”。但财务能否外包是有争议的，如果将财会工作视作普通的工作内容，外包是合理的，但考虑财务是公司的核心管理职能，外包就存在风险。

“算盘哥”：两种观点都有道理，但从技术和成本的角度看，财务外包一点问题都没有。我们可以以核算工作为例，推演一下外包后的财会工作景象。

核算由“原始凭据审核”与“账务处理”两大部分构成，财务外包后，会计核算工作移交第三方。于是，业务人员见不到会计，会计也看不到纸质的原始凭据。原始凭据承载的信息，只能通过信息化系统归集和传递，账务处理、数据录入工作都在信息环境下完成。

通过财务和业务的信息化系统，业务人员将原始凭据包含的，所有会计信息的关键字段（事项、金额、类型等）录入系统，系统将数据传递到会计操作界面。同时，业务人员以扫描（或拍照）的方式，将原始凭据的影像数据，同步传送到会计操作界面。最后，会计在操作界面，完成凭据审核与账务处理工作。这就是财务外包后，会计核算工作的景象。

有读者会说，这不是把简单事情复杂化吗？公司通过自己的财务部开展工作，不是更方便吗？

方便与否是速度问题，但考虑到成本、质量和效率等因素，财务外包的优势就全面超越了“公司内部核算模式”。

假设，A 公司有 5 名会计，每个会计月均人工成本 5 000 元，一年人工成本支出 30 万元，这其中还不包括办公支出和社保等支出。如果将 A

公司的财务外包出去，也许只需要 10 万元甚至更低的费用，即可完成公司全年财务工作。

财务外包公司的成本能低水平运行，“诀窍”就在于通过人员的复用，降低了员工的平均薪酬成本。

比如，A 公司的会计只核算 A 公司的业务，但财务外包公司的会计可以核算 A、B、C 三家公司的业务，即使财务外包公司会计的月均人工成本是 10 000 元，平摊到 A 公司也不过 3 000 多元。

同时，依靠财务外包流水线“生产”模式，还能提高核算的效率，财务外包自然就能实现低成本的运作。更重要的是，当 A 公司遇到个性化的财务难题时，可能只是财务外包公司通常遇到的共性化的简单问题（财务外包公司有足够的样本量和经验）。

通过财务外包，A 公司降低财会工作成本的同时，核算质量相对提高，加之专业机构成熟的服务，这些优势对老板们来说，具有极强的吸引力。

当然，财务外包确实存在商业信息流失、财务数据质量（公司对财务的直接控制力减弱）降低和内部财务能力下降的问题。而财务外包面临的另一个问题是，统一和标准化的生产模式，是否能满足个性化的管理需求。

但另一个行业的外包模式，为我们突破这个难题找到了方向。

“厨房外包”是餐饮行业兴起的一种工作外包模式，是将餐馆烹饪环节的工作，交予外包厨师团队完成的业务形态，“厨房外包”后餐馆不再保留主要的烹饪内容。所以，当我们在外就餐时，中午吃的粤菜，晚上吃的湘菜，很可能是同一个厨师团队完成的菜品。厨房外包模式下的餐馆，竞争的着力点集中于服务、价格和用餐环境，至于菜品口味，则由餐馆提出需求，厨师团队负责。

通过厨房外包，餐馆可以迅速建立完善的菜品供应体系，获得全方位、多层次的菜单内容，厨师团队也可以突破固定于某个餐馆的时空限制，获得更多收入。厨房外包后的餐馆，不再保留烹饪环节的部门和员工，这貌似将鸡蛋放在别人篮子里的危险做法，却创造了更多获利的可能，实现了共赢。

“会计叔”：照此推演，财务外包不仅可以实现核算的标准化和流程化，还可以实现定制化服务，提供满足个性化需求的财务管理服务。

“算盘哥”：的确是这样，有了餐饮行业的“厨房外包”为例，似乎很难想出还有什么是财务外包的障碍。

所以，我们可以进一步丰富财务外包的工作内容：

在处理A公司费用报销业务时，财务外包公司完成制证工作，再将会计信息传递至A公司出纳，出纳按系统确认的信息支付资金。

在处理税务相关工作时，财务外包公司作为专业机构，具备丰富的税务知识和技能，可以应对不同地区的税收政策，帮助A公司合理筹划税收方案。

在财务管理服务方面，财务外包公司定期提供各类财务报告、管理和分析数据，并在A公司提出需求的任一时间点，向其提供财务相关的各类数据。

……

这时的财务外包公司，就成了财务信息的服务商和提供商。

形式上，财务外包取代了A公司会计的所有工作；实质上，只是取代了以往公司自行完成的“数据整理”工作。将这部分工作外包，高级财务人员从繁杂的日常工作中解放出来，有利于其从事更有价值的管理和服务工作。

“会计叔”：通过财务外包，公司可以减少从事事务性工作的会计，同时在人工成本不变或下降的情况下，招聘高水平的财务人员从事管理工作。

“算盘哥”：财务外包不光减少了会计基础工作的运营成本，还获得了更专业的财务服务，并腾出资源将财务引入经营过程，提升价值创造的能力。

就像机器人取代了流水线上的装配工人，高速公路的 ETC（Elecbronic Toll Collection，不停车电子收费系统，简称 ETC）通道不需要收费员，电子邮件广泛使用后邮递员大量减少……所有行业都因技术进步而进步，但技术进步对行业内的从业人员，并非都是促进作用，会计行业也不例外。

我们知道，不论内容多么复杂的生意，会计核算工作，都是核算收入、成本和费用，厘清往来收付款，审核原始凭证、记账并生成报表。作为事务性的“案头”工作，这些内容都可以标准化，进而流程化，而流程化的工作，完全可以通过技术手段，降低对人工的依赖。

随着信息技术与会计工作的交相融合，在极短时间内培养出满足核算需要的会计是轻而易举的事。会计的“计数”功能，首当其冲地受到技术进步的影响。

将来，核算技术不再是选择会计的首要标准。

未来的会计工作，不再依靠会计的“单兵作战能力”，而是依托信息化工具，实现规模化、科学化、系统性的团队协作。

“规模化”运营是基于核算工作重复性的特征，虽然具体内容有差异，但本质不变，对同一公司来说，只是简单的业务叠加而已。“科学化”依靠的是专业团队的相互协作，通过规划财务流程，依靠系统确保核算规则落地执行。“系统性”以体系化的财务流程和核算标准为基础，从经济业务发生到生成凭证再到完成收、付款的整个程序，都有标准明确的操作流程、审核要求和质量控制。

在这种方式下，依托精细化的操作手册，经过极短时间培训，任何人都可以成为核算能手，其工作成效甚至能媲美经验丰富的“老会计”。

“会计叔”：假如这些都能实现，会计行业的壁垒就会被推翻了，会计的进入门槛如此之低，会计的薪酬待遇必大幅下降。我们都说财务是公司的核心，如果连工作都被取代了，何来核心一说？

“算盘哥”：其实问题不在于技术进步对传统工作模式的冲击，更在于我们自己如何定义会计工作。

现实很残酷，但也谈不上绝望，在“后会计”时代，除了核算工作，会计能做的事实在太多，我们应该重新定位会计工作。

从功能角度看，会计是“计数”的工具；从技术角度看，会计是归集“信息”的工种；从经营角度看，会计是提供“数据”的平台；从管理角度看，会计是辅助“决策”的手段；从控制角度看，会计是发现“风险”的防火墙；从部门角度看，会计是服务“业务”的后勤。

在未来，会计“计数”和归集“信息”的功能会被技术取代。但技术无法取代需要想象力的人类活动，因为人类行为“非理性”的行为和信息系统的“理性”运行方式往往是矛盾的。比如，美军通过数据模拟计算出行动预案，形成标准化的作战手册，用来应对突发情况，这好比现代版的“锦囊妙计”，但这样的锦囊蕴含的风险实在太大。

因为，标准是对过去事项的概念化总结，基于“标准”设定的预案，不过是根据经验推断出的一般假设，而经验不过是所有可能的“样本”展示。

这也是为什么很多管理咨询方案，用尽各种数学模型，统计数据计算得出的结论，看起来滴水不漏，一旦运用到经营中，总是各种不适应。关键就在于，纯理性的运算过程，一旦代入不理性的人类活动“参数”，正确的计算过程，就会得出错误的结论。

会计不再只是单纯的核算工作，会计工作的价值已经从核算数据的准确性，向嵌入经营开展财务管理的方向转变。

会计工作从来都是一门技术，现在需要成为一门艺术。

举例来说，我们家里吃饭用的碗是器具，制作精良一点的可作为装饰品，出自大家之手则会是艺术品，被名人用过就成了文物，要是再放上几千年就成了国宝。

从物理形态看，碗还是那个碗。所谓艺术，不过是把简单的事情做到极致。所以，会计也可以做很艺术的事。

我们以出纳工作为例，确保资金安全、收支准确可靠，是出纳工作的基本要求，做到这一步，就达到第一级——制作出一个“器具”。

如果我们将出纳工作当作反映资金运行过程的“信息端口”，就可以找到突破创新的方向。

既然出纳可在在第一时间知道公司资金变动的情况，出纳就具备了信息优势，可以从三个方面提升出纳工作的价值：

第一，每天向老板汇报账户余额、付款额和收款额，满足老板关于资金进出情况的信息需求；

第二，统计资金收支结构、客户分类和资金分布等情况。比如，不同业务的收、付款情况，用于定期存款、理财产品的资金分布情况，这些信息是用于支撑老板资金决策的重要内容；

第三，预警大额收支或异常资金事项，比如，公司回款计划与实际收款出现偏差较大时，出纳在第一时间向老板汇报，提请老板及时掌握资金相关的风险信息。

这三件事做到了，出纳和“管家”还有什么区别？谁说只有会计主管、财务经理这样的岗位才能出彩，只要肯用心，把事情做到极致，我们都是出彩的会计。

借用出纳工作，我们一起分享了在“后会计”时代，会计人员如何创新转型，如何将日常工作做到位。案例中的出纳，把简单事情做深、做细，抱着服务的态度不断完善工作内容，把简单工作也干得有声有色。

系统、流程、标准遵从的是因果关系的逻辑，而经济活动以关联关系的方式展开，所有的技术都无法跨越机器和人类思维的天然障碍。所以，不论技术如何发展，终不能取代会计人员创造性的工作。

在未来，生产更准确、完整、有效的会计信息，不再是会计工作关注的重点。我们需要从信息的生产者，向信息的挖掘者和使用者转变，**会计发展的着力点，应该聚焦于挖掘和使用会计信息，并通过会计信息与经营活动的逻辑关系，开展财务管理和支撑经营活动，以不断提升会计信息的使用价值。会计最重要的能力，是运用会计信息描述经营活动、判断未来趋势、控制风险，并保证经营效率。**

我们需要做的工作，应该是聚焦信息化技术做不好、不能做和做不了的事；将精力集中于挖掘和使用会计信息、支撑决策、服务经营。

“算盘哥”：看来“后会计”时代的到来，既是挑战也是机遇。同样的工作、同样的环境，换个思路当会计，就是天壤之别。

“会计叔”：树立“核算只是基础功能”的观念，找出技术无法取代的内容，我们就向前迈出了一大步。在未来，会计工作聚焦于管理和服务，最终是为了有力地支撑经营发展。而具体的路径，就在下一章的内容中。

第二部分

突破壁垒，当一个会“做生意”的会计

一、做会计的人要会“做生意”
——不懂生意，会计不过是一堆数字

“算盘哥”：我发现一开始从事经营工作的人，后来转行做了会计，其晋升的速度反而快于专业会计出身的人，对此，您怎么看？

“会计叔”：接触过经营的人，通常都具备“做生意”的思维，更能理解财务如何支撑和服务经营，自然成长速度就快。

大部分从事会计工作的朋友，是毕业后直接走上工作岗位，小部分是先从事了其他工作后，再转行做的会计，这些会计行业中“少数派”的职位升迁，大有迎头赶超前者的势头，有点跨专业引领发展的意思。

不仅是会计行业，这样的例子在其他行业也不鲜见。任正非出身行伍，却引领了通信设备制造业的发展；马云聚焦 IT 行业，却改变了传统销售的商业模式。这是外来的和尚会念经，还是另有隐情？也许奥妙就在于，一种传统更容易打破另一种传统无法自我否定、难以持续发展的瓶颈。

各行各业都有其固有的传统。处于同一行业的公司，会逐渐表现出共性化的特征，这也是差异化和技术领先的竞争策略难以持续奏效的原因，其根本在于行业传统限制了从业人员的思维。

所以，在科技创新主导的通信设备制造业，华为的军事化管理令其风生水起；区别于传统零售业科层式的流通模式，淘宝越过中间环节，激发了商品贸易的活力。

看起来不相干的传统相互对撞，创造出活力四射的商业模式。创造这样奇迹的无非两类人，一是商界奇才，主动地结合不同传统；二是“逼上梁山”的“困境之徒”，无奈中死马当活马医，却在绝境中闯出一条新路。

“会计叔”：那么，你认为会计的传统是什么，会计创新的诉求有哪些？

“算盘哥”：在未来，单纯的核算和记账不再是会计工作的核心，服务和支撑公司经营，才是会计未来最重要的工作。

从事会计的朋友常说，会计工作最辛苦了，记账、报税、付款、开票，都是会计的事情。端午节、元旦节、国庆节，通通都是会计的“加班节”。时不时还要迎接审计和税务检查，各种压力，不堪重负。如果来生可以重新选择，绝不当会计！

上面是大家对会计工作的普遍感受。

笔者曾遇到一个入职不久的会计，正值年轻气盛，还真就以这番言论，直面老板“交涉”关于工资待遇的问题。按他的描述，过程大概如此：

青年：老板，会计工作很辛苦，我申请每月增加500元工资。

老板：你想涨薪，先说说你都发挥了哪些作用？

青年：作用就是把事情都做完了，而且做得很好。

老板：做好了是本分，做不好，公司会辞退你。

青年：公司辞退我，会是公司的损失！

老板：公司再招个会计就行了，有损失的是你。

青年：……

这位青年从老板的问题中找到了突破口——“你的作用是什么？”听到这个问题时，青年一定很伤心：自己都要累吐血了，老板却认为自己一无是处，老板简直“没有人性”！但功利地看，老板的观点是对的。

通常我们将苦劳当功劳，甚至把疲劳也当功劳。对于时刻处在市场竞争中的老板来说，没功劳的统统都是白劳。问题是，一个小会计，能有多大“功劳”？财务工作不就“无过便是功”吗？难不成会计还能创造收入、增加利润？

对！老板就是要会计创造收入、增加利润！

于是，“涨薪青年”深入研究了老板的问题后，找到了突破口，把自己当成老板，像老板一样去管财务。因为“你的作用是什么”本质上是问“你能从哪些方面为老板分忧解难”，会计工作做得再好，如果不能解决实际问题，都是没价值的工作，没价值的事，做到极致也不过是孤芳自赏。

老板关心的是收入、是利润、是现金，核算再精准、报告再完美，不过是锦上添花，老板希望看到的是收入持续增长，资金及时收回，在这个过程中，会计做了多大贡献，老板就认可会计多大的价值。

如何为老板分忧解难，是个技术活，但这位青年做到了，只是用了一种比较“笨”的方式，总结起来，方法是“偷师学艺”，过程中“千辛万苦”，结果是“成效显著”。

“涨薪青年”所在的是一个综合性业务的公司，经营范围广、业务种类多，既有强于其他公司的业务，也有弱于其他公司的业务。青年关注的就是市场竞争力偏弱的业务，从短板入手，琢磨破解之道，具体过程如下：

第一步，交友。“涨薪青年”通过加入行业协会的方式，找到行业内标杆公司的同行交朋友，这一步是接触“目标”的关键步骤，能否实现关乎成败。

第二步，聊天。和朋友们天南地北地聊天，从诗词歌赋聊到人生哲学。

第三步，讨教。在人生哲学和诗词歌赋之间引入有价值的话题，比如，“贵公司的业务怎么做得这么好”“回款为何如此迅速”，诸如此类。

第四步，总结。将他人成功的经验整理为商业方案。

第五步，升华。在方案中提取与财会工作相关的内容。

第六步，落地。将财会工作相关的内容，确定为可实操的流程，提交公司管理层，在业务和财务两个层面，同时推动和执行。

第七步，优化。观察方案执行情况，及时调整有问题的内容。这一步很重要，要是做不好，就会被扣上“纸上谈兵”的帽子。

最后一步，静候佳音。

这位青年当年如此大费周章地折腾一番，不过是为了每月增加 500 元的工资。但最后，老板还是没有同意，因为这不符合公司的薪酬制度。

合乎薪酬制度的做法是——调整工作岗位，最终，“涨薪青年”每月工资上调了 2 300 元。

至此，关于“青年会计如何涨工资”的案例分享到此结束。

我们当一次“事后诸葛亮”，总结一下“涨薪青年”成功的经验。案例的精华部分，是青年偷师学艺的过程，其本质，就是初级版的“生意经”——通过模仿向竞争对手学习，缩小差距再找机会超越。

青年在整个过程中不断试错并坚持前行，用开放而真诚的心态面对困难，凭着对涨工资的一腔热血，逼自己走出了一条不寻常的路。

有意思的是，青年获得成功的过程和会计工作本身没有直接关系，最终却收获了意想不到的成果，这就是所谓的“功在事外”。

青年把老板的公司当成自己的公司，把老板的生意当作自己的生意，做出了有意义、有价值的事，涨工资也就自然而然，顺理成章了。

“会计叔”：通过这位青年的案例，可以看出，会计只有支撑经营，为老板排忧解难，才算发挥了财务管理和服务的功能，体现了会计的价值。

“算盘哥”：做这些事情时，他不一定有如此高度的认识，但正是这种认真做事、积极做事的态度让他取得了日后的成功。

所以，那些非专业出身的会计从业者，如果在经营活动中历练已久，反而能想出“奇招”解决财会专业的问题。所谓会计工作的创新，就是换个思路做工作，展现财务对经营服务和支撑功能，让老板体会到会计工作的价值，然而，这些看似简单的诉求并不容易满足。

比如，我们经常会遇到这样的尴尬：月末，会计拿着辛苦做出的报表和分析出的几十个财务指标，踌躇满志地给老板汇报，听完汇报，老板就说了三个字：“然后呢？”

所有的数据都说完了，哪还有然后？可老板听了一堆数字，头昏脑热，不仅没有更清晰地了解公司的运营状况，反而更糊涂了。

我们想，要是老板懂财务知识就好了，这样就能理解财务指标所代表的深刻内涵。老板却想，要是会计懂业务就好了，至少说的话能“接地气”。

会计和老板相距咫尺，心却天涯分隔，像是盛大的开幕迎来的却是萧瑟的结局。

会计朋友们一定有过这样的遗憾和抱怨，却不知如何突破，笔者也不例外，直到一位身份“特别”的会计出现。

此人是化学专业出身，入职时的工作，是研发新型建筑材料，后来转行做了会计（你没有看错，他改行当了会计），后来的后来，他成了一家大型化工企业的财务总监。

就如何向老板汇报财务工作的难题，这位跨专业、跨行业、跨区域的“三跨人才”却从不认为是个问题——因为他基本不说财务数据。

作为财务总监，从来不说财务数据，那说什么？他的观点是：“老板不一定懂财务。生产、销售、市场，这些才是老板能听懂的内容，**财务人员应该将会计信息转化为老板能听懂的业务语言。**”

道理是这个道理，可他是怎么做到的？

“因为做会计之前，我跑过市场、从事过生产，还负责过回款清欠工作。”

哦，原来是这样，多年的疑惑终于解开了。一开始就从事会计工作的我们，没做过生产、没跑过市场、没搞过营销，单一的会计工作，反而限制了我们的思维。

会计的最大问题是——过于“会计”。

理性地看，会计的语言不能引发老板的共鸣，根本在于，老板弄不清会计信息与经营活动之间的关系，但要准确理解财务指标的经济内涵，如果不通过系统全面的学习，完全是盲人摸象。

会计遇到懂财务的老板是幸事，遇到不懂财务的老板是常事。

“算盘哥”：入行就做会计的从业者不可能个个都像“三跨人才”，可以接触众多工作，就算精力够、时间足，公司也不一定给机会，会计要了解业务经营活动的难度实在太大。

“会计叔”：没有机会，我们就创造机会，办法一定是有的。

透过现象看本质。“三跨人才”的核心竞争力是摸索出了会计信息和业务活动之间的逻辑关系，这是从事过经营相关工作才能具备的优势。所以，他能通过财务指标挖掘业务层面的信息，向老板汇报工作时，自然能切中要害。这一切都以亲身从事过经营工作为前提，但并非人人都有这样的机会，我们还得化繁为简，找条捷径到达目的地。

我们知道，会计信息的基础是经营活动，而经营活动的内在驱动是业务动因。比如，运输成本的业务动因是运输量，人工成本的业务动因是用工量，招待费的业务动因是商务接待量……

虽然我们不能直接从事经营工作，但我们可以通过研究业务行为（业务动因）和会计信息之间的关系，获得“三跨人才”那样的技能。

业务动因形成财务结果，但业务动因不会自动遵从公司的财务目标。比如，公司的促销活动可以吸引更多的客户，但促销成本又会拉低销售利润。

业务动因只有通过“经营逻辑”的组织，才能成为创造价值的经营活动。

所以，我们首先要弄清公司的“经营逻辑”——公司的业务是什么？这些业务是如何获利的？经营过程中有哪些风险？

我们想要抓住业务动因，弄清经营逻辑，还真得切身参与业务经营。

但这是需要技巧的工作。我们假想一种方式：一名会计走到业务部门，大喊道：我要分解业务动因，重新组织业务逻辑，请你们配合。估计如果这么做，同事之间就没法愉快地交流了。因为业务和财务的价值取向不同，对业务部门来说，如何吸引更多的客户、签订更多的合同是工作的重点，至于花多少钱，不是业务部门关心的问题。这样开门见山的方式，看起来效率高，但在实际工作中根本没有可操作性。

这就得借鉴“涨薪青年”的经验了，我们现在使用的方法和他的做法如出一辙——还是从交朋友开始，区别在于他是从外部交朋友，我们这次在公司内部交朋友。

这里笔者将自己身边一位朋友的经历作为案例，为各位如何切入经营活动提供一些思路。

有一位会计小蓝，他喜欢和公司的同事交朋友。既然成了朋友，大家总会聊一些关于工作的事，日积月累下来，小蓝就摸索出了会计信息和业务活动之间的关系，到后来，甚至只要知道做了什么业务，大概也能猜出收入有多少，对应的支出是多少。因为听得多，所以小蓝知道为什么有的业务会赚钱，有的业务会赔钱。工作状态从坐在办公室，被动接收信息，变为走出办公室，了解业务、学习经营、琢磨管理，干得不亦乐乎。

通过与业务部门的同事交朋友，向他们学习如何经营，可以为掌握业务动因，了解财务和经营的关系省去不少精力。要注意的是，业务部门的同事因为信任和案例中的小蓝交流很多“内幕”信息，但如果小蓝就此认为自己掌握了控制业务活动的工具，反过来搞所谓的费用管理、成本控制，最终，只会树立业务和财务之间的对立情绪。

只有业务和财务相互配合，才能成就最佳管理状态，共赢才是上策。

虽然，这种介入经营的方式和“三跨人才”“涨薪青年”有所区别，但最终结果都是掌握业务和财务之间的逻辑关系。会计工作依托于财会理论，起步于基础核算工作，但真正成就会计工作的，却在专业之外、核算之上。看起来与会计不直接相关的内容，恰恰是我们一直寻找的突破点。

总结一下，我们如何以“做生意”的思维开展会计工作。

第一，会计信息的可用性决定了会计探寻业务动因的必要性。

比如，公司平均毛利率是15%，这个信息是低效的，我们只了解了公司的总体盈利水平，但没有参照物，无法做价值判断，不知道这15%的毛利率，代表的是经营良好还是经营不佳。

假如，我们知道了行业平均毛利率水平是18%，那么，公司业务的盈利水平是偏低的，属于经营不佳的状态。但这个数据只能为判断毛利率“优劣”提供标准，要找到原因，还需要在经营层面，深入挖掘影响毛利率的业务动因。

这就引出了**会计如何“做生意”的第二点——构建会计信息和业务活动之间的逻辑关系。**

就会计信息评价会计信息，就数字说数字，是我们财务分析时通常出现的问题。会计信息作为经营活动的另一种表述，除非熟知经营活动，否则，是不可能解读出会计信息中的经营内涵。不论多么翔实的会计信息，不与经营活动相结合，信息的使用价值都是低效的。

这里，我们可以借鉴股评的思路。不论是操盘手还是股评专家，都很少大量分析会计数据，只简单提及几个财务指标，关注的重点在三个方面：一是与该股票相关的政策和题材，二是购买该只股票的多空力量对比，三是市场大环境。说到底，股评就是在阐述影响股价的“业务动因”。

如果会计能切入经营向老板汇报财务状况，老板一定会觉得耳目一新。当老板能听懂会计在说什么，自然就能弄清会计信息和经营活动之间的关系，经营决策就能有的放矢。

构建会计信息和业务活动之间的逻辑关系，核心在于转变我们工作的思维方式，不能就数字说数字，而应该以会计信息为原点，构建一张以业务活动为内容的信息网。

这张信息网的半径越大，传递的内容就越多，我们从会计信息中挖掘价值的可能性越大。

如何构建一张融合财务数据和经营活动的信息网呢？

我们以会计信息为原点，首先搭建网络的基本框架（纵轴射线）。纵轴射线的作用是，将会计信息与业务活动（业务动因）连接起来，在纵轴射线的基础上，我们再构造横轴环线。横轴环线的作用是，将不同类型的业务活动（业务动因）连接起来。

会计信息与业务活动之间的关系越准确，信息网的纵轴射线就越稳固；同时，业务活动（业务动因）之间的关系越准确，信息网的横轴环线就越密集。

依托这张信息网，会计信息反映的业务内容就越丰富、越精确。

道理说起来容易，做起来难，除了亲身了解经营活动，切身体会会计信息和业务动因之间的关系，别无他法。诚如前面提到的三个案例，唯有跳出会计的“三界”和“五行”，才能修得这样的“会计武林绝学”。

会计人员应主动走向经营，多与业务部门的同事沟通交流，知道他们做的是什么业务，怎么做业务。在构建融合业务和财务的信息网的过程中，会计人员要摸索出业务活动的规律，建立会计信息和经营活动之间的逻辑思维，才能将会计信息翻译为大家都能明白的大白话，并以“做生意”的思维解读会计信息，其工作自然能得到大家的认可。

未来的会计需要立足专业，从财务走向业务，成为业务部门的伙伴和智囊团，用财会专业理论帮助、辅佐、规范经营活动，成为企业发展的助推器和催化剂。

唯有这般，我们才能走上会计职业的康庄大道。

“会计叔”：从日常核算上升到管理，再从管理切入经营，确实需要花心思才能做到。总结出会计如何学会“做生意”的具体路径，对大家是很好的启发。

“算盘哥”：在下一节，我们将进一步探讨什么是“会计的原则”与“生意的逻辑”。

二、会计的原则与生意的逻辑
——找到会计工作的平衡点

“会计叔”：上一节我们讨论了未来需要的会计，必须懂业务，会“做生意”。但会计毕竟有专业的理论、原则和规定，不一定都符合生意的逻辑，这个矛盾不解决，很难成为一名具备经营思维的会计。

“算盘哥”：的确如此，但会计反映的是经济活动内容，会计原则的根源还是业务活动和经营行为，说到底会计的原则和生意的逻辑，二者的“源代码”是一致的。

生意的“买卖”含义，出自《世说新语 · 言语》，讲的是孙吴时期时，有人将鸟翼剪下后，做成圆扇出售，但却没有“生意”（买卖）。

时至今日，我们仍然认为生意就是“做买卖”，只要具备买卖的形式，并以赚取利润为目的，所有的行为或物品都可以成为生意，这应该是我们对商业活动最直观的理解。

我们可以将生意的逻辑简单表达为“将某种产品以某种方式卖给某个特定对象”。

在创业节目中，选手们侃侃而谈，有的考虑的是将产品卖给谁的问题，有的是解决怎么卖的问题。解决前一个问题的是市场开拓者，解决后一个问题的是商业模式的改进者。不论开拓者还是改进者，一定会聚焦“将某种产品以某种方式卖给某个特定对象”中的所有要素，因为任一要素出了问题，生意一定做不成。

有些公司看起来财大气粗，转瞬就灰飞烟灭，原因就在于此。

生意的逻辑可以简单明了地表达，但生意的形式和内容却千差万别，即使同一行业、同一市场，甚至面对同一客户，生意运行的过程都无法用相近的方式描述。因为，生意总处于不断变化的环境中，其自身也在不断变化。生意需要想象力，需要创新和突破。

与自身不断求变的生意不同，会计是伴随经济活动的发展而发展的。

有人说，会计只是简单重复地记账；也有人说，会计是高度精准的测算工作；还有人说，会计是公司运转的核心控制环节。不论会计工作的表现形式如何，会计向前发展的基本脉络从未改变。如果说生意的逻辑是“将某种产品以某种方式卖给某个特定对象”，那么，会计的原则就是“以特定的方式生产标准的信息，并以此描述生意运行的过程”。

生意是需要想象力的工作，鼓励无拘无束地创造，会计则是限定条件的“填空题”，要求运用标准的工具和方法描述经济活动，并确保操作过程规范、标准一致。

所以，我们常看到，会计人员以会计的“不变”应对生意的“万变”。这看似正常，却隐含了一个矛盾：一成不变的原则能否应对灵活多变的生意？

著名的“零库存”管理，实现了存货管理成本最低的财务目标，更重要的是在如何处理生意逻辑和会计原则之间的关系上，为我们提供了思路——先满足经营灵活性，再考虑原则性。

一般来说，管理得越松，经营的灵活性越大，创新的可能性也就越大，但运营效率会降低；管理越严，运营效率会提升，但同时，创新的空间会变小。

如何实现管得好又管得活？当原则性和灵活性不能兼得时，鱼和熊掌如何选择？当原则性和灵活性相互矛盾时，又孰轻孰重？

这类问题，我们通常以“建章立制”的方式解决——根据会计原则的要求，建立财务规章制度，再通过流程化、系统化的管理，规范经营活动，并在这个过程中不断修正规章制度，在原则性和灵活性之间找到平衡，以此降低管理内耗。

但是，财务制度是以会计原则为出发点建立的“游戏规则”，制度不可能穷尽所有的经营内容，制度总会面临“例外事项”。当个性化的经营活动与普遍性的规章制度相互矛盾时，我们只能两害相权取其轻：

首先，从会计原则出发，评价经营的财务风险，以及风险可能带来的损失。

其次，从生意的角度，预测经营活动的收益。

最后，对比风险和收益，风险形成的损失较大就遵从会计的原则，反之则按生意的逻辑开展经营。

“算盘哥”：会计的原则来自生意的逻辑，但反过来又制约了经营活动，“两害相权取其轻”的做法是无奈之举，有更好处理二者关系的办法吗？

“会计叔”：处理二者之间的关系，说到底，是如何理解会计原则和生意逻辑之间的关系，这需要找出二者共同的“源代码”。

我们以审计工作为例，看看生意逻辑和会计原则的冲突如何产生，又如何化解。

审计是在确保信息真实的前提下，检验行为活动的合规性（规章制度执行的效果）。审计的类型非常丰富，包括年报审计、任期审计及各种专项审计。

只要有规章制度存在的地方，就能开展相应的审计。

审计人员对会计信息真实性的评价，重点关注的是程序要件是否充分、合法，但是会计信息“真实”不代表行为活动合理、合法。公司众多的经营行为，要完全按照规章制度的要求执行，如果要让其像轨道卫星一样精确地运转，确实强人所难。

其实，所有的审计人员都明白，经营活动不可能完全按照制度的要求，丝毫不差地进行，用一成不变的规则面对灵活多变的市场，生意是没法做的。只要在原则允许的范围内，与规章制度的合理偏差，都是可容忍的差异。

通过审计工作，我们发现处理生意逻辑和会计原则二者关系的一般思路是——把握原则底线的同时，尊重和接受业务活动与规章制度间的合理偏差。

“算盘哥”：工作中确实有些业务，无法按制度要求开展，会计往往无所适从，但只要建立了“底线思维”，就算有问题，最多算瑕疵，谈不上恶意造假。

“会计叔”：万事离不开个“理”字，放弃底线而完全按照经营的需求做会计工作，一定会出问题，但一味遵从规章制度，经营活动又无法开展。

生意逻辑和会计原则之间存在规律性的矛盾，通过“建章立制”当然可以解决大部分问题。但我们在日常工作中，还是会遇到众多例外事项，这需要会计人员合理判断“例外事项”的处理方案，在二者间做出专业判断。会计人员作为执行会计原则的主体，其工作思维、观念和态度，是决定生意的逻辑和会计的原则能否同时实现最优解决方案的关键。

但会计工作按部就班的特性，使得会计人员，很难从生意逻辑的角度理解会计的原则。我们需要将“一定要这样才行”的会计思维变为“换种方式也能行”的市场思维；将“这不是我应该管的”的封闭态度变为“我为经营出谋划策”的开放态度。

转变工作思维、观念和态度并不容易，我们会遇到四个方面的矛盾造成的障碍，只有突破这些障碍，才能处理生意逻辑与会计原则之间的矛盾。

“算盘哥”：现在要讲的四个矛盾，是否就是影响我们处理会计原则和生意逻辑关系的障碍？解决了这四个方面的矛盾，是否就能找到实现二者最优解决方案了？

“会计叔”：准确地说，解决了这四个矛盾，才有可能理解生意的逻辑和会计的原则，才能正确处理二者之间的关系，最终找到最优解决方案。

矛盾一：“会计的原则”是会计描绘经营活动的基础，但“会计的原则”也会限制会计信息反映经营活动的效果。

会计信息是以统一的形式承载的特殊信息，只有标准化的信息才具有通用性和公信力，这也是会计工作的现实基础和基本要求。所以，会计原则首先确保的是会计信息格式和内容的统一。

随着会计专业化程度的提升，“会计的原则”变得越来越“强势”。对专业发展来说，这是好事，但如果以服务经营活动为目的，则不一定。

某些“强势”的财务部门严格执行会计制度，财务风险（特别是审计风险）控制很到位。但如此“强势”的财务部门，生产的会计信息的价值可能较低。因为“强势”的财务部门，通常会拒绝不符合会计规则的业务内容。从这个角度看，会计的独立性反而被突破了。

毕竟，不符合会计原则的内容，并非就是错误的或无用的信息。

会计原则凌驾于经营之上，绝非是件好事。

现在，我们知道了会计原则可以随时介入经营活动，直接影响生意的逻辑，这引出了二者间的第二个矛盾。

矛盾二：会计原则介入经营，可能破坏生意逻辑。如果这是不可避免的，会计原则介入经营到什么程度才是恰当的？

我们在回答这个问题前，需要解构公司的权力结构。

因为生意的逻辑是“将某种产品以某种方式卖给某个特定对象”，具体到公司各个部门的工作，就表现为：人力部门负责招聘员工，财务部门负责筹集和配置资源，生产部门生产产品（服务），最后，依靠市场部门建立的渠道出售给客户。

不同部门履行工作职能的同时，就形成了公司的权力结构。公司权力结构以“部门权力”的方式表现出来。

一般来说掌控资源的部门，其权力层级更高。比如，人力资源部和财务部，理应是公司权力金字塔顶端的部门，但现实中，话语权较大的，反而是市场部门和生产部门。

市场部门和生产部门作为资源的使用者，按说权力层级较低。但市场部门和生产部门既是现在资源的使用者，又是未来资源的创造者。当这两种身份齐聚一身时，公司的权力结构就会发生变化——生意的逻辑决定了公司不断创造价值的使命，由此，市场部门和生产部门的权力排位，在公司权力结构中的位置更靠前。

“算盘哥”：按照上述观点，财务部门是为经营服务的部门，应该从事支撑经营的工作，那么会计的原则也应该为生意的逻辑服务，如果是这样的定位，会计人员应如何开展工作？

“会计叔”：既然定位于服务，我们把会计工作分为四个层次：管事但不做主、既管事又做主、不管事也不做主、不管事但要做主。

“能不能管事”是判断一个人或部门，在某个环境内重要程度的关键指标，这与能力相关；“能不能做主”是看一个人或部门，在某个系统的话语权的大小，这与权力层级有关。

面对具体业务时，怎么做才能赚钱，业务部门比我们更专业，如果财务代替业务做决策，一定会“破坏”业务经营过程。所以，会计致力于解决业务经营问题的同时，应尽量避免直接介入经营活动，尤其不要生搬硬套会计原则，轻易对业务部门说“不”！

愿意管事但不擅自做主的会计，才能合理、恰当地处理会计原则和生意逻辑之间的关系。一个优秀的会计，也应该是能力强，但较少“做主”的会计。换句话说，在经营活动中，应处处都能看到会计的身影，听到会计的专业意见，要让大家觉得公司没了会计，就像丢了魂似的。

会计不直接介入经营活动，但能够为经营管理活动出谋划策、建言献策，是工作到位不越位；具备决策的能力又敢于做主、善于做主，是工作有担当；有决策的能力但能控制做主的冲动，是“润物细无声”的管理，是融洽处理会计原则和生意逻辑的理想状态。

由此可以看出，会计原则和生意逻辑的最佳结合点，是二者边界刚好结合的地方，双方既联系，又不超越。在工作中，我们如何找到这个结合点呢？

矛盾三：会计原则和生意逻辑的最佳结合点，是会计在遵循生意逻辑的同时，还能坚守会计的原则。

因为会计的原则和生意的逻辑都有专属的价值观，价值观决定了价值判断的标准，价值判断标准又会决定行为方式——不同的原则和逻辑“见面”时，最容易对撞的就是价值观。

通常，我们靠“权力结构”解决不同价值观之间的矛盾。

好比行军打仗，战士明知是死战，却勇往直前，是长官靠“权力结构”统一了士兵的价值观。但权力毕竟是外加的强制力，没有真正实现不同价值观相互融合，在融合的基础上再统一行为。

标准明确、规定严格的会计原则，一定会与生意的逻辑产生冲突，要化解二者之间的矛盾，我们只能以“无为而治”的方式，在经营活动中“润物细无声”地开展。

要“无为而治”，就需要尊重。

在没有权力要素，也没有权力结构的情况下，矛盾双方只能相互妥协，以此保持行为一致，妥协的基础就是相互尊重。

如果我们理解了业务部门的价值观，就不会存在偏见，反而更容易找出对策，并改变其行为方式。相应地，经营活动在被会计原则规范的同时，也不会有价值观被排斥和拒绝的不快。这就是从事过经营相关工作的会计，更容易获得业务部门的信赖和认可的原因。

会计原则是现代企业必须遵循的规则之一。我们作为手持财会工具的劳动者，逐渐从经营活动的记录者，成为控制经营活动的管理者。如果会计对生意逻辑缺乏足够的尊重，不能充分理解生意的逻辑，会计原则对经营活动的阻力，必然大于对经营的推动力。这里的“尊重”就是在业、财和谐相处的前提下，引导经营行为符合会计的原则。

尊重应该成为我们认识规律和把握规则的关键执业能力！

所以，会计“无为而治”的第一步是界定哪些是会计原则范畴内的工作；第二步是判断哪些工作对经营活动是促进作用，哪些又是阻碍作用；第三步是减少、调整或改变阻碍经营活动的会计工作内容。

“会计叔”：“无为而治”就是提醒我们会计工作不能擅自改变生意的逻辑，但同时，又能监控、管理经营活动。其实，这个难度很大。要想“无为”，先得“有为”，不了解生意的逻辑、经营的规律，会计工作根本无法实现。

“算盘哥”：越简单的东西，难度越大。我觉得真正困难的是如何突破会计自身的思维限制，这样才有可能把握生意的逻辑。

矛盾四：我们如何将专业技能与生意的逻辑联系，使其相互协作融为一体？会计如何突破专业的思维限制，客观把握生意的逻辑？

会计融入经营活动的过程，也是会计融入其他专业、协同完成任务，共同达成目标的过程。我们只有将会计原则注入、参与和运用到生意的逻辑中，才能在经营活动的各个环节发挥作用，最终优化和提升经营活动的效率。

为此，笔者特做打油诗一首，归纳会计原则融入生意逻辑的过程，便于大家记忆和使用：

原则、逻辑和经营，融合共生相适应。

生意逻辑三件事，产品、渠道和客户。

会计信息要准确，尊重逻辑是关键。

原则、逻辑起冲突，逻辑在先原则“轻”。

专业体现在建议，服务经营是第一。

“会计叔”：会计工作要尊重生意的逻辑。会计人员要通过会计信息完整、清晰地描述经营活动，并运用财务管理工具，提出专业意见，以此提高经营效率。

“算盘哥”：如果我们做到这些，就能找到会计原则和生意逻辑的最佳结合点。

管理活动以经营活动为基础，从生意的运行过程中衍生而来，生意的广度和深度，决定了管理的广度和深度。

举例来说，街边杂货店和沃尔玛连锁超市集团，二者生意的逻辑没有质的区别，只是沃尔玛的经营区域更广，客户和供应商更多。假如，我们给杂货店配备和沃尔玛一样规模、水平的管理团队，街边杂货店能不能冲出亚洲，走向世界？可能性为零。因为杂货店本身的规模和业务，不需要也无法支撑如此庞大的管理系统。

同样的道理，会计工作也应该遵循“与经营活动相适应”的规律，公司经营需要什么样的会计服务，会计就提供什么样的工作内容，既不能少，也不能多，这就是“原则、逻辑和经营，融合共生相适应”的含义，经营有需求时，会计应全力支撑，没有需求时，就不要画蛇添足，“为管理而管理”。

会计工作成果体现为会计信息。会计原则最主要的职能，是完整记录经营活动，并根据会计信息，反映经营活动的合理性和效益性。

我们应确保经营活动被“原汁原味”地记录下来，但会计原则有独立的、自我的价值判断标准，如何减少会计原则对生意逻辑的“破坏”，则是更重要的工作。如果我们不顾环境，单纯地按照会计的原则开展工作，会计信息反映的经营活动，就成了被割裂的“碎片信息”。

恰当的做法是，在充分尊重生意逻辑的前提下，再按会计原则的要求记录和反映经营活动。我们要主动理解生意运行的逻辑，把握业务活动的规律，为经营活动策划符合会计原则的多种财务路径。“会计信息要准确，尊重逻辑是关键”“原则、逻辑起冲突，逻辑在先原则‘轻’”，这两句话说的就是这个意思。

会计人员要实现上述目标，对专业水平和执业能力的要求非常高，而且还得是个“业务专家”。我们只要具备了融合会计原则和生意逻辑的能力，就能在工作中变被动为主动，不但能出谋划策，还能主动“出击”，发现影响经营的问题，推动公司价值增长。

“会计叔”：看来会计工作并非越复杂越好，不能一味追求会计技术，而应定位于服务公司经营。有什么样的经营内容，我们就提供什么样的会计服务。

“算盘哥”：会计工作不到位，无法满足经营的需求，内容过多，会造成经营效率下降。我们站在经营的角度，制订适合的会计工作方案，到位而不越位，会计原则和生意逻辑就不难统一。

“生意的逻辑”和“会计的原则”是会计工作永恒的话题，未来的会计，把握会计原则的能力和掌握生意逻辑的程度同等重要。会计人员专业能力的评判标准，也将重新界定，关键就是能否平衡会计原则和生意逻辑之间的关系，通过会计工作能否提升经营的效率和效益。

三、会计的自我、忘我与无我 ——突破会计固有的思维

如何才能独辟蹊径地解决会计工作中的难题？

在会计的原则、规范和标准中，我们找不到相应的答案，加上没有专业的“理论推演”能力，看似简单的问题，就成了无法跨越的障碍。

所以，会计继续教育的作用之一，就是不断扩大会计人员的“理论容量”，丰富实务工作的“工具箱”。工具越多，我们解决问题的方法越多，在工具数量一定的情况下，我们依靠实务工作积累的经验，还可以通过“理论推演”，组合出新的“工具”解决问题。

会计人员解决难题，要么不断丰富专业知识，要么提升理论推演能力，要么转变思维方式，而这些都可以通过系统训练成就。

除非，我们遇到了实质性障碍——会计的思维壁垒。

会计每天的工作，就是重复使用专业理论的过程，在循环往复的工作中，我们建立了“会计”视角的价值判断标准。这些标准、理念和方法不断影响我们的思维方式。思维方式成为习惯后，就形成思维惯性，思维惯性最极致的表现就是“思维壁垒”。比如，我们凭经验处理业务，不考虑环境因素地运用会计原则，武断地拒绝违背会计准则的经营活动……

从业时间越长、理论知识越丰富，会计的执业能力越强，同时，“职业病”的表现越明显。我们通常认为专业知识越多，解决问题的能力越强。实际上，专业知识越多，只能说明解决问题的可能性越大。

解决专业问题要靠专业知识，但我们不能只从专业的角度切入问题，因为解决问题的关键是找到解决方案，找方案靠的是发散思维，方案确定后，再是落地推进，“落地推进”靠的是逻辑思维。

这大概就能解释，为什么我们面对专业问题时，习惯诉诸专业，却常常束手无策，是思维壁垒让会计变得“自我”，在“自我”中失去了找出会计思维之外的解决方案。

“算盘哥”：我们通常认为会计的问题，只能通过会计的专业解决，这的确限制了我们运用其他思路解决问题的可能，确实是会计的思维壁垒。

“会计叔”：更可怕的是，遇到会计专业知识无法应对的问题时，我们还会认为这些问题在会计范畴内无解，甚至认为这些问题，根本就不是会计范围内的工作。

实务工作中，许多公司存在长期悬而未决的财务问题，有意思的是，这些问题并非难于登天，通常与日常工作相关。是会计没有发现这些问题，还是在会计看来这些不算问题？笔者与当事人交流后才知道，这些问题早被发现了，没解决的原因是在财务看来“这些问题都是业务经营造成的，与会计没关系！”

现在，我们知道了会计思维壁垒的存在，终于触碰到了问题的核心——会计遇到的诸多难题，不是没有办法，而是自我否定的态度抹杀了解决问题的可能。

客观地看，业务经营的问题到了财务环节，行为已形成结果，这时再指望会计来解决，确实有失公允。但我们换个角度，诚然“这些问题都是业务经营造成的”，但业务经营真的与财务一点关系都没有么？如果会计人员只需要处理“财务”相关的工作，按这个逻辑，会计不过是“见票做账”的数据录入员。

为什么不提前几步，把业务经营的问题消灭在业务经营环节？

因为，会计不愿走出办公室，主动解决业务经营问题。会计之所以不愿主动解决业务经营问题，是会计出于风险的考虑。

在会计眼中，动辄成百上千万元的资金，几十上百亿元的资产，为解决经营问题而突破会计的原则，风险实在太大！就算被认为僵化古板、不近人情，会计也决不僭越原则半步，冒一点点风险。

会计工作就应该按部就班、规行矩步，会计就应该保持谨慎的职业态度，拒绝一切和财务规章制度冲突的行为，和业务部门产生矛盾时，还要很有底气地说一句：对不起，我是会计。

当会计说出“对不起，我是会计”时，业务部门的同事一定咬牙切齿、心急如焚，这样下去，市场怎么开拓，生产怎么推进？

事情闹到领导那儿，会计、业务“先各打五十大板”，再陈述理由、自由辩论。

最后，领导决断——会计败，业务胜！

理由很简单，财务是为经营服务的，如果业务不能正常开展，肯定是规章制度的问题，因为制度而放弃业务，难不成大家都去喝西北风？

是继续坚持原则，还是放弃原则迎合业务？若是坚持原则，公司经营可能面临危机；如果放弃原则，风险没法控制，看似保证了业务，最终后果还是饮鸩止渴。

现实中，大多数会计能坚持原则，在压力之下坚持职业操守，当然值得称道，久而久之，这样的会计就成了老板心目中靠谱的会计。虽然不懂变通但是用起来放心，虽然用起来放心，但不会重用，因为这样的会计太死板，毕竟，公司还得持续地发展壮大。

“算盘哥”：看来，会计应该突破思维壁垒，不断向业务经营靠近，做公司发展的推动力，如何才能平衡二者的关系？

“会计叔”：很简单，坚持该坚持的，改变不需要坚持的。所以，问题就是，什么是该坚持的，什么是不该坚持的。

会计人员的价值观大多来源于会计理论、会计准则和各种财务规章制度。在我们看来，符合会计价值观的内容是应该坚持的，反之则是要拒绝的。这在逻辑上，看起来是对的，但在实务中，很可能是错的。

因为从会计角度认为是错误的内容，不一定就是该否定的经济行为。我们知道会计只是描绘世界的一种方式，会计的价值观只是衡量经济活动众多标准中的一类。所以，其他标准下的评价结果，很可能与会计价值观下的结论完全相反。

“会计叔”：会计、销售、人力和生产，都是因公司经营活动而存在，制度、规范、内控、流程都是公司运行的支撑工具。工具不能影响经营的效率，更不能成为经营的障碍。

“算盘哥”：公司为价值创造而存在，评价业务活动的“价值标准”，应该是价值创造过程的方式和途径，不应单纯地以会计的原则评价。

会计视角中的“坏价值”，有时候，可能就是经营视角中的“好价值”。

在经营中，为获得收益而违背诚信、破坏法律，当然是“坏价值”，而遵从规则、遵循法律赚取的收益，即使会突破会计的规则，也是“好价值”。

所以，在经营中，为降低成本以次充好，即使符合会计核算的规则，我们也应拒绝这样的方式。如果为了提高产品质量而增加成本，我们则应站出来，帮业务部门想策略、找办法，降低生产成本。

只可惜，我们通常陷入指标、数据、原始凭据等“形式要件”的桎梏中。这里举一个关于“白条”的案例，就凸显了会计的思维壁垒，让人唏嘘不已。

有一位通信公司业务部门的职员小梁在边远山区做工程，夜里留宿村民家中，付钱时让老乡写个收条，权当是个凭据。回到公司报账时，会计见到这样的原始凭据，差点没喷出血来。会计核算要求原始凭据，必须是内容清晰准确且章证齐全的法定票据。但业务部门的同事也很无奈，没有合规的票据，也不能睡在露天啊。会计认为，虽然情有可原但不可行，正规的发票才能入账，用“收条”作原始凭据，是违规，而且是违大规！

从形式上看，会计确认成本、费用，确实需要正规票据，业务部门在报销环节确实“违规”了。

可惜的是，会计本身也“违规”了。

因为会计违背了现实，违反了逻辑。

深山中的老乡，怕是一生也难见发票之类的凭据，找老乡要发票，实在是让人犯难。

可小梁还真能找来发票。会计一看，差点没背过气，住宿发票外加一堆车辆油费发票，一共好几百元。那张收条上的金额才几十元，小梁交上来的发票就好几百元。

但小梁的说法却有理有据——“为了避免出差在外风餐露宿，避免在深山老林中遭遇飞禽走兽，只能开车到县城找了有发票的旅馆留宿，第二天，再驱车继续上山做工程。”

若非提前知道真相，这番说法实在是至真至诚、入情入理，根本不容怀疑。

知道实情的我们当然不给处理，昨天才几十元的费用，今天就成了几百元，这出入也太大了。但若是不处理就是会计违规，因为同事按要求完善了手续，凭啥不办？就凭人家说的事情是假的？事情虽然是假的，但证据是真的啊！

有朋友说会计应该“以实际发生的交易或事项为依据进行确认、计量和报告”。虽然我们有理论依据，但我们没有证据，业务部门的同事倒是有证据——当事人、说法和票据，哪样是假的？

程序非常合法，虽然，过程很不合理，但先法后理，会计处理不处理？

我们不得不处理。可真要处理了麻烦更大：从此以后，人人都知道，公司的会计是认票不认理的。于是，今天说回县城住，明天就说回市里住，今天说跑了几十千米，明天就敢说跑了几百千米。

这下，会计真就左右为难了，翻遍所有财务相关的规章制度，也找不到这种情况该咋办？

其实，当业务同事第一次拿收条报销时，就可以入账。有朋友会说，白条不能入账！白条当然不能入账，但得看是什么样的白条。对于事实清楚、过程明确、证据确凿，又是偶然发生，而且确实无法提供正规票据的小金额“白条”，为什么不能入账？

除了有税前不能抵扣的风险，实在想不到还有什么障碍。

有读者会说，这样一来，公司税负增加，不就损失了吗？

我们从最终“支出”的金额比较两种方式的成本高低。

如果会计以“白条”入账，即使考虑纳税调整，也远低于以发票报销的金额，而且这种方式尊重了事实，不会造成人为造假的负向激励，而且，还真正实现了成本控制。

发票作为会计处理时的标准原始凭据，是会计核算和控制成本的关键载体。但在这个事件中，情况却截然相反，用于控制的财务凭据却成了突破控制的手段。

如何控制成本、避免损失，是公司管理中最复杂的命题。在会计的原则中，通过原始依据（发票）提供的合理保证，实现成本控制。问题在于，并非所有的支出，都能取得满足会计原则规定的凭据要求，如果就此判定支出不真实，就会导致以正规发票报销，成本反而超过真实支出的问题。

在实务中，很多财务控制的工具和方法，最终成了业务和财务之间相互掰扯的“游戏”，成为负向选择的诱因。

会计，是通过会计信息还原经济活动，进而控制支出，避免损失。所以，不能反映事实真相的会计信息是都是伪信息，不能控制真实成本支出的财务管理是伪管理。

“会计叔”：“白条”案例引人思考，反映出会计人员管控成本只关注原始要件，较少关注业务事实的思维壁垒，因此，各种各样成本超支的现象层出不穷。

“算盘哥”：于是，预算管理、成本控制、定额管理，各种各样的“软管理”“硬管控”被不断引入会计工作中。

嗟乎！管理无穷尽耶，控制成本何其高焉，但管理仍失控也，众人又何其烦焉。

曾有一家汽车模具制造厂的老板，考虑在公司推行 ERP 系统。笔者问其目前的生产规模，答曰：3 000 万。又问：为什么想推行 ERP 系统？答曰：竞争对手都在用。再问：你的竞争对手多大规模？答曰：几亿元到十几亿元不等。最后问：目前公司的管理能满足经营的需求？答曰：够用，好像没什么问题。

最后，笔者对模具厂老板的建议是：

①公司当前就一个任务——活下去。

②目前的管理足以支撑运营，用不上 ERP 系统。

③继续给管理做减法，越简单越好。

④持续降低管理支出，尽量维持在行业平均水平之下。

先进的管理工具，好比武林绝学，人人都说好，大家都想学，但没有长年累月的内功做基础，贸然使用的结果会是筋脉尽断、武功全废。

大公司成功的经验和先进的管理，是日复一日积累的结果，是一点一滴努力的回报。好比市场份额、交付能力、盈利水平等财务指标，优秀的管理也是公司经营成果之一，都是公司成长的业绩体现。

好的管理关键是简单，简单的才容易实现，容易实现的才能持续推进，持续推进合乎管理规则的经营活动，自然就能提升公司运营效率和经营效益。

反思我们的日常会计工作，引入了多少管理的内容，增添了多少审批的环节。费用报销时，我们设置经办人员、主管和分管领导签字审批的环节。笔者见过流程环节最多的审批流程，从经办人员到公司董事长，共需要13个人审批，实在是叹为观止，先不说能否有效控制费用支出，光是对运营效率的影响就可见一斑。

但如此“完善”的内控流程，并没有给会计信息提供充分、适当的保证，原因在于大家都签字，看似监管的人多，出了问题却因为法不责众，最后成了谁都不用负责。会计并没有因为层层审核而减轻工作量，反而是出了问题，无法落实责任，花费更多的沟通成本和管理成本。

这就是只从“管理思维”出发，不考虑经营实际，追求“完美”管理的后果——“为管理而管理”。

要解决这样的问题也不难，要么简化流程，要么减少管理的环节，不断做减法，直到经营顺畅为止。千万不要担心人员减少、环节简化，造成管理失控，精简后的管理不但不会失控，还会因为清晰的责任界定，相关责任人反而尽职尽责地工作，公司的运营也会变得高效有序。

为什么人少好办事？因为人少往往可以清晰地划定责任，相互掰扯的事情就少一些。

为什么人多不一定力量大？因为板子打不到点上，人多更好蒙混过关。

缺乏管理，公司会混乱不堪，而过多的“管理”又会让经营停滞。

“算盘哥”：所以，会计应该从经营出发，考虑核算和管理工作，不唯理论唯实际，不唯管理唯经营，减少内部消耗，提高经营效率。

“会计叔”：会计工作具有极强的专业性，我们很容易陷入“完美管理”的思维中，只有突破思维壁垒，从支撑和服务经营出发，才能从“自我”中走出来。

到底是先进的管理成就了优秀的企业，还是优秀的企业成就了先进的管理？不论是优秀的企业，还是先进的管理，都聚焦于回归生意的本质，推动经营的发展——“回归生意、推动经营”，就是带我们走出会计思维壁垒的“八字箴言”。

“回归生意、推动经营”的三层意思：一是所有的经营活动都有“生意”的某个要素作为内生动力；二是管理活动应聚焦于“经营”，偏离“经营”的管理都是无用的；三是但凡成功的公司，都具备以最低资源配置实现经营目标的能力。

我们以最常见的“业务招待费”为例，阐述这三层意思。

通常，会计视角下的业务招待费管控，是以收入或其他业务数据为基础，确定某个比例定额管理。这看似“有凭有据”的管理，本质上是经验主义的产物。

若是从生意的角度出发，这种方式显然缺乏业务动因的支撑。因为业务招待费的发生以及金额大小，与公司经营活动的数量和内容有关。

业务招待费是因为业务招待活动发生的支出，而业务招待活动是具有生意目的的行为——要么是为了签合同获得订单、要么是为了提高产品售价、要么是为了沟通协调加快收款。

在生意的视角下，业务招待费的管理，反而变得简单。

假如公司一季度业务招待费较上年增长15%，但与同期相比的合同签单量没有增加、收款进度没有改进、产品售价没有提升，那么业务招待费的使用效率就是低下的。

公司经营花了成本，就应该看到收益，支付了费用就要得到回报。业务招待费这类直接与经营活动挂钩的支出，必须通过经营的思路和生意的逻辑，评价其合理性，只从会计角度考察，看不完也看不透。

当然，确定业务招待费的业务动因，是控制业务招待费支出的关键，业务动因是业务活动的推动因素和内生动力，也是成本支出的根本原因。所以，我们可以得出一个重要的结论：除非我们能通过会计信息掌握业务动因，否则，会计信息和相应的财务管理都是低效的。

通过这个结论，我们可以完美解决本节涉及的所有问题。简单如“白条”是否能报销，复杂如公司财务体系的设计与运行，最终都可以归结为——会计的自我、忘我和无我。

会计的第一境界是“自我”，以会计的视角、方式和位置描绘经济活动，控制经营行为；会计的第二境界是“忘我”，会计的原则、理论和规范，只作为会计工作时的一种思维方式，不再是判断经营行为的唯一标准，甚至不是主要标准。会计的第三境界是“无我”，相对复杂、略显高深，需要我们参透生意的本质——不论是经营行为，还是管理行为，都是为“生意”而存在的具体活动。达到“无我”境界的会计，较少甚至不再受到会计专业理论的影响，思考问题的出发点是“生意”，落脚点也是“生意”，会计工作遵从生意的逻辑，并以此决定如何使用“会计”工具开展工作。

当我们处于“自我”境界时，以会计的理论控制经营；处于“忘我”境界时，我们以会计的理论指导经营；处于“无我”境界时，我们以会计的理论支撑和服务经营。

会计支撑和服务经营的定位，树立了以“生意”为基本逻辑的会计工作方式。只有这样的会计工作和财务管理，才能在经营和管理过程中推动公司价值创造。

所以，“无我”看似是会计原则消失了，实则打通了会计的任督二脉。

“算盘哥”：看来，会计“无我”的状态才是最高境界，有意思。当会计处于“无我”境界时，反而是会计专业水平的最高体现，说到底，只有深刻理解了如何做生意，如何开展经营，才能成为一个好会计。

“会计叔”：不懂生意、不会经营，会计理论再丰富都是空中楼阁，不但毫无用处，还会阻碍的公司发展。好会计需要时间的磨砺，理解生意、掌握经营都需要时间，而下一章讲的就是如何成为一名“好会计”。

第三部分

告别青涩，当一个“好会计”

一、“老会计”和“好会计”
——光靠时间，我们不会变得更好

“算盘哥”：关于如何才能成为一名“好会计”的问题，我的看法是，“好会计”首先得是“老会计”。

“会计叔”：“老会计”通常用来称呼经验丰富、从业时间较长的会计，而“好会计”指的则是技术精湛、能力超群的会计，二者有联系但也有区别。

会计是一个庞大的行业，全国会计从业人数过千万，会计人员遍布各行各业，但会计在各单位员工总数中的占比并不高，是典型的“少数派”。各行各业都需要会计人员，但各单位对会计的需求又十分有限。包容与竞争并存，是会计行业的普遍特征，这一点，从参加各类会计考试的人数就可见一斑。

在会计行业中，一定比例的从业者，选择会计行业的原因是门槛低、上岗时间短而且见效快。就好像某些培训机构的广告“零基础学起，保取证，保就业！”保取证、保就业还不够，还包学包会，不会再学。尴尬的是，“规模化”培养的会计人员，造成了整个行业供大于需，会计的普遍薪酬因此下降。

除了“一个月取证就上岗”的从业者，还有较大比例的会计，经历了长达几年的专业学习，并取得了较高学历。

会计是一个从业人员素质“既高又低”的行业。

如果知识的可用性取决于工作中的理论含量，说实话，四年的本科教育确实“营养过剩”。但从实务工作的复杂性和广泛性来看，即使拥有研究生学历的会计，其能力也略显不足、差强人意。

会计从业人员虽然数以千万计，但既掌握理论又熟稔实务的领军式人物，却少之又少，反映出会计人员“既多又少”的特征。

“算盘哥”：会计人员“既多又少”，会计专业“既高又低”，这应该是当下会计行业的时代特征，在这样的环境下，如何才能成为行业中的佼佼者，又如何被市场认可？

“会计叔”：这需要“一实一虚”通过虚实结合实现。会计人员既需要学历、职称、从业经历这些看得见、摸得着的专业能力，也需要沟通、创新和不断学习这样的实务能力。

大多数会计从业者对自身职业发展的着力点，通常聚焦于学历、职称，并为之付出巨大努力，因为学历文凭、职称证书是公认的职业证明。而工作能力、创新精神则难以直观感知，且标准因人而异，在岗位竞争、职位升迁时，其价值波动幅度太大，如果将精力耗费在这些虚幻的事情上，风险实在太大。

有意思的是，当我们靠证书、学历，走上工作岗位；决定我们在职业道路上能走多远的关键，却是工作能力和创新精神。

有些东西，看起来很虚，却很实在。

很多关于职场面试宝典类的著作，教的就是如何展示超群的工作能力，将“虚”的内容，表现得形象动人，但面试技巧毕竟只能锦上添花，不能雪中送炭。高手过招，比的是内力。如何才能成为内功深厚的会计高手？两个字：“练”“等”。“练”自不赘言，凡事不练都是空，关键在“等”。

刚参加工作的职场新人在工作伊始，觉得老员工很厉害，什么都会，工作两三年，开始看不起别人，常想，要是我来做，肯定会更好。偶得一次机会，自己独立操作才发现，看似简单的工作其实也难以完成。

“会计叔”：任何事情如烧开水，只有到了100℃，才会质变，哪怕只差1℃，也只能停留在量变的阶段，我想这也是很多时候，我们不能持续成长的重要原因吧。

“算盘哥”：除了自己努力，环境也很重要，就像在高原地区，怎么烧，水都不会有100℃，一味地添柴加火也无济于事。

要得到质变的“1℃”，除了添柴加火，还得营造环境。因为会计要想提升工作能力，一靠专业学习、二靠经验积累，二者彼此依托。所以，日常工作中，我们可以用“试错”的心态，帮其他同事完成做不了、不想做和做不完的工作。

如此这般的好处是，可以得到大量锻炼的机会，而且出错了不全是你的责任；坏处是大家会习惯于把工作推给你，工作量剧增，你会很累。但这的确是进步的最快路径，因为“绝知此事要躬行”。

这种方法还有一个专属名称，叫作“实弹演习”，即在真实环境下，进行真实的操作，检验真实的效果。所以，不必抱怨没机会，机会是我们自己创造出来的，在实践中摸索虽然辛苦，但对工作能力的提升却大有裨益。

正所谓，“熬出来的会计”，如果没有大量实践的积累，没有实际工作的打磨，熟练掌握会计业务绝不可能一蹴而就、一步登天，而这一切的前提，就是时间，岁月催人老，但岁月也让会计变得更好。

具备专业技能，但缺乏实操经验的会计，不可能成为“好会计”，有工作经历但专业技能低下的会计，最多算工作年限较长的“老会计”。

对于“老会计”和“好会计”，我们应思考三个问题：

①简答题：为什么“好会计”多是“老会计”？

②证明题：“老会计”不一定是“好会计”。

③论述题：不当“老会计”也能成为“好会计”。

解答这三个问题前，我们先弄清什么是“老会计”？

答：从事会计工作时间较长的会计。

通常，公司提拔高级管理人员时，往往会这样评价——“某同志工作多年，能够稳妥地应对突发事项，把握好复杂局面，进退有度，并合理恰当地解决难题”，除了这样定性的评价，还会附上诸多工作业绩。

几乎所有行业，“从业时间”都是评价工作能力的重要指标，有朋友会说，这是论资排辈。凭什么说工作时间短，就不能应对突发事项，就不能处理复杂问题？

因为工作时间短，遇到的情况少，处理复杂问题的能力当然就弱，仅凭自信和口号是没有说服力的，业绩才能让人信服！按这个逻辑，一个好会计还真得是工作时间比较久的老会计。

当然，我们也听到或看到，年纪轻轻就走上高管位置的青年才俊，看起来是推翻了“老会计”的逻辑。其实，这样的案例恰恰印证了这个逻辑。

因为，“老会计”除了有时间长短的概念，还有“深浅”的考量。

对职业人从业时间来说，是纵、横两根轴同时进展的。“横轴”是春去秋来，由地球负责；“纵轴”是工作付出，由我们自己负责。

举个例子：普通的碗过一百年还是个碗，但制作精良的碗放一百年就成了文物。一个会计天天审核凭证、编分录、做报表，干一万年也是普通会计。另一个会计经常接触投融资工作，两三年的时间就把财务、会计工作通通实操一遍。换作各位，您让谁当高管？

要成为“好会计”，除了时间的积累，更得看工作的深度和广度。

会计工作就是如此磨人，一蹴而就是不可能的，厚积薄发才是王道。要当一个好会计，得先当老会计，三五年不算短，十年八年不算长。笔者也想编出“会计高手速成大法”，读过之后“保就业”“保领证”“保当高管”，怎奈造诣不够，实在无能为力。

我们唯一能做的，是通过在时间纵轴上的努力，缩短在时间横轴上的等待。

接下来的三个样本，向大家展示了如何成为“好会计”的典型路径。我们运用“分析样本提取关键因子去除糟粕取其精华法”，分析从“老会计”成为“好会计”的最佳路径。

样本一：“会计是我工作的方式和工具”——H 先生，从业 13 年，34 岁，现任财务总监。

H 先生毕业于专业的财经院校、本科学历，入职即从事会计工作，中级会计师，无其他专业资格认证，历任财务部核算会计、汇总会计、财务部副经理、分公司经理。

H 先生所在的公司，推行财务与集中管控模式，下属成员单位均无核算职能，全部由总公司财务负责，所以，会计核算量相当大。公司还不愿增加岗位，H 先生的日子自然难过。

按理说，工作量大就无暇顾及其他，偏偏 H 先生是发散性思维，常琢磨业务事，纠结于为何这个业务的成本增加了、那个分公司的费用又下降了。因此，部门同事对他的评价是“多管闲事，爱钻牛角尖”，一句话，不怎么受待见。

不受待见，还能成为财务总监？

因为没其他人能提拔。

H先生所在公司高负荷、高强度地使用会计人员，于是，有条件的会计都跳槽了，无奈H先生没有证书压身，没人要，走不掉。

走不掉就得接着干，直到原来的汇总会计辞职，公司“无人可用”加上H先生在公司工作时间较长，于是他“荣升”汇总会计一职并兼核算会计。

一个人干两个人的事，加上H先生喜欢把一件事干成好几件事，从此公司就是家，家就是公司，H先生却干得不亦乐乎。因为H先生一人担纲多职，觉得备受重视，所以拼命工作。

因为长期以公司为家，H先生和高层打照面的机会越来越多，领导以他为样板，多次宣扬其吃苦耐劳、勇于担当、爱岗敬业的高大形象。

这样口号式的宣传，极少有人当真，但H先生是“人中极品”，他不但当真，还更加努力地将有限的生命投入到无限的工作中。

领导说的都做，领导没说的也做，这就是H先生的主观能动性。一年后，H先生荣升财务部副经理一职，但这次不是因为人手不够，是管理层真心觉得H先生人才难得。

有类人基本不设定目标，却一直在用功，除了埋头苦干还是埋头苦干，这种人，很纯粹，纯粹得像“傻子”。H先生就是这样的“傻子”，给他一个平台，就像拥有了全世界，如永动机般疯狂地工作，根本停不下来！

但不久后的一件事，让H先生遭遇了职业生涯的大考验。

H先生所在公司的业务原来集中于华东五市，但公司的持续发展遭遇了业务增长的天花板，必须开拓中西部市场，于是，公司在长沙、成都分别设立了分部，但经营不尽如人意，领导就动了换人的想法。

公司广发英雄帖，希望大家能自告奋勇地为公司分忧解难，结果是观者众多，伸手揭榜的人没有。毕竟，新市场的机会多，风险也大。

最后无锡分公司的总经理被选中。组织安排是不容拒绝的，无锡分公司经理觉悟高，自然遵从公司安排，但有个条件——H先生得陪着一块儿去。

原因有三：一是长沙和成都两个分公司相当于公司的“特区”，经营得有自主权，这样才能放手开拓市场；二是新公司得有人负责管内务，财务是核心，所以，能管财务的人是首选；三是作为公司开疆拓土的战略举措，得有能打硬仗的领导层。

综上所述，不二人选——H 先生。

于是，H 先生一头雾水地被任命为分公司的副经理，虽说是负责财务，其实人力、综合的工作都得干，时不时还要谈业务、跑市场，但H 先生再次发挥强大的主观能动性，扎根中西部，创业在路上。

这一干就是三年，公司中西部市场的业务，实现了盈亏平衡，业务复合增长率达到 8%。

但凡出业绩的地方，就容易出领导。H 先生因为其多岗位、多层级、跨地区的锻炼，加上懂财务、会业务，被破格提拔为集团公司财务总监。

“会计叔”：H 先生多年的会计工作是其职业进步的基础，H 先生从老会计变为好会计，再成长为公司管理层，是从财务走上高层的会计职业晋升之路的典型案例。

“算盘哥”：H 先生的敬业和苦干，为其带来各种机会，看似偶然的职业升迁，却隐含了必然的规律。后面我们进一步分析会计人职业生涯的发展规律。

样本二：“会计是我发挥才能的平台”——L 先生，从业 5 年，29 岁，某公司财务部副经理。

L 先生毕业于某著名大学的金融专业，硕士学历，入职时从事会计工作，有中级会计师、注册会计师、税务师、ACCA 的专业资格认证，历任财务部核算会计、资金管理员、财务分析师，目前任财务部副经理。

L 先生一大串金光闪闪的证书：国际的、国内的会计认证一应俱全，走南闯北、行走江湖都不在话下，自然是财务经理的不二人选。对于各种艳羡，L先生却是处之泰然。在L先生看来，考试是最容易的事。

证书的事按下不表，我们说说L先生的职业经历。

L先生学的是金融，做的却是会计。因为L先生所在的公司是全球排名前三的投资公司，作为行业翘楚，门槛自然不低。在这家公司，只要能想得到的世界名校，都能找到其毕业的学生。

L先生出身也不低，但高手实在太多，只能在公司的后端部门求得一职，先从基础核算做起。

说基础，其实一点也不简单，L先生需要经常接触“交易性金融资产”“长期股权投资”“融资租赁”这样的内容。总之，大家平时用得少或基本不用的专业内容，都是L先生的家常便饭。

核算的难度，可以造就专业的高度。

加上L先生所在的是跨国企业，同事不是Henry就是James，报表也是先出中文版再出英文版，所以，L先生的中英文是自由切换，加上不菲的薪酬，简直就是会计界的“都教授”，多金又多知。

环境造就人，换谁在这样的平台干上五年也是金字塔尖的高手。

这家公司的工作理念是，一件事情只教新人两次，第三次还不会，就会考虑其能力是否适应当前岗位。更要命的是还不能出错，毕竟，公司做的是几千万上亿元的大生意，要出错了可不是小问题。

公司不会白白发给员工工资，它首先需要员工为其创造价值，所以在这家公司工作紧张、高效、压力大。

L先生算是高智商、高情商的“双高人才”。凭借高智商，游刃有余地适应工作要求；凭借高情商，既能与外国同事交流，又能与中国同事交流。

由于各维度全面发展，“五好员工”的L先生从业期间，屡次高分通过公司人力评估，一路升职，获得财务部副经理的职位。

这就是L先生的职业案例，大家是不是羡慕嫉妒恨，是不是觉得这才是会计该有的工作状态，是不是觉得在现有的工作平台上被低估、被限制，有一种“怀才不遇”的遗憾？

“会计叔”：L先生代表了一批高学历、高技能、多资质的高端财务人员，这是我们梦寐以求的状态。看来要成为一名优秀的高端会计，不一定需要过长的时间，环境、平台和机会也很重要。

“算盘哥”：但是，L先生的案例不具有普适性，大家对L先生的经历有各种各样的观点，我们从不同角度分析，可以得出很多有意思的结论。

我们再看下一个“样本”。

样本三：“会计是我工作的全部内容”——D先生，从业24年，43岁，现任财务部汇总会计。

D先生毕业于财贸类院校，高级会计师职称，历任财务部核算会计、税务会计，目前任职汇总会计。

D先生是笔者最早接触的同行，D先生给笔者建立了最标准的“会计”形象：严谨、细致、不做出格的事，凡事精确到小数点后两位。

大家一定觉得D先生是个古板的“老会计”，其实不然，D先生拥有众多爱好，琴棋书画均有涉猎，还是当地摄影协会的创办者，生活得有滋有味。因为从业时间早，D先生经历了国家财税体制改革的各个阶段，工作经历相当丰富。

但D先生有个特点：基本不加班。在手工做账时期，一个人就能做出几无瑕疵的年报，简直就是人脑计算器。随着电算化的推广，D先生的工作更是手到擒来，严丝合缝，堪称实务操作之“教科书”。要说D先生是专家级的会计，完全配得上。

要成为专家，得专一、专注和专心，时间一长，自然就成了专家。但如果没有“三专”，最多不过是老人家，成不了专家。

但问题也出在这个“专”上，因为只专注于会计工作，自然无暇顾及其他，又因为D先生从不加班（前提是上班时间内就完成工作），当然对财务以外的事情知之甚少，于是问题出现了。

单位曾多次考虑提拔D先生为部门经理，但D先生只专注于会计工作，其能力无法承担经理岗位的其他内容，最终D先生只能坚守在原岗位。

这一干就是几十年，但D先生的态度是：公司离不开他，部门又很需要他这样的老会计，虽有遗憾，但不失落。

“会计叔”：D先生是会计行业里最常见的“老会计”，经验丰富、技能娴熟、踏实肯干，但“封闭”在会计工作中，失去了跳出会计做会计的可能。当然，不可否认，D先生的确是个“好会计”。

“算盘哥”：D先生的案例的确反映了“老会计”和“好会计”之间紧密的联系。

三个样本映照三段不同的会计人生，从中我们能看到自己的过去、现在和将来。至此，我们将“老会计”和“好会计”的简答题、证明题和论述题的答案整理如下，请读者品评。

①简答题：为什么“好会计”多半是“老会计”？

好会计是对会计“质”的评价，老会计则是对会计“量”的评价，质、量的关系就是从积累到升华的过程。缺乏量的积累，不可能有质的飞跃，所以好会计首先得是老会计。

正如三个案例中的主人公，不论高居总监职位，还是坚守基层岗位，都历经了基础工作的磨砺，层级虽有别，但都是名副其实的好会计。有朋友会说，D先生起步早、经验足，却远不如后来者，最多算是老会计。

以成败论英雄不是历史唯物主义的思维方式，狭隘和偏激地认为“成功”就是职位、职务所代表的功名利禄，就会陷入“精英理论”的狭隘中无法自拔，职业道路反而走不好。

②证明题："老会计"不一定都是"好会计"。

大家还记得普通的碗有别于文物的碗吗？时间是经验积累的基础，但如果不在职业的深度和广度上提升，光靠时间的推移，我们只会感叹，时间都去哪儿了。

我们曾抱怨日复一日、年复一年，工作却一直毫无建树。这是因为会计工作只有这么大的舞台，如果真的是选错了行业，阻碍了我们建功立业，说不定换个行当，也许会生活得有滋有味，工作得有声有色。

这是典型的"生活在别处"的人生逻辑——我所拥有的都是不好的，不是因为我的问题，是环境和条件限制了我。

为什么"老会计"不一定都是"好会计"，当然与职业规划、经验能力和工作机遇有关，但这些不过是工具，用工具解决问题才是目的，如果没有积极的工作态度、正能量的心态，就算手持武林绝学，也干不过只会捶沙包的傻小子。

一个"好会计"，与专业、技术和经验有关，更与工作态度、人生心态相关。

③论述题：不当"老会计"也能成为"好会计"。

这个说法应该能反映出会计新人们的心声。走上工作岗位，从打下手、干杂活开始，少则三五年，多则八九年，差一点的混到汇总会计的岗位，好的能走上部门负责人的位置。

这期间还要不断学习，经过职称的、专业资格的、学历的考试，总之，活到老、考到老。但就算考得各种证，想换工作，如果没有相应的从业经历，对方还会怀疑执业水平。

如何才能具备"老会计"的经验值，又不需要干到天荒地老？

案例中的L先生就做到了，因为他有一个宽广的平台，在这个平台上还做出了成绩，并且，工作成绩还被公正地评价，得到重视。

问题是，L先生那样的平台不是我们想去就能去的，L先生的聪慧也不是我们想有就能有。那H先生的故事呢？平台、能力都不如L先生，一样当上了总监一职。但 H 先生愚公移山的精神，几人能有？

所以，如果有选择的机会，我们一定要争取大平台的工作机会，平台高低的差异，对会计发展的影响会是量级的差异；如果没有选择的机会，请以 H 先生为榜样，以尽善尽美的态度完成工作。H 先生，埋头苦干，屡次突出重围，从胜利走向新的胜利。

但也不要认为苦干就一定会收获，H 先生的故事里，有一个极易被忽略的要点：H 先生拥有发散思维，常琢磨公司的业务经营。

所以，笔者要告诉大家的是，H 先生一直在做一件极有价值的事——寻找会计原则和生意逻辑之间的平衡点！

所谓“好会计”以及“好会计”的价值就在于此。让会计原则和生意逻辑严丝合缝、琴瑟和鸣地结合在一起，做到了这一点，我们就是顶尖的“好会计”。

读者们如参透了这个道理，越能熟稔地运用这一概念，从“老会计”质变为“好会计”的时间就越短。

“算盘哥”：理清“老会计”和“好会计”的辩证关系，我们也算找到了成为“好会计”的现实路径——一定时间的从业经历是必不可少的，在这期间还得多岗位锻炼，不能单纯只做某几样工作。

“会计叔”：经验+思考=专业技能，会计专业+经营思维=职业能力。没有时间的积累，这一切都是空，而会计的经营思维，是正确处理核算、管理和经营的基础。

二、核算、管理和经营还是经营、管理和核算——会计工作的三个层次

“会计叔”：这一节，我们将同时接触财务会计、管理会计和经营会计，这是非常专业的内容，既是会计工作的三个层次，也是会计理论的三个研究方向。

“算盘哥”：通过了解会计工作的三个层次以及三者之间的关系，可以帮助我们理清会计工作的先后顺序，找到核算、管理和经营三者相互融合的结合点。

在会计理论中，财务会计起步最早、体系最完善、应用面最广。管理会计出现在工业革命时期，依托于管理理论和信息技术发展至今。经营会计目前还不是一门独立的理论，它属于管理会计在实务应用的延伸，其核心是运用会计信息与业务经营之间的关系，借助精准、实时的会计信息，推动经营高效率地运转。

从理论发展的先后顺序看，财务会计在先，其次是管理会计，最后是经营会计，但在实务工作中，是经营在先，后有管理，最后才是会计核算。

财务会计之所以最先形成独立的理论，很重要的一点是核算的规律被抽象概括的难度最低（理论化难度系数较低）。所以，在农耕经济时代，簿记技术的脉络就基本确定，会计的理论框架也初见雏形。

有意思的是，农耕经济时期的会计理论已发展到相当高度，但却没有催生管理会计的出现。显然，催生管理会计的内在动力，出现在工业革命以后——工业时代标准化、流程式的大规模生产，使“成本”成为会计研

究的重点。

我们在管理会计中最常看到的，也是关于成本管理的内容，这方面最早的著作包括：亨利·梅特卡夫的《制造成本》、埃米尔·加克和M·菲尔斯的《工厂会计》以及E·韦伯纳的《工厂成本》。

有意思的是，这些著作的笔者身份都比较“奇特”，除了M·菲尔斯的专业是会计，亨利·梅特卡夫是军械师，埃米尔·加克是电气工程师。

看得出来，以成本管理为主要研究内容和线索的管理会计，并非是会计的专利，更多的是来自生产一线的管理创新。

鉴于此，我们大致可以推论出成本管理的一般逻辑——会计负责计算、归集和分析成本数据，而成本管理相关的方法、技术和工具，主要来自生产（经营）一线人员的研究和应用。

管理会计的出现意味着，在会计领域科学管理概念的建立和发展。管理会计发展晚于财务会计，在研究体系上也没有财务会计成熟，但研究的思路更广阔，只要是与经营相关的内容，都可能成为管理会计研究的对象。

管理会计比财务会计的应用范围更广，所以，管理会计更“自由”。

而自由，是创新的基础。

“会计叔”：会计人员要想在会计工作中创新，在职业道路上更上一层楼，就应该关注管理会计的应用。

“算盘哥”：令人遗憾的是，在实务工作中，我们通常聚焦财务会计领域的工作，管理会计只是偶有涉及，而经营相关的内容几乎不参与。

财务会计是管理会计理论发展的基础，但在实务中，财务会计却常常掣肘管理会计的运用。比如，固定时点、固定格式的财务报告，客观上限

制了管理会计的时效性和灵活性，造成会计信息不能满足公司动态管理的需求。

而且，管理会计是根据财务会计“修饰”后的信息，对经营活动进行的价值判断，这样的“二次”信息，要么过于粗略，要么内容已经扭曲。

如何通过管理会计，有效提升会计信息的应用价值？对于较少研究管理会计的我们来说，是个难题。

虽然，我们学习管理会计理论的程度不及财务会计，但在实务工作中却经常接触，比如预算、分析、业绩评价、资金和资产管理等工作，都属于管理会计的范畴，我们通常所说的财务管理，主要就是指管理会计的内容。

所以，要掌握管理会计的理论和技术，除了学习理论，关键在于实务工作中的具体运用和经验总结。

工业革命后的规模化生产对成本信息的依赖，激发了公司对成本计算的需求，随着批量式生产的扩大，产品品种不断增加，如何分配间接费用成为技术难题——成本计算正式成为学术研究的内容。在这里，笔者建议大家看看 120 多年前的两本著作：一本是《制造成本》，一本是《工厂会计》。这两本书描述的内容并不复杂，但书中的理念，却是后期管理会计理论和实务应用的基本脉络。

不同于财务会计以“会计信息质量”为核心的发展思路，管理会计的发展，是以财务管理技术的创新为主要方向。比如，标准成本法，就是在《科学管理原理》一书中提出的标准化管理制度上，衍生出的管理方法。

理论催生了实务应用的创新，实务应用的创新又创造新的理论。

丰田公司的“目标成本管理”催生出目标成本管理理论。资历较深的朋友，一定听说过“邯钢经验”，其精髓——“模拟市场核算，实行成本否决”就是对这一理论的再运用。

之后的作业成本法，则是企业成本管理最成熟的理论和实践运用，大家可以看下《推进作业基础成本管理：从分析到行动》，这本书的内容相当实操，完全是作业成本法运用的技巧汇编。

作业成本法看起来只是计算和归集成本的方法，其运用却相当复杂，需要公司所有部门的参与，其逻辑是通过“作业动因”和“成本库”的建立，计算成本并追溯变动原因，以达到准确归集和分配成本的目的。

实践是检验真理的唯一标准。作业成本法在理论上行得通，在实务中也能有效运用，有效解决了会计信息和经营活动之间难以建立逻辑关系的“世界性”难题。

所以，强烈建议各位朋友一定要掌握这门技术，这对我们开展成本管理有很大好处。

作业成本法不仅在成本管理应用方面意义重大，基于作业成本法衍生发展出的预算管控、经营分析等科学管理理论和应用工具，已是实务应用中最重要的内容。

这其中，最著名的是泰罗的科学管理理论，不仅成就了标准成本法，还将预算控制技术引入经营，作为管理会计重要的内容。1922 年《预算控制》一书，第一次全面介绍了预算控制理论。

预算管理作为理论研究和实务应用中最深广的内容，是我们在学习管理会计时，最值得研究的课题。

说到这里，不得不提一下谁是最早应用预算管理的国家，毫无疑问，其实是中国。西周时期的“九赋九式”制度，就具备了预算控制的主要特征，随着历代逐步完善财政制度，不断确立具体的预算执行标准。

到了近现代，主流的企业管理理论都起始于欧美国家，中国的预算管理研究逐渐落后，并且差距越来越大。直到 20 世纪七八十年代，我们引入并学习西方管理理论后，预算管理在企业中逐步推广，预算理论研究才开始与国际接轨。

理论是一回事，执行才是关键，而预算的执行，是个麻烦事。

20 世纪 40 年代，以利润为导向的财务预算取代了成本预算，全面预算管理成型。之后，参与式预算催生了沟通协调的预算管理模式，目的是提升预算的参与性。

这产生了新的问题：预算的下达者和预算的执行者，通常是委托一代理关系，价值观不完全一致，有时甚至南辕北辙。有公司评估预算执行效率时，出乎意料地发现，单向的、较少沟通的预算，其执行效果反而高于多次沟通的预算执行效果。

更奇怪的是，单向的预算编制方式，上下级管理层的矛盾反而更少，当然，这可能是矛盾没有显性表现的机会。总之，评估结果是，单向下达预算的方式，执行效率更高、效果更好。

这个现象，理论界称之为“预算松弛”。

“算盘哥”：预算是管理会计中最高级的管理应用，值得我们仔细研究。前面提到的问题是预算作为管理工具，在实务应用时遇到的困难，我们得想办法解决。

“会计叔”：在实务中，预算在战略实施、资源配置、运营控制、奖惩激励等方面发挥了重要作用，我们可以从四个方面创新突破，用好用活预算管理。

第一，建立“由下至上”的预算编制和执行，以及“由上至下”的预算控制和考核体系。

预算管理看起来博大精深，其在实务中的应用关键只在于理顺上、下级关系。预算将工作责任、权利和义务划分到不同层级，按照既定的经营方案，监督和考核业务经营的管理活动。所以，预算管理在执行环节出问题，必定与预算编制、执行、控制和考核的定位，以及责、权、利的划分有关。

所以，预算编制规则应由上级制定，下级具体执行，但预算编制的具体内容，则应是由下至上的方式完成，不能简单粗暴地由上级管理层以“任务”的方式，直接下达或分配给下级单位。

然而，在实务中，上级部门往往是“实质”上的预算编制主体，加之拥有考核权，下级单位只能按部就班地执行预算，彻底沦为“生产车间”的角色。

最终，先进的预算管理变为了粗浅落后的“生产计划”。

这也是预算管理的最大难点——价值观差异。

上级单位当然希望实现更高的业绩指标，而下级单位则倾向于低劳动强度下的业绩要求。公司当然可以凭借强大的“行政力”推动预算管理，虽然很有“效率”，但本质上，预算已失去了沟通上、下级经营思路的作用。

只有自下而上的预算编制过程，才能真正起到沟通经营策略、明确战略方向、统一价值观的作用。特别是，市场化程度越高，个性化生产方式越明显的公司，越需要由下至上的预算编制过程。

第二，预算管理的关键，是构建业绩指标和业务活动之间的因果联系，并通过“因果关系”控制经营行为。

预算管理的发展受经济形态、商业模式和管理技术的影响，但管理的目标从未变化——提升经营活力与管理效率。所以，预算管理的关键，在于挖掘经营活动的内生“动力源”，以及运用业务动因，构建可实现的预算方案。

道理很简单，执行起来却很复杂，有时候甚至无法实现。

比如：收入、利润和现金流业绩指标，我们可以转化为合同签订量、成本支出和应收回款相关的业务动因。以合同签订量为例，还需进一步分解为：市场占有率、产品交付能力、客户感知度等内容，只有抓住与“合同签订量”相关的所有业务内容，对应的预算方案才能切实可行。

如果说发现和挖掘业务动因算是比较困难，那么，找到业务动因和业绩指标的关系，就是难上加难。这需要业务部门和财务部门共同参与，双方合作共同建立“生产（经营）函数”，并确定“业务行为”转化为“财务指标”的修正系数。

仍以合同签单量为例，我们将“市场份额”作为关键业务动因，要建立市场份额和经营业绩的生产函数，先得确定市场份额与合同签单量的关系，再根据合同签单量与业务收入的“转化率”，计算出每一个百分点市场份额增长，会带来多大的业务收入增长。

市场份额每增长1个百分点，根据“生产（经营）函数”模型，业务收入相应增长2~5个百分点。如果管理层预期25%的年度收入增长，对应市场份额，就要增长5~10个百分点。

以此类推，预算方案中的所有指标，都一一对应链接具体的业务活动，同样，所有的业务活动，也链接对应具体的业绩指标。

依托业务活动与业绩指标的逻辑关系，预算的编制、执行和控制就具备了可执行的现实基础——预算最重要的工作，就是建立公司业绩指标与业务活动之间的关系。

“算盘哥”：预算执行的主体是经营层，虽然预算方案表现为财务指标，但必须转化为具体的业务活动。

“会计叔”：单纯以财务指标为内容的预算体系，通常会陷入“指标陷阱”，加上财务会计本身固有的局限性，预算反而有可能成为影响经营的障碍。

第三，预算管理的终极命题是统一公司的价值观。

预算管理的根本目的是告知员工，什么是有利于业绩目标的行为，哪些事该做、哪些事必须做、哪些事不能做。这么看起来，预算管理很像企业文化，统一公司上、下经营价值观。

形式上：预算管理通过目标指引，推动公司实现业绩目标，但其本质是通过预算管理经营过程，以此统一经营价值观，上下协同一致，共同实现经营目标。

现实中：长期且持续的预算管理，确实能将管理层意志，灌输到公司各层面，最终，将所有人都变为公司经营“条件反射”的一部分。虽然，通过预算管理统一价值观，耗时长、难度大，但一旦达成，经营将可靠且持续地按管理层意志有效推进。

第四，预算管理应同时从财务和业务两个角度，评价公司业绩，避免陷入功利思维的“预算陷阱”中。

预算管理会遇到如何恰当评价经营业绩的问题。

举例来说，公司年末遇到需要垫资的业务，但收入和回款，都在下一个经营期间实现。请问，作为这家公司的负责人，你是否接受这样的业务？

看起来这是一个很奇怪的问题，有生意还不做？

在推行预算管理的公司，如果当期经营业绩受到影响，管理层很可能放弃这样的业务。原因很简单，在预算执行者看来，如果当期业绩受损，追求未来的业绩就没有意义。这样，公司整体利益会因预算执行者的“理性选择”而受损。

这就是为什么推行预算管理的公司，经常出现提前或延后确认收入，递延或虚增成本的原因。

要避免这样的问题，我们只能同时从财务和经营两个维度，评价公司业绩，同时，调整业绩考核的周期，从财务时间维度，转变为业务时间维度。比如，我们要以项目的周期评价其盈利情况，而不是单纯地以年报数据反映的经营情况，评价管理层的业绩。

唯有这种方式，才能避免上述案例中，管理层放弃业务的负向选择。

当然，在丰富业绩评价维度的同时，我们还需要引入合同签单量、单个项目盈利水平和回款效率等非会计口径的业绩评价指标。

“算盘哥”：由此可见，一个有效的预算管理体系，需要从业务到财务，再从财务到业务，循环往复多次，并找到影响业绩指标的业务动因，这样才能发挥激励考核的作用，引导预算执行者按照管理层的意志开展经营。

“会计叔”：预算管理作为复杂的管理会计理论，普遍运用于事务工作中。但预算管理没有固定且普遍适用的方法，我们在运用预算管理时应关注环境的变化。这正是经营会计的优势所在，我们不妨借鉴一下。

经营会计成形于“阿米巴”经营模式，该模式将“会计是管理活动”的观念发挥到极致，要求会计围绕“销售额最大化、经费最小化”的原则开展工作。稻盛和夫创立的京瓷和第二电信能几十年持续盈利，日航空能扭亏为盈成为行业翘楚，有观点认为，经营会计的运用是成功的关键所在。

通过研究稻盛和夫的经营哲学，我们会发现经营会计的理论体系虽不成熟，但的确能将复杂的财务数据，一目了然地转化为经营活动，有效实现以量化的数据，传递管理层意志的作用。

经营会计极致地展现了“经营第一、核算是管理的工具、核算为经营服务”的理念，但经营会计是阿米巴经营模式下特有的会计方法，不具备普遍性，不考虑环境贸然使用，很可能适得其反。

如此看来，到底是经营会计促成了京瓷、第二电信的成功，还是京瓷、第二电信的成功成就了经营会计，仁者见仁吧。

笔者这里分享一个案例，便于读者朋友进一步理解经营会计。

案例基本信息：公司通过连锁店的方式销售商品，商业模式属于常规的传统业务，核算方式是典型的进、销、存商品核算法。为运转该业务，公司在市区多处租赁门店，并配备厅店长、导购、驻点会计人员，为管控业务，还购置了一套销售管理系统。

公司为提高销售额和销售毛利率，在代理级别（市级代理到省级代理、省级代理到国家级代理，代理级别越高进货成本越低）和营销政策（销售折扣、产品宣传）两个方面着力，但代理级别的提升始终有上限，而营销策略的同质化竞争，也难以持续激发消费热情。

公司经营策略表现出边际效益递减的趋势。

这家公司的会计小谢借鉴经营会计的思路后发现：运用营销酬金激励政策、商品种类配置、差异化营销方式三个举措，可以提高销售量并降低营销成本。但关键是如何确定会计信息和三个举措之间的关系，并以此调整销售行为，达到提高销量和降低成本的目的。

这就涉及如何建立经营会计体系。具体包括三步：第一步，列出销售成本明细表；第二步，列出销售业务的“行为清单”；第三步，将“行为清单”上的内容一个不剩地链接到成本明细表中各个项目。

需要注意的是，关联成本明细和具体行为的过程，必须是从“行为清单”到成本明细表，顺序不得变动。同时，“行为清单”所列内容必须是具体的行为或可物化的内容。

“连线题”做完后，再将配对成功的成本项目和行为内容抽离出来，组成独立的可核算的“会计包”，并描述“会计包”中会计信息和经营行为之间的相互关系。

上述工作完成后，**经营会计的具体运用是：通过会计信息分析和预判经营行为，监测收入和成本的运行情况。简单来说，通过会计信息，我们能一目了然地掌握任一行为对收入、成本的影响，可以快捷、准确地判断出，哪些是应该加强的销售行为，哪些是应该减少的低效活动。**

虽然，经营会计有利于准确地管控经营，但也存在短板：

①会计工作量剧增。

②会计必须熟悉公司业务经营活动的全部内容。

③需要能支撑经营会计运转的信息化系统。

④需要业务和财务人员等全员参与、通力配合。

我们从搭建、运行的整个过程可以看出，经营会计的本质是以业务和财务要素为基础，通过实时的会计信息控制经营活动。在这个过程中，会计人员从信息的生产者，转变为站在经营最前端的管理者。

显而易见，经营会计理念下的会计工作，几乎包含了核算、管理和经营在内的所有内容，运用的难度极大。

“会计叔”：经营会计结合了核算、管理和经营，有意思也很有意义，但是存在太多障碍和困难，目前还不能广泛推广，你觉得这个管理实践，对我们的启发是什么？

“算盘哥”：它的意义在于，为我们如何定位核算、管理和经营，提供了方向。这些实践活动也为财务推动公司价值创造提供了范本，算是做了些创新突破的工作。

财务会计、管理会计和经营会计三方面的知识，为我们如何定位会计工作的三个层次提供了思路。

以简单再生产为主要形式的农耕经济时代，管理会计不可能出现，即使出现，也是低效的，农耕经济时期的会计做好核算足矣。

在大规模、标准化生产的工业经济时代，核算的复杂程度完全超越简单再生产的经济内涵，公司对会计信息质量和财务管理技术的诉求不断增强。财务会计和管理会计相互交叉融合，特别是在成本领域，管理逐渐成为核算的基础，并蓬勃发展。

经济发展进入了后工业时代，因为产品相对过剩和高效流通，个性化的需求越来越旺盛，公司又从规模化的流水线生产方式，向个性化订单式生产转变。在这样的生产方式下，我们既是消费者，又是生产者，商业运营方式又“轮回”到类似于农耕经济时期的状态，个性化和差异化成为竞争的主要内容。

在个性化生产、定制化服务的时代，大规模、流水线式的批量生产模式正受到新的挑战，标准成本、定额管理等工业时代的管理技术似乎正在失去控制成本、推动生产的作用。

在这样的大环境下，管理成了会计工作的核心诉求，以此为基础，再完成核算工作，最后，我们根据会计信息完成经营管控的工作。如果我们不懂经营，不能将核算与经营对接，传统会计一定会被新时期的经济形态抛弃。

擅长核算的会计因为不懂经营而被淘汰？这个说法听上去有点危言耸听。这对一直以核算为主要内容的会计工作来说，几乎是不可想象的。但我们根据经济发展的一般规律，逻辑推演出来的结果正是如此。

未来会计工作的思维，应该是经营在先、管理次之、核算垫底。当然，会计人员的工作方式会因此改变、重点会迁移、难度也会加大，我们不仅要懂核算，会管理，还得在经营中找到解决财务会计的突破口。

“算盘哥”：看来会计的转型势在必行，对“好会计”的评价方式也会从精于核算变为懂经营、会管理。

“会计叔”：会计转型是大势所趋，接下来，我们立足核算、联系经营、结合管理，给读者一些思路和方法。

第四部分

告别狭隘，从经营的视角看资产

资产是过去交易或事项形成的，由企业拥有或控制的，预期会带来经济利益的资源。

会计对资产的定义，对非会计专业人士来说太抽象，我们尝试用另外一种方式表达：资产是公司主动地干了某件事，产生了某个能带来好处的结果。

由此，我们可以从经营的角度把握“资产”的三个要点：

第一，资产产生于公司有控制权的主动行为。公司以盈利为目的，开展有收益的经营活动。主观上，公司不会做没收益的事，但并非所有的经济活动都是由公司控制的。比如，商品的供货时点以及货款支付方式，就受到供应商的影响，所以，有些貌似“资产”的内容，并非来自公司主动意愿下的行为，不一定能带来经济利益的流入。

第二，资产是经济行为产生的确定结果。比如，公司为开发某新型产品支出大额研发费用，可最后该项目没有研发成功，相关支出就不能成为资产。

除了行为活动必须形成确定的结果，这个结果还得是“有形”的。当然，这里所说的“有形”是指经济实质的存在。举例来说，老板谈了笔生意，既没有采购对方的产品也没有销售自己的货物，但双方互生好感，预期将来有不少合作。在老板看来，这样的预期是“资产”，但在会计看来，没有可计量的对象，不可能仅凭双方的“美好感觉”就确认为资产。

第三，资产应是能带来实实在在经济利益的资源。有些公司列示的资产从金额上看体量巨大，但评估后却发现，已不具备价值创造的能力。这就是典型的“幽灵资产”，不过是具备资产的形式而已，不仅盈利能力低，还持续消耗公司的管理成本，或是拉低公司营运效率。

比如，货币资金作为评价公司支付能力的资产项目，资金存量越大，公司经营的资金保障系数越高。但货币资金余额过高，也可能是缺乏可投资项目或是生产能力骤减，形成资金冗余。

所以，接下来的内容，笔者会从经营的角度审视资产项目，关注公司对资产的掌控能力，以及资产的盈利能力，从正反两个方面解析我们曾经熟知的资产内容。

一、举足轻重的货币资金 直面经营的应收账款/应收票据

（一）货币资金

货币资金是资产负债表中的第一个项目，也是我们最常接触的核算内容，只从核算的角度解读货币资金，意义不大。但要是从经营角度看，货币资金的内涵就非常广博，可以看出四个方面的内容。

1. 货币资金是理论上可供公司调配、使用的现金资源

我们看上市公司年报时，会发现有些公司“货币资金”的余额那是相当大，但千万别被唬住。因为货币资金项目反映的内容，不一定就是公司的现金资源（比如代收款），即使属于公司，也不一定是能用的，就算是能用的，也不一定是想用就能用的。

比如，政府拨付的专项资金（通常会设立专户专项管理），公司在使用前需要报备或审批。又如，公司开展海外业务，受制于外汇管制，账面体现的货币资金很难融回国内使用。再如，公司某些专户的存款（受限制性账户或定期存款），使用起来就比较麻烦，不是随时可动用的资金。

所以，货币资金只是账面上的现金资源。

如果，我们看到货币资金余额 1 000 万元的公司，就认为比 500 万元的公司“有钱”，就会在经营决策和投资决策中做出错误判断。

通常，我们要确定一个公司货币资金的真实情况，必须解构货币资金的构成，简单来说，就是根据资金性质将货币资金切分为不同的内容。

如图 4-1 所示，通过资金构成，我们可以看出公司能随时调动的资金，以及不同“存放”形式下的资金结余情况。

公司的活期存款是能随时调动和使用的现金资源，但定期存款不是想用就能用的，这样的资金还包括有七天通知存款、三个月大额存单。同时一些无法使用的货币资金，也会反映在货币资金项目中，比如信用证保证金。

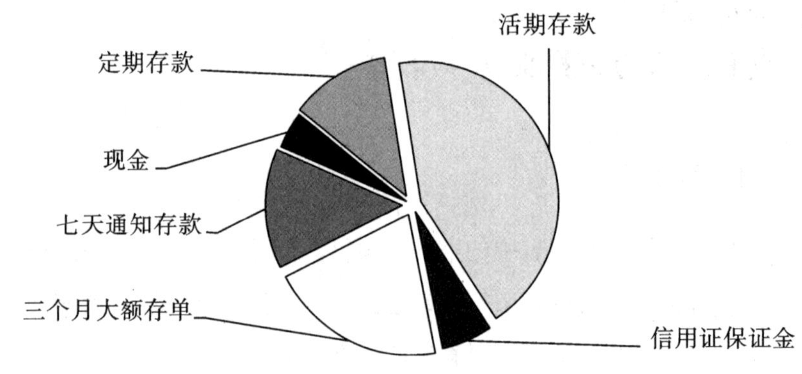

图 4-1　货币资金明细构成图

2. 过多的货币资金，代表了较强的支付能力或偏低的运营能力

货币资金越多，公司偿付和购买能力越强，但从经营的角度看，货币资金过多，有可能是运营能力偏低的表现。

货币资金增长，一般是业务增长且持续回款的经营结果，但在公司经营萎缩、业务线收缩的时候，因为没有新增支出，并大量收回前期应收账款，在短期内也可能出现货币资金上扬，甚至井喷的状况。

货币资金余额增大，有可能是公司业务衰退时的“回光返照”。

所以，评价某公司货币资金是否良性增长，要结合业务变化分析，比如公司新增合同收入额等业务数据。

在实务中，我们还可以结合“存货”“应收账款”和“主营业务成本”，判定是否因为运营能力下降，造成了货币资金的上升。

如图 4-2 所示，公司 1~12 月存货和应收账款不断降低，货币资金余额不断上升，同时“主营业务成本”逐期下降。

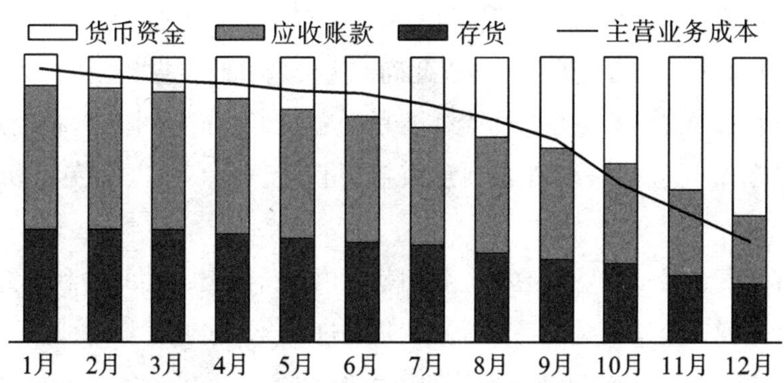

图 4-2　运营能力对货币资金、应收账款、存货和收入的影响示意图

逐项分析各个项目的金额变化，就能看出运营能力下降对货币资金的影响：

存货余额的下降，可能是存货周转率提高，或是原材料、商品采购量减少。单看存货项目，无法判断到底是哪个因素影响了公司的运行效率。逐期下降的主营业务成本为我们指明了方向，存货余额下降并非存货周转率提高造成的，因为存货周转率的提升，不会导致主营业务成本的下降。

公司存货余额和成本总额同时下降，反映出公司业务萎缩（运营能力不足）的状况，同时，前期应收货款在本年收回，推高了货币资金余额。

所以，当看到报表中存在巨额的货币资金时，读者朋友先不要开心，因为还有一种可能——公司业务规模和运营能力在下降。

3. 货币资金本身的收益应与公司盈利水平对比

资本具有追逐收益的天性，会不断流向价值高地。公司股东发现货币资金太低时，会担心分红没保障，可能会撤资。

同时，货币资金沉积，如果没有用于业务运转，股东还是会选择撤资退出，将现金投入价值创造能力更强的业务。

站在会计的角度，如何计算货币资金本身的收益？一个简单的方法是，先计算出货币资金活期部分和定期部分（包括各种理财产品的所占用的资金）的收益后，再算数加总。

定期部分很好算，而活期部分则需要先确定月均余额（月初+月末之和的平均值），然后按同期存款利率计算。最后，两部分相加，就是货币资金本身的收益（孳息收益），以此确定为资金最低收益率。

只有公司经营收益超过资金本身的收益，经营活动才有存在的意义，否则股东个人直接获取资金利息收益更直接、更高效（避免了所得税影响）。

有了资金最低收益率数据，我们就可以评价经营活动的盈利能力。对经营者来说，经营收益的最低标准就是超过资金利息收益。

4. 货币资金是测试业务经营的压力指数

货币资金对公司管理层来说有双重压力：一是资金短缺的压力，二是资金冗余沉积的压力。公司资金短缺时，业务无法开展，老板夜不能寐，焦急到身体机能紊乱。资金冗余时，公司在选择项目和决策经营方案时，对成本的敏感度降低，对风险预判不足，也就是“钱多难免任性”。资金充裕、业务迅猛增长的公司，更容易将“成功经验”复制推广到新业务、新市场，“自杀式”地扩大生产规模。很多公司恰恰是因为规模扩张过快，而导致了经营失控。

钱太少、钱太多，都不是好事，刚刚好才是真的好。

但是，确定最合理的资金量非常复杂，涉及公司经营、管理相关的所有内容，没有普遍适用的计算模型。但是，作为评价资金运行效率的标准——“现金创利周期”（每 1 元钱一年内换回的现金收入，此“现金”系“货币现金”的概念）是容易计算的。

比如，公司上年每支出 1 元钱，换回现金收入是 20 元，那么“现金创利周期”就是 18 天（360÷20）。如果本年每支出 1 元钱，换回现金收入 24 元，那么本期“现金创利周期”就是 15 天（360÷24）。

如图 4-3 所示，我们结合资金、收入和“现金创利周期”，可以看出运营效率与货币资金关系的主要特征：

①业务收入越高，“现金创利周期”不一定越短，还要看当期收入中现金的占比，也就是“现金收入”在总收入中所占比重。

②在业务萎缩的情况下，延长“现金创利周期”（运用赊销政策）可以拉动收入的增长，例如图 4-3 中 10～12 月数据反映的情况，但同时，公司的资金余额会下降。

③在资金有保障的情况下，“现金创利周期”是制定销售政策、确定业务扩张策略的重要参考指标。

在其他条件不变的情况下，“现金创利周期”与经营效率有关。但是，只考虑“现金创利周期”就决定扩大经营规模，很可能拉低盈利水平。我们还需要考虑利润的变化，才能做出准确的决策。

如果“现金创利周期”随业务扩大而延长，且上升的趋势越来越快，这时就应该考虑加大货币资金投入或缩减经营规模。如果公司坚决要扩大生产规模，也应选择变动成本占比较高的业务，避免固定成本的绝对增加，降低公司经营的压力。

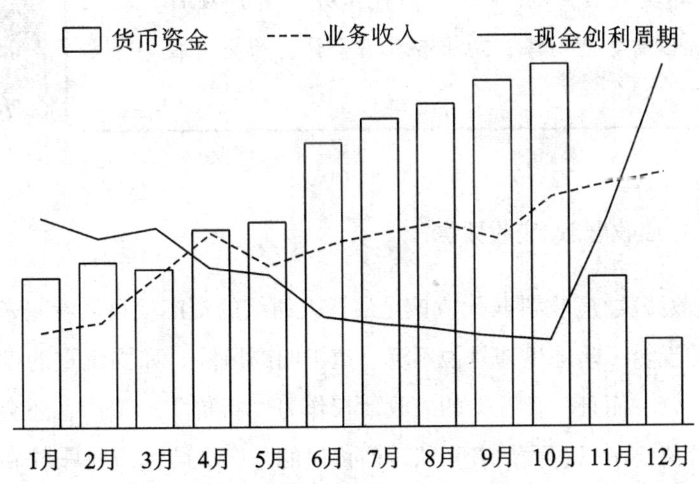

图 4-3　货币资金、业务收入和现金创利周期变动关系图

图 4-3 中“业务收入”包括现金和非现金收入，“现金创利周期”计算公式如下：

月度现金创利周期=360÷[当月现金收入÷(当期运营资金投入÷12)]

当月现金收入=当月收入额-当月新增应收账款

当期运营资金投入=期初货币资金+(债务融资额+股权融资额-现金分红-股东撤资-还本付息资金)×时间系数

站在经营的角度看，只有不断滚动的钱才是真正意义上的现金资源，资金管理的核心就是不断提高资金周转效率。公元前五百年，范蠡就讲过，生意的两大要义是“务完物、无息币”。“无息币”说的就是不要让钱沉积不动，应不断投入经营活动，持续地创造价值。

“会计叔”：通过资金周转效率判断货币资金的流动性，就是站在生意的立场分析如何“钱生钱”，这的确是常规会计信息很少反映的内容。

“算盘哥”：只有从经营的视角分析资产项目，我们才能跳出财务看财务，跳出会计当会计，为公司服务，支撑经营。

（二）应收账款/应收票据

“应收账款/应收票据”应该是最让人纠结的资产项目。看起来是预期能收回的现金，暗地里却是说不清、道不明的风险，如同沉重的枷锁，拖累生产经营。而且，长账龄的应收债权作为“折价”的资产，还会持续损耗公司价值。所以，我们着重从资产价值的角度，解读应收账款和应收票据相关的内容。

1. 应收账款是公司拥有的“现时”而非现实的债权

应收账款是经营成果的体现，是未来时点可能转化为现金的资产项目，但从经济实质看，应收账款反映的是“现时”而非现实的债权。

“应收账款”反映的是报表时点债权的余额，只有确实收回的债权才是“现实”的现金流。

所以，不论在预期时点能否收回现金，应收账款已经折价。应收账款存在的这段时间内，至少损失了同等资金的利息收入，如果以利润率为标准，应收账款占用资金造成的损失更大。

应收账款从出现到消失，涉及的内容多，并且与经营、管理密切相关。应收账款的账龄时间越长，不能收回的风险越大，折价越厉害，并且公司将来收回债权所付出的成本也大幅增加。

如图 4-4 所示，我们运用“五力模型”分析应收账款增长的原因，具体包括：业务增长、收款力度、客户拖欠、业绩压力和管理效力五项。

这五项推高应收账款的原因中，既有外部因素，也有公司主观意愿下的行为。但不论何种原因造成应收账款增长，都是我们在日常经营活动中需要突破的五个问题。

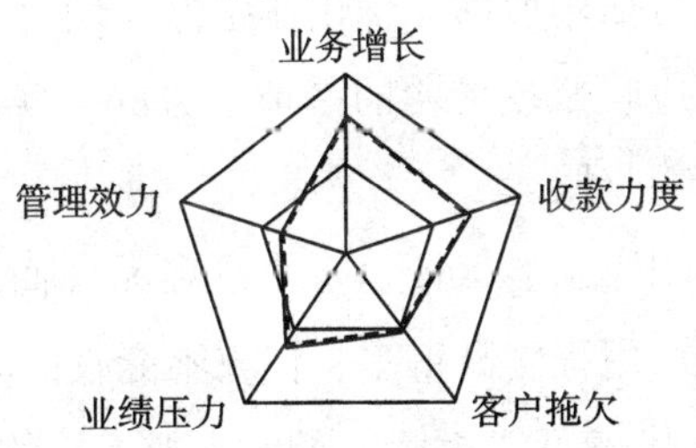

图 4-4　应收账款分析的五力模型

公司业务增长带动收入上升，同时也会推高应收账款余额。特别是业务迅速扩张的公司，表现更为明显。如果应收账款上升的同时，应收账款占收比基本持平，或只是略有上升，表明这是业务扩张时的“自然现象”，不必过于担心。

收款力度降低当然会造成应收账款增长。我们以“现金收入”在整个收入中的占比为标准，如果发现该占比持续下降，则表明公司拓展业务的同时，放松了收款工作。

应收账款来自赊销业务，客户的付款速度直接影响债权回收。通常，我们根据合同约定的收款条款，就能看出客户是否拖延付款，账龄越长，表明拖欠的情况越严重。

除了外部因素造成的应收账款增加，公司也有可能人为地“生产”应收账款——在完不成收入指标的时候。这时，公司会提前确认收入，甚至虚构业务，因为这些业务不能在当期实现，也就谈不上回款。同理，公司迫于业绩压力而粉饰报表时，也会推高应收账款。通常，我们观察年底期间应收账款的变动情况，若是出现大额的、异常的增长，就说明很有可能存在“粉饰业绩”的可能。

除上述四个因素，公司应收账款的管理效力，也会影响应收账款的回款。比如，有的公司甚至不能区分应收账款的账龄、客商和部门，如此管理应收账款，根本无法落实应收账款的回款责任、对象和目标，自然会推高应收账款。

2. 应收票据的“回款风险”低于应收账款

应收票据是由银行信用或商业信用作担保的债权。应收票据在确定时点通常都能收回，而应收账款考验的是债务方的“实力”和“人品”，很难说收款时点能否足额收回。

一个是确定的信用体系的保证，一个是虚无（商业角度）的“人品”保证，显然，前者的信用程度高得多，债权不能收回的风险，也低很多。

3. 应收账款可能代表了“虚假”的收入或虚构的业务

会计核算确认收入时，贷方反映为收入，借方要么是现金、银行存款，要么就是应收账款。从经营的角度看，直接收到现金的收入，一定是真实发生的业务。如果借方反映为应收账款的收入，特别是不能在合理周期收回的应收账款，公司可能遇到了“老赖”，对方恶意欠款。

除了恶意欠款，有些应收账款本身是公司有意为之，主观“生产”出来的。

特别是推行预算管理的公司，背负着收入考核指标，无法完成收入目标时，最直接的方法就是采用激进的会计政策，提前确认收入，但这还算“情节较轻”的行为。

如果提前确认收入，还不能实现收入目标，被考核的单位就会铤而走险，选择更粗暴的“虚构业务”的方式完成收入指标，这基本就是饮鸩止渴的做法了。

当我们看到在某公司应收账款中，存在长期未收回的应收账款内容，很可能是虚构业务形成的收入，是根本不可能收回的应收账款。确定是否虚构的业务推高了应收账款，最简单的方法是分析“应收账款占收比”。

如图 4-5 中展示的业务收入、应收账款和“月度应收账款占收比”三者之间的变动关系。可以看出，虽然 10～12 月的应收账款总额下降，但“月度应收账款占收比”却快速上升。我们可以初步判定，这家公司可能存在虚构的业务，或是虚增的收入。

要注意的是，我们这里所说的“月度应收账款占收比”是当期收入和当期应收账款发生额计算的结果（月度应收账款发生额÷月度收入发生额），这个指标能更加直观地展示当期业务对应收账款的影响。

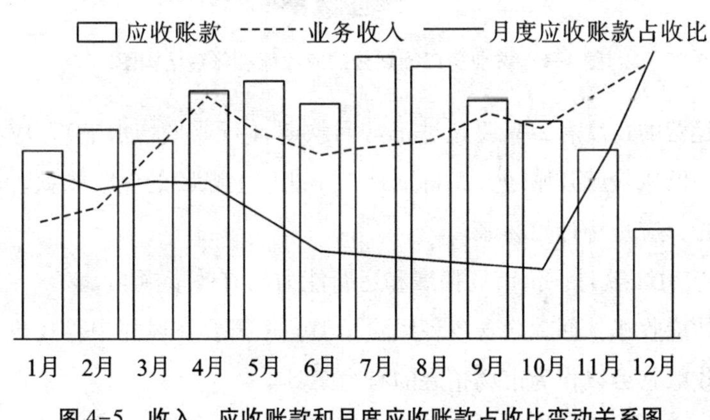

图 4-5　收入、应收账款和月度应收账款占收比变动关系图

4. 一般来说，三年以上的应收账款风险巨大，基本无法收回

那么，究竟多长账龄的应收账款算是安全的？

按照法律规定，两年是受法律保护的期间，但从经济往来的角度看，三年是个极限。当然，这里的“三年”是个相对的时间概念，账期长短与风险高低的关系，受行业类型、经营阶段、规模大小和商业模式等因素的影响。

举例来说，在快消品行业，超过三个月的债权属于长账龄的应收款，但对大型制造或施工企业来说，长达三五年的账期，也属于正常的回款期。

我们不能单纯地按照会计核算时点划分账龄，而要根据业务属性，划定合理的收款期（行业平均水平），特别关注超收款期的应收账款，重中之重，是那些超正常收款期账龄较长的债权。

如图4-6所示，我们按照业务口径的回款时点，将应收账款拆分为不同账龄期间的构成，从中看出在经营活动中，真正存在回款风险的应收债权。

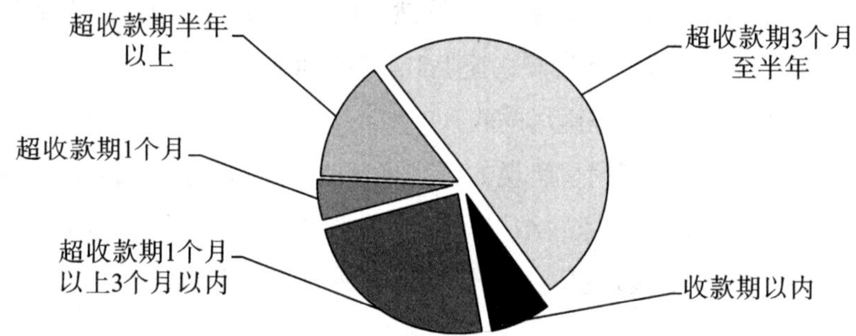

图4-6　按业务口径划分的应收账款账龄结构图

从经营的角度看，只要超过正常回款期（行业平均水平），应收账款不能收回的风险就开始增大，特别是三年期以上账龄的应收账款，从风险的角度看，应全额计提坏账。

5. 应收账款是评价市场拓展和运营能力的有效指标

虽然应收账款回款隐含各种风险，但生意需要在风险中寻找机会，所以，应收账款可以作为市场拓展的有力工具。

一般来说，较长的账期可以吸引更多客户，有利于市场拓展。

假设，公司取得一笔低息贷款，因为贷款利率和正常贷款利率之间存在利差，我们可以将这个利差，转化为应收账款的账期（抵消应收账款占用资金的成本），用于扩大业务规模。

虽然，应收账款有助于提升商品（服务）销量，但运用应收账款“促销”的前提是，在合理的账期内收回资金，确保现金流稳定地流回公司。

如果满足上述条件，我们可以将“自有资金+贷款上限”设定为赊销的最高信贷额度，并结合回款周期，确定公司的赊销政策，以支撑公司拓展市场。

如图 4-7 所示，公司以自有资金作为赊销最高信贷额度时，应收账款回款周期为五个月。公司通过贷款筹集资金，提高了赊销额度，回款周期上升到七个月，同时，公司扩大了销量，业务收入相应增加。

要注意的是，我们能否保证在还本付息时点，公司拥有足够的资金偿付贷款，换言之，公司能否确保应收账款的回款期，在贷款期以内。

如果在还款时点有足够的资金保证，只要业务的毛利率超过利息成本，那么通过贷款资金来延长账期，当然就能实现扩大销售、扩张业务的目的。

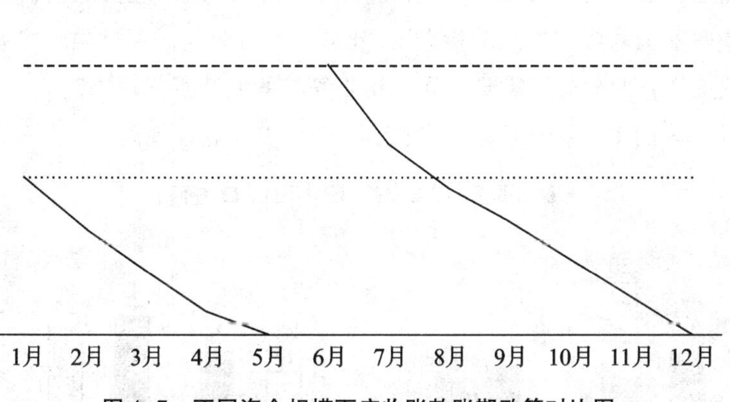

图 4-7　不同资金规模下应收账款账期政策对比图

6. 评价应收债权的标准也是衡量业务质量的标准

我们通常以毛利率和回款周期两个指标评价收入质量。其中，回款周期直接影响资金成本，进而波及毛利率，所以，应收账款的回款周期是评价业务质量的重要标准。

所以，我们应关注回款周期三个方面的内容：一是公司主要客户的应收账款回款效率，二是回款异常的应收账款内容（超正常回款期的应收账款），三是应收账款与收入的变动关系（应收账款对收入拉动指数）。会计信息可以直观反映前两个内容，对第三项内容，我们以数据定量分析：

应收账款对收入拉动指数=赊销收入÷应收账款加权平均值

应收账款加权平均值=∑单笔应收账款×回款周期

回款周期=应收账款出现到回款完成的时间

“拉动指数”看起来很像应收账款周转率，区别在于“拉动指数”采用了更精确的“赊销收入”和“应收账款加权平均值”。麻烦也在这里，因为“赊销收入”需要对应具体的应收账款，但应收账款的“回款周期”又需要单独测定。所以，需要分业务、分项目、分客商核算收入，并记录应收账款，并按回款冲销对应的应收账款。

除此之外，还得建立管理台账记录上述信息。

我们劳心费力地做这些工作，不只是为了精细化管理，更重要的是为经营策略提供决策信息。

如图 4-8 所示，如此可以看出不同分公司所属业务、客商（客户）的“应收账款对收入的拉动指数”。比如，一分公司需要加强对“客商 2”的回款工作，四分公司需要加强“B 业务”的回款工作。同时，一分公司可以对“客商 1”采用更宽松的账期政策以扩大业务规模。

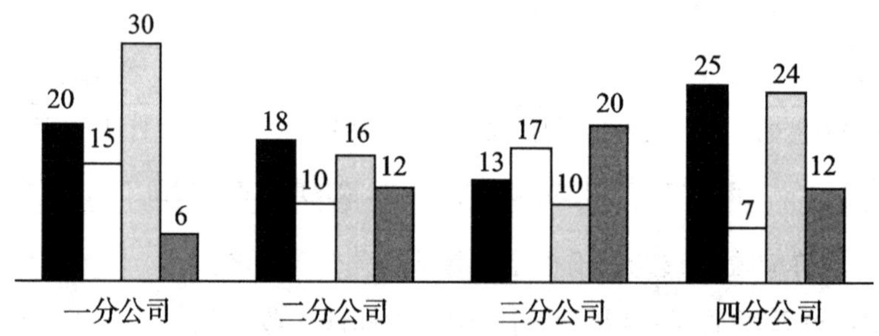

图 4-8　不同公司分业务、分客商“应收账款对收入拉动指数”对比图

一般说来，“拉动指数”越大，表明每一元应收账款带动的收入额越大，说明公司应收账款对业务扩张的效应越强。

但在某些情况下，我们也可以降低“拉动指数”以提高销售的速度，比如新产品推广期间，放宽应收账款的账期，牺牲一部分资金成本，有利于更快地扩张市场范围。

7. 应收账款的变化反映了公司经营环境的变化

股东关心资金投入后业务规模的增长情况，以及业务经营能否带来预期的现金回报，换言之，钱投出去了，能产出几分利。但有些业务天生就需要垫资，如果业务又处于萎缩状态，公司就面临业务增长乏力和应收回款受阻的双重压力。

作为股东，除了关注与经营相关的内容，还可以通过应收账款了解公司的经营环境的变化，具体包括三点：

第一，主要客户的偿付能力。假如主要客户应收账款的账龄持续增长，且余额不断增加，预示着公司面临极大的经营风险，业务陷入大额垫资的境地，甚至会跟着客户恶化的资金状况一块“跳楼”。

第二，主要客户突然延长付款周期。比如，一直以现金结算的客户，转为应收账款方式结算，或是付款周期为三个月的客户，突然延长到六个月。这就是典型的“冰山”信号，看起来只是结算周期的延长，其实表明客户资金紧张的状况，其暗藏的风险，就是公司主要的资金来源无法保证。

第三，公司应收账款结算周期规律性的后移。最直接的表现就是应收账款周转天数持续上升。特别是应收账款账龄开始有规律、大范围、持续地上升。这就足以证明，公司正在陷入市场竞争加剧、商品（业务）滞销、回款滞后的麻烦中。

“算盘哥”：从经营角度看，应收账款和应收票据项目居然蕴含了这么多信息，看来，我们转变思维后，就能从会计信息中挖掘更多有价值的内容。

应收账款和应收票据项目反映的是公司最重要的资产内容，整个资产负债表中，要论最具“经营属性”的项目，应收账款和应收票据绝对是首选。

二、兹事体大的存货
难以把握的交易性金融资产

（一）存货

要论最复杂的流动资产项目，存货一定问鼎桂冠。存货不仅内容复杂，作为最容易出问题的资产项目，还会大量耗费公司的管理成本。我们若以存货为原点，画一张与之相关的会计科目关系图，几乎所有的损益类项目和大部分的资产负债项目，都会与存货发生关系。

资产负债表中的存货包括原材料、在产品、产成品、库存商品、未结转的工程施工、委托代销商品等诸多内容。每项内容的管理方式不同、涉及的经营风险不同、对公司运营能力的影响不同。

如图 4-9 所示，我们可以看到不同的存货项目，在日常管理中需要关注的重点，以及对应的管理策略和方法。可以明显地看到，存货与其他资产项目的最大差别就在于，没有一个通行一致的方法，能够涵盖关于存货的全部管理需求。

这恰恰也是我们解读存货项目和存货日常管理的最大难点。

存货项目关乎业务经营和管理各条线工作，关于存货，我们可以解读出七个方面的内容。

1. 存货的增减变动可以反映公司的经营风险

存货是公司创造经济利益的“实物资源”，存货作为“流出的现金”和“收回的现金”的中间状态，将其视为实物形态的“货币资金”，有助于我们理解存货的经营内涵。

通常，存货与经营规模呈正相关关系。如果业务规模呈缩小的趋势，但存货项目却维持较高水平，甚至持续走高，一方面可能是存货管理失

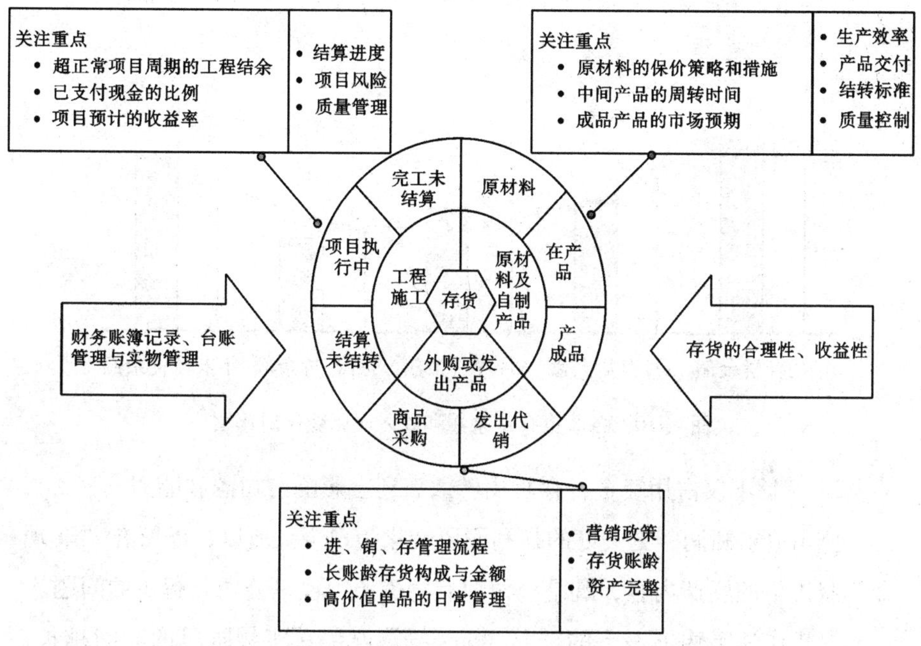

图 4-9　存货各构成项目管理方法展示图

控，采购了低效或无效的商品或原材料；另一方面可能是公司现有存货内容已被市场淘汰，无法消化处理。

举例来说，在图 4-10 展示的内容中，我们看到本年收入较上年下降较多，各季度存货余额同比虽有下降，但下降程度不如收入。说明公司的存货余额偏高，我们再引入“月度平均采购量”数据，如果本年和上年的差异不大，甚至本年采购额还高于上年，则说明材料采购量超过经营所需，推高了存货余额的增长。如果本年“月度平均采购量”相应下降，则表明是前期的商品滞销、库存无法消化，造成的存货余额居高不下。

通过存货我们可以看出公司经营规模和商业模式的变化，而经营规模和商业模式，是决定公司经营状况的关键，读懂存货项目，我们就能抓住公司大部分的经营风险。

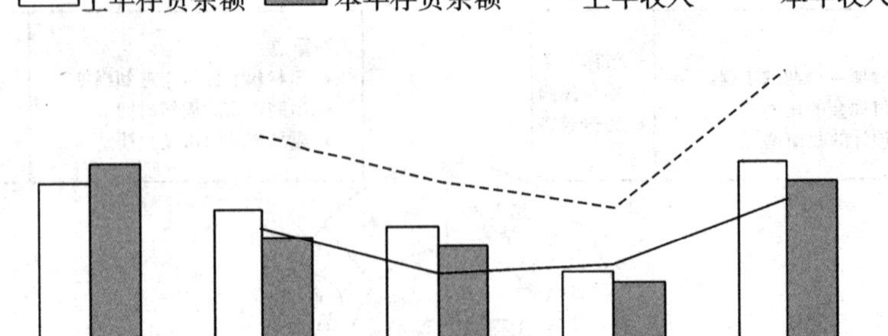

图 4-10　各季度存货余额和收入同比变化对比图

2. 存货不仅占用资金，存货周转效率还会影响公司盈利能力

公司追求利润，更关键的是利润要转化为现金。所以，停留在“非现金”状态下的资产内容，既是公司拥有的资源，也是公司要解决的问题。

存货作为实物形态下的“货币资金”，停留在实物阶段的时间越长，资源的价值创造能力越弱，而失去了“价值创造”特性的资产，创造现金的能力也随之消失。

问题在于，提高存货周转率是难度极大的工作。

市场热销的产品，其营销成本低（转化为现金的成本），而市场滞销的产品，即使花费数倍的营销成本，对销售量提升的作用也微乎其微。所以，存货不仅占用现金，在存货转化为“现金”的过程中，还会消耗公司的营销成本。

图 4-11 展示了的存货对营销、管理、仓储和资金的影响。存货周转效率降低，会推高存货仓储成本、管理成本和营销费用。所以，我们面对滞销的商品时，最好的方法是折价销售，看起来是损失了一部分“价值”，实则降低了损失，变相获得了收益。

具体来说，存货的管理成本、仓储成本和存货占用的资金成本再加上消化存货需要的营销费用，总额就是存货折价销售的“打折”上限。我们只要在这个范围内折价处理就是划算的。

图 4-11　存货相关的管理和运营支出结构图

3. 存货的构成和数量可以反映采购合理性与营销能力

存货受外部经营环境和内部运营能力的影响，采购何种存货、采购多少，与业务结构、经营规模、商业模式有关。将存货项目与经营、市场、管理等内容结合，就可以看出采购合理性、业务生产能力、市场拓展力度等信息。

公司的主营业务决定了材料采购的具体内容。比如，移动板房的生产，需要工字钢、彩色夹心板、岩棉板。除非业务发生重大变化，公司不可能大量采购水泥、河沙、钢筋等材料。

一方面，我们需要了解业务，知道公司各类业务的主要生产原料是什么，否则存货管理一定失控；另一方面，在存货项目的余额变动过程中，我们通过三步，可以看出公司采购合理性与营销能力的变化。第一步，运用“材料占收比”公式，根据存货余额推算公司生产总量（预期销售量）；第二步，以存货余额时点为起算时间，统计“未执行完合同额”；第三步，对比前述两个数据，若前者大于后者，说明生产量超过市场需求，反之则说明公司有能力消化未来生产的产品。

如图 4-12，我们假设某公司“材料（存货）占收比”为 85%，根据每月存货余额，计算出各期存货对应的预期收入后，再与“已签订合同收入额”比较。

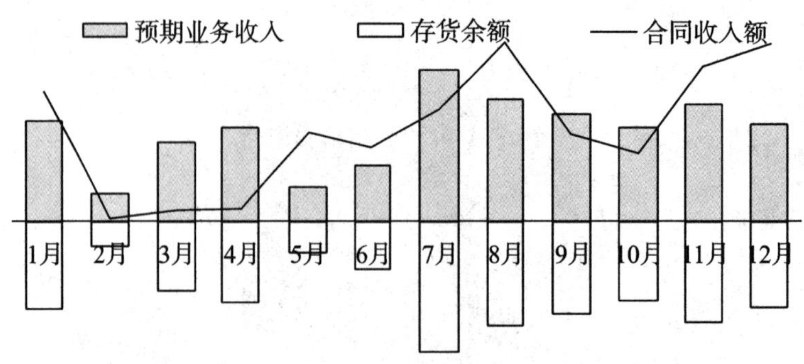

图 4-12　存货与业务收入、合同收入额的变动关系图

可以看出，在 2 月、3 月、4 月、7 月、8 月、9 月和 10 月七个月度内，公司的存货余额超过了业务的需求。

换言之，超过合同签订额部分的存货，是没有“保障”的业务活动，需要公司开拓新市场、新客户，通过业务规模扩张的方式“消耗”存货。一方面，这是公司营销能力的体现；另一方面，也是公司经营压力的表现。

当然，这个方法不仅能检验以前期间存货采购的合理性，还可以预测未来期间存货采购量。比如，我们先预测各月度业务量（预计的收入额），根据业务量和“材料占收比”，就能算出存货的最高保有量，进而确定各月度存货采购量。

我们还可以通过这种方式，确定业务拓展目标。

以生产企业为例，我们先确定各月度最低和最高生产量，再根据“材料占收比”计算各月预期最低和最高收入额。如图 4-13 所示，公司应该在“收入下限”和“收入上限”之间确定业务拓展目标。

可见，存货余额的变化直接影响公司业务经营。存货过低，不能支撑市场需求；存货过高，又会造成经营的压力。

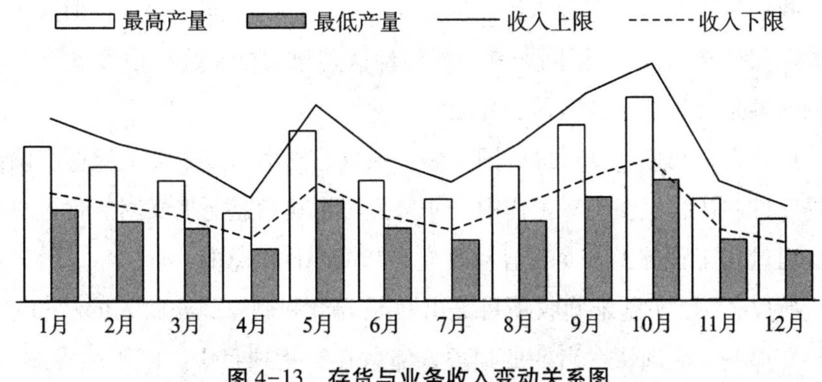

图 4-13　存货与业务收入变动关系图

20 世纪 90 年代中期，恰逢消费市场爆发的机遇期，食品快消厂商应市场需求快速成长，因为市场快速消化产品的能力，久而久之，大家对采购合理性的重视程度越来越弱。进入买方市场后，这些厂商出现“产能过剩”，同时面临市场下滑和存货积压的双重压力，销售严重滞后于生产，一些曾经称霸全国的快消食品企业轰然倒塌。

所以，存货管理的关键，在于摸清存货、业务收入和市场拓展三者变化的关系。通过分析存货变化的一般规律，掌握存货与销售能力和生产能力的变动情况，及时调整采购计划、营销政策。在保证市场供给的前提下，尽量压低存货余额。

4. 存货可能是隐藏收入、滞留成本的秘密“储备”

我们通过应收账款可以发现虚增的收入和虚构的业务，存货也有这样的“功能”，不同的是，存货对损益的影响，体现在延迟确认收入和隐藏成本两个方面。

比如，一种情况是公司已售出商品，如果不确认收入也不确认成本，就只能保留在存货项目中。另一种情况在施工企业则较为普遍——“已实施未确收项目支出”，在会计科目中体现为“工程施工”，在报表中反映为存货。举例来说，工程项目发生 10 万元的支出，但业主方没有确认相应的工作量，或只确认了部分工作量，这 10 万元和业主方确认的工作量之间的差额，就是“已实施未确收项目支出”。

我们可以将“已实施未确收项目支出”理解为公司已完成，但尚未出售的工程“产成品”。但问题是，如何确认“已实施未确收项目支出”反映的内容是真实的，金额是公允的？

形式上，我们可以通过合同金额、项目已支出的成本、工程进度确认单等要件确认，但在实际工作中，如果公司主观意愿上想要调节收入或利润，通过“工程施工”是很容易改变、修饰要件信息的。

所以，“已实施未确收项目支出”是调节利润、隐藏收入的“极佳”选择，那些本应确认在当期的损益，滞留在存货项目中，既不结转成本，又隐藏了收入，将业绩延迟至后期体现。

我们可以从两个方面挖掘存货对损益的影响。

第一，比对存货项目对应业务的收入和成本。这要求我们在存货购进时，就对应具体合同或项目，明确“为某某业务（项目）采购的某某原材料或商品”。这样做的好处是，同一合同（项目）的收入、成本相互对应，及时发现低效或无效的采购内容，在避免潜亏和经营风险的同时，合理确认当期损益，避免收入或成本跨期。

第二，配比工程项目进度与工程成本支出。通过比较项目实施进度和项目成本，考察业主方对工作量的确认进度。一般的，发生多少成本，就对应多少工作量（工程进度）。“已实施未确收项目支出”反映的要么是工程成本超预算，要么是业主方未及时确认工程量。

总而言之，存货项目异常增大或长期维持高余额的状态，对应业务的收入和成本，或多或少都存在问题，既可能是采购环节的漏洞，也可能是人为调整经营业绩的表现。

一般来说，经营稳健的公司，其“材料成本占收比”和“存货项目权重”（存货在资产中的占比）是相对稳定的。我们通过这两个参数的变化，可以推断公司是否通过“存货”隐藏收入、滞留成本。

如图 4-14 所示，公司 1～7 月的“材料成本占收比”并未出现大幅波动，表明并非是原材料(库存商品)在业务中占比扩大，导致存货在资产所占权重上升。

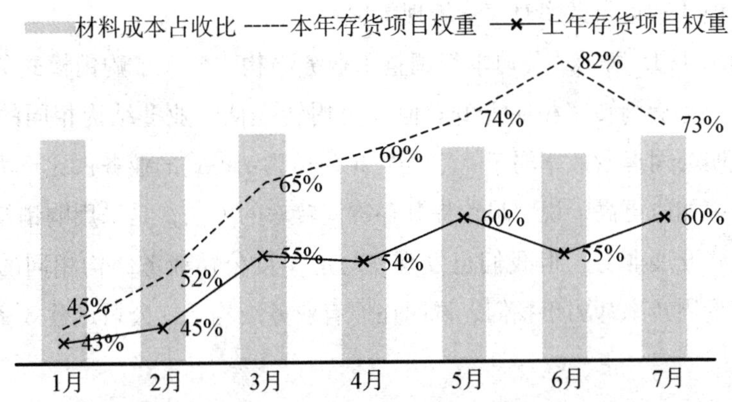

图 4-14　材料成本占收比与存货项目权重变动关系示意图

但从 3 月开始，本年存货在资产中的权重，迅速超越上年同期数据，说明可能是已销售的存货未结转成本，滞留在资产项目中，并且隐藏了对应的收入。

之所以说可能是因为公司大量备货时，也可能导致这种情况出现。但只要“材料成本占收比”和“存货项目权重”有如此变化，就要警觉公司是否隐藏收入、滞留成本。

5. 审核存货相关的程序性证据只能对存货管理提供有限保证

作为会计，我们通常关注存货的各种程序性证据，包括合同、出入库单、收据或发票、盘点表等内容，再通过实物盘点，交叉审核账实、账表、表表之间的逻辑关系，以此确定存货项目会计信息是否真实、完整。

以上内容保证了存货管理的“程序合法”，但从经营角度看，程序性证据（原始单据）只提供了书面证明。我们再次陷入两难境地，光靠程序性证据无法有效地控制存货，不用程序性证据，又缺乏管理的工具，怎么办？

鉴于此，开展存货管理时，除了程序性证据，还要结合业务结构、商业模式和生产运营等内容，通过逻辑判断存货项目的合理性、真实性和完整性。

一般来说，只要能切分出业务结构，配合存货周转率指标，就能分析出商业模式和运行效率对存货管理的影响。

如图 4-15 所示，公司本年调整了业务结构，扩大了购销模式的商品销售量，存货周转率相应上升。但存货周转率低于业务结构相同的 A 公司，说明公司运营效率弱于 A 公司。B 公司购销模式的业务占比更大，存货周转率相应更高，说明最快提升存货周转率的方法，是采用购销模式或代销模式开展业务。但我们也发现，与上年度公司业务结构相同的 C 公司，存货周转率却弱于我们，说明在原有业务结构下，公司运营效率强于 C 公司。

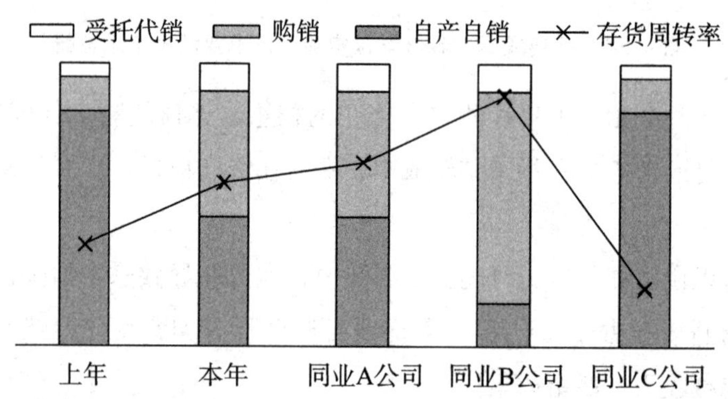

图 4-15　不同销售模式对存货周转率影响的示意图

可以看出，商业模式直接影响存货周转效率。同样是商品流通企业，自产自销模式下的存货余额，一定比购销模式下的存货余额高，购销模式下的存货余额，又高于受托代销模式下的存货余额，而纯渠道商业模式下的“存货”可能为零。

在商业模式一定的情况下，公司运营水平也会影响存货变化。比如，在购物环境更舒适、服务质量更好、产品营销政策更灵活的大型超市，不容易出现商品积压的问题，存货周转速度更快，期末存货余额相对较低。

6. 分析与存货相关的辅助费用，可以看出存货管理的问题

在资产负债表和利润表中，有些是“大哥”项目，另一些则是“小弟”，一般小弟都跟大哥混。比如，筹资会产生利息费用，所以，我们看到短期借款，自然就会联想到财务费用。

同理，从原材料到商品售出，一定伴有生产辅助费用（水电、运输、广告、维保、渠道建设、酬金等）的支出。比如，产成品同期增长近一倍，但水电费的变化不大，这种情况下，要么是生产计价有问题，要么是会计信息造假。再如，商贸公司的业务酬金与存货变化通常是正比例关系，若出现相反趋势，也反映出存货管理的问题。

图 4-16 展示了销售收入、营销费用和存货周转率三者之间的相互关系，在营销费用逐月增加的情况下，销售收入并没有相应增长。

这可能有市场环境、业务拓展、营销方式的影响，但我们加入“存货周转率”指标，可以看出，逐月下降的存货周转率反映出商品滞销的问题。

因此，公司应该减少商品购进和生产，同时，放弃通过投入营销费用提高销量的销售政策。

有意思的是，通过增加营销投入扩大销售规模的做法，是我们常见的销售策略。经过分析我们却发现，对于滞销商品来说，加大营销投入除了增加公司支出，对存货周转率的提升几乎没有用处。

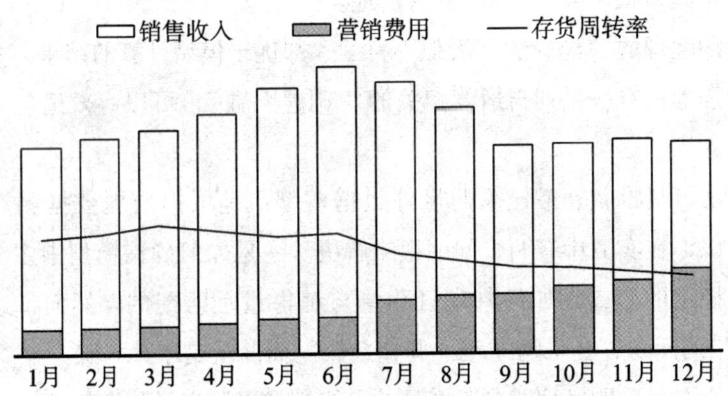

图 4-16　营销费用对收入和存货周转率的影响示意图

当然，这里只是举例。每个公司的存货项目，与哪些费用有怎样的逻辑关系，完全“因人而异”，需要各位朋友自己挖掘。

我们要掌握的经验是，分析会计信息时，直接从“大哥”口中“挖”

信息不一定立竿见影，但从“小弟”入手却能事半功倍，这也是我们分析会计信息的一个捷径。

7. 存货采购政策应该与经营预期相适应

通常，我们关心多大余额的存货是合理的，以及用什么样的方法计算存货量是可靠的。但在实务中，很多公司的存货管理靠的是“感觉”，以感性判断代替理性计算。

这种方式看起来很不靠谱，其实，可操作性很强。

笔者曾和一个有多年库存管理经验的采购经理打赌，笔者以模型计算存货的采购量，采购经理则凭经验判断，看谁的采购成本更低，采购数据更准确。

结果当然是模型计算的数据更准确。

不幸的是，生产部门对模型计算出的采购时点和采购量，感到非常别扭，特别是原材料的采购进度常常影响生产。反而是采购经理的采购安排，却获得了同事们的认同。

用模型测算的订货量、库存量确实精确，但不能动态地、实时地适应环境。看起来很“美”，却不容易落地。

采购经理的“经验法”看似不科学，却优于模型计算的结果。关键在于采购经理拥有一系列与运营相关的“调整系数”，可以有效适应环境的变化。

经济订货批量、最佳采购量等数据模型，是根据历史数据测算的结果，所以，在实务中有两个问题很难解决。一是如何确保模型中主要参数是持续稳定的，二是如何判定订购量与销售量是匹配的。然而，这两个“天大”的问题，在采购经理“调整系数”面前就是小菜一碟。

核心在于采购经理能判断产品的最终销量以及产量的变化。

比如，生产部门需要1万件某型号原材料，采购经理根据“经验数据”判断出1万件原材料，能生产1.6万件产品，而同期销量预期是1.8万件，预期销量大于生产量，原材料能被全部消耗。如果情况相反，生产量高于销货量，那么就相应地裁减原材料的采购量。

借此逻辑，采购经理多年来既保证生产经营所需，又有效地控制库存余额。虽然，这样的方法看起来缺乏理论依据，没有数学模型的计算结果可靠，实则更灵活机动、准确精密。

"算盘哥"：以存货为核心衍生出的管理脉络，可以挖掘出这么多有价值的信息，看来即使最复杂的报表项目，只要具备了经营的逻辑，也能游刃有余地管控到位。

"会计叔"：存货包含的信息，还不止这些，我们只要建立从核算到管理再到经营的思路，还能发现更多有价值的内容，进一步钻研。

（二）交易性金融资产

交易性金融资产属于金融资产的内容，广义的金融资产包括现金、存款、应收债权等内容。"以公允价值计量且其变动计入当期损益"的金融资产，就属于交易性金融资产项目，通常，我们持有交易性金融资产的目的，是为了短期内赚取金融资产的进销差价。

从定义看，交易性金融资产的特征体现在两个方面：一是价值计量的方式，二是对损益的影响。交易性金融资产市场化的经济特质，决定了公允价值计量的方式。公允价值计量作为更合理的价值计量方式，有利于反映金融资产市场价值的变化，但问题是，除非在完全公开的市场中，资产的公允价值很难取得。

因为交易性金融资产的价值变动，直接计入当期损益，公司利润受公允价值变化的影响，也会出现"过山车"式的剧烈波动。

我们从价值计量的角度，分析交易性金融资产，可以看出三个方面的信息。

1. 购入交易性金融资产可能助推公司经营风险

不论何种类型的公司，跨行业发展的风险都很大，所以，多元化经营的公司，很容易从繁荣走向衰败，只有极少数能突出重围，成长为大型企业。

敢于多元化经营的公司，其现金流一定是充沛的，好比人的精力过剩时就会折腾。但即使是资金充裕，愿意购买“交易性金融资产”的公司，也是少之又少。因为从股东角度出发，以法人为主体从事金融交易，限制条件多，还要承担更多税负，显然不是划算的事。

可为什么仍有公司愿意购买交易性金融资产？原因很复杂，但有一点是确定的——公司有钱，而且是“闲钱”。但是，“有钱”不一定是钱多得用不完，也可能是有钱不知道怎么花。比如，在制造业遭遇行业“寒冬”的时候，公司缩减生产量，要么转做其他业务，要么购买其他资产。总之，公司不会将资金再投入制造业务。

基于此，但凡以实业经营为主的公司，开始接触交易性金融资产，很有可能是经营活动出现问题，公司主营业务遭遇困境。

如图 4-17 所示，2005—2009 年公司收益总体是上升趋势，但从 2010 年开始，总收益开始缓慢下滑。公司从 2007 年开始购买交易性金融资产，特别是 2009—2015 年的七年间，来自交易性金融资产的收益占比逐年增高，反而是经营活动产生的利润逐年降低。

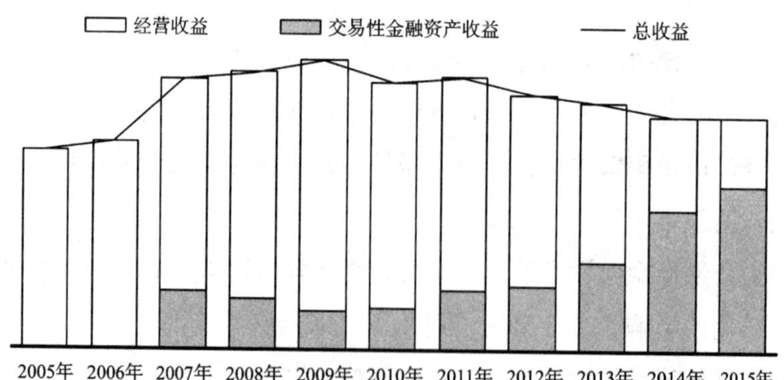

图 4-17　交易性金融资产对公司收益影响示意图

依靠交易性金融资产收益，公司总收益下降的幅度不大，同时，还能保证股东的收益分红，公司会对经营风险的敏感程度下降。

同时，公司主业萎缩的速度极快，如果这时失去金融资产的收益，公司整体利润将断崖式下降。

2. 以“玩金融”的方式调节利润反映了较强的盈余管理能力

交易性金融资产以公允价值计量，公允价值由市场定价决定，相较于历史成本计价，公允价值计量方式，更利于管理层掌握资产的实际价值。

但公允价值计量的前提，一是开放的市场环境，二是大量活跃的交易者，三是交易双方理性决策、公平交易。实务中，公允价值的定价，一来自市场交易价格，二来自未来收益的折现值，三是权威机构认定的价格。

交易性金融资产的公允价值来自市场交易价格。

在千变万化的市场中，早一天购进或卖出资产，与晚一天交易的价格，可能是天壤之别。这需要“操盘手”对市场走势的准确判断、极强的行情分析能力，以及对资产价格波动规律的把握。

如图 4-18 展示的交易性金融资产的价格走势，我们若是在虚线区域购入，在实线区域售出，必然获取极高的收益。

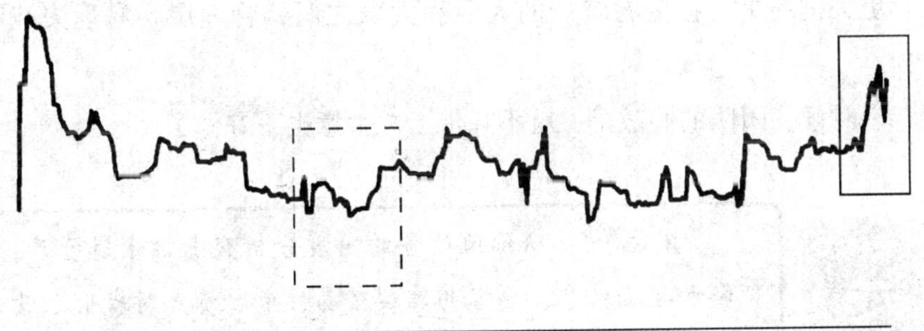

图 4-18　交易性金融资产市场价格走势图

可以看出，相较于其他资产，交易性金融资产调节利润的空间更大、金额更高，当然，对风险的影响也更强。从技术层面看，能用这个项目调节利润的公司，盈余管理的水平必然不低。

3. 交易性金融资产的收益来得快、去得也快，容易“上瘾”

在资本市场行情好的时候，不论个人还是公司，都难以拒绝高回报的投资收益。从经营角度看，金融交易带来的大额现金流入，既可以支撑主营业务，又可以作为资金储备，以备不时之需，显然是值得投资的资产。

然而，从管理的角度看，非专门从事金融业务的公司，购买金融资产来支撑经营业绩的做法，通常弊大于利，风险大于收益。原因就是“意外之财”，容易让人上瘾。

从生产流程运营压力和盈利模式来看，贸易业比制造业轻松，金融业比贸易业轻松，更关键的是，“轻松”的业务赚钱更多。金融资产获利的速度和数量，给我们的冲击和震撼远超实业经营。

人的欲望是无穷的，赚快钱和赚大钱的诱惑根本无法拒绝。

我们听过炒股赚钱且发家致富的传说，然而在现实中，反倒是因为炒股一夜之间财富尽失的例子，在我们身边比比皆是。同样的道理，从事金融资产交易，长期来看，风险极大，很可能得不偿失。

这么说，交易性金融资产是不能碰的项目了？

这实在不好定论。从谨慎性出发，市场价格波动会造成损益剧烈起伏。更关键的是，在金融资产的大亏和大赚之间，管理层容易迷失战略方向。

有时候，团队的心散了，就不好带了，生意也不好做了。

“算盘哥”：从价值计量的角度分析交易性金融资产，理解和挖掘信息，更容易理解交易性金融资产对我们经营的影响。

“会计叔”：从价值计量的角度入手，分析交易性金融资产，有利于我们看清资本收益和经营收益的关系，当然更容易理解什么是交易性金融资产。

三、身不由己的预付账款
貌似单纯的其他应收款

“算盘哥”：不论是金额大小还是发生频率，预付账款和其他应收款都是资产负债表中的“小权重”项目，从经营的角度，我们能分析出哪些有价值的信息？

“会计叔”：虽然两个项目的体量小，但其经营内涵不比存货、应收账款这样的大项目少，反而能展现出大体量的资产项目难以反映的信息。

（一）预付账款

预付账款是公司预先向供应商支付的商品（服务）款，是未来可获得的经济利益（商品或服务）。预付账款的会计内涵很简单，但从经济角度却能看出四个方面的内容，这些内容围绕一个核心：预付账款通常不是公司主动意愿下的行为。

1. 预付账款是评价公司行业地位的参考指标

预付账款的经济实质，是为了未来才能获得的商品（服务）而在当期支付的现金。预付账款完全由行业地位决定，（公司）在产业链中的地位越高，预付账款的议价能力越强。

比如家电销售行业，具有全国销售网络的代理商，凭借其渠道影响力，不仅不需要支付预付账款，还可以先销售再付款。

从图 4-19 可以看出，在层级式的贸易流通方式下，国家级代理（代理该产品在一个国家的销售）每次采购时，支付预付账款的比例最低，甚至无须支付。随着代理层级的降低，预付账款在采购额中的占比越来越高。当然，这还与产品的市场稀缺程度有关，对于充分竞争市场中的产品来说，销售方很难要求预付账款。

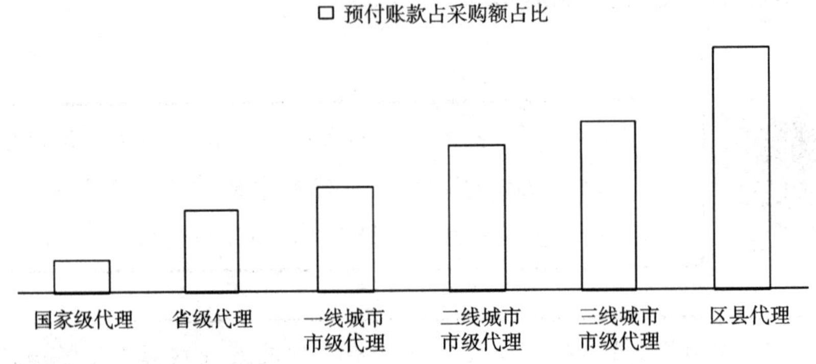

图 4-19　不同代理级别“预付账款占采购额占比”对比图

可以看出，预付账款的高低，反映了一个公司的行业地位，在产业链中的排名越靠前，公司在预付账款环节的议价能力越强。

2. 根据预付账款的内容和金额，可以推测出经营业绩的变化

预付账款迟早会“消失”，变为利润表中的成本，或是资产负债表中的存货，而存货迟早也会变为成本。预付账款作为未来期间的成本是确定的，但能带来多少收入，却是个未知数。

判断预付账款对收入的影响，需要了解预付账款的具体内容，包括预付款对应的产品（服务）内容、最终客户，完成这一步需要分析预付账款对应的业务内容。

通过表 4-1，我们可以看出预付账款和经营活动的关系。比如，公司向甲材料商支付预付账款，用于购买 10 000 件塑形材料。根据历史经验数据判断，这批材料可以生产 2 000 件的 A 型产品，预期的业务收入额是 500 万元。

可见，预付账款的日常管理，绝不仅仅是描述在什么时间向谁支付了多少金额的预付账款，更关键的是描述预付账款对应的业务活动结果，以及相应的财务表现。

表 4-1　　　　预付账款主要业务内容明细表

供应商	采购内容	采购量	应用业务	预期结果	预期收入
甲材料商	塑形材料	10 000 件	A 型产品	生产 2 000 件 A 型产品	500 万元
乙房屋中介	厅店房租	5 处	零售业务	扩大在市区销售的产品覆盖面	12.5 万元
丙劳务公司	施工劳务	3 项	工程建设	获得三个项目的劳务施工力量	1 800 万元
丁设备供应商	吊装器械	1 套	工程建设	通过机械提高施工效率	无定量数据

建议各位会计朋友，清理预付账款时，一定要会同业务部门，评估预付账款对应业务的经营内容，合理评价预期收益，以此判定预付账款对经营业绩的影响。

3. 预付账款是锁定采购价格的工具

当预期商品（服务）价格上升时，我们一定希望按当前水平，锁定采购价格，就算需要提前支付货款。然而，供应商也清楚价格走势，在预期价格上涨时，很难接受锁定价格的交易。

遇到这种情况，要想达到目标，一凭实力，二凭掌控力。

行业地位决定议价能力，而议价政策取决于对价格走势的判断，公司的实力不强，无法直接影响采购价格，就只能通过采购量和预付账款作为谈判的筹码，以此降低采购价格，这时就得靠掌控力。

如图 4-20 所示，我们看到，“采购量 1”和“采购量 2”两种情况下，当采购量不变时，提高“预付款比例”（预付账款÷采购总金额），可以降低采购单价。在“预付款比例”一定的情况下，我们提高单次采购量到“采购量 3”，也可以获得采购单价下降的“优惠”条件。

价格“掌控力”的关键，在于把握商品销量的走势，如果预期商品销售量超过采购量，我们以最高销售量为上限，通过增加采购量，可以降低采购单价，这算是一种方法。另一种方法是，在采购量增长空间有限的情况下，提高预付账款的比例，以此作为筹码，以较低的单价锁定采购价格。

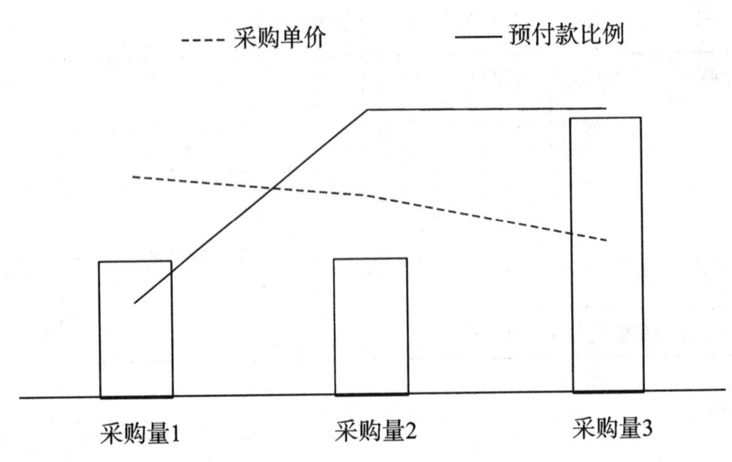

图 4-20　不同采购量和预付款比例对采购单价影响示意图

从预付账款对采购单价的影响可以看出：预付账款是我们谈判议价，控制原材料、商品采购成本的有力工具。

4. 预付账款和应收账款的变动关系反映出运营效率的变化

商品在购进阶段有可能与预付账款发生关系，在销售阶段则可能与应收账款发生关系。生意最理想的状态是"先收后付"，所以，从资金角度看，高效率营运状态下的公司，对应的应收账款和预付账款，通常呈现"双低"的状态。

什么情况下会出现"双高"的状态？

在公司生产所需原材料稀缺，同时，为扩大市场份额，采用更宽松的账期政策时，就会导致应收账款和预付账款"双高"的情况。因为，这种经营方式下，原材料采购的预付账款比例会提高，同时，宽松的账期政策，会快速推高应收账款余额。

另一种情况是，公司长期回款不力，导致资金短缺，供应商考虑到回款风险，只接受"先款后货"的交易。这时，应收账款就会倒逼预付账款的增长。

如图 4-21 所示，公司应收账款逐期上升，在年末达到最高，与此同时，货币资金余额不断下降，6 月以后，货币资金只能保证运营所需。有意思的是，公司也是在 6 月开始，向供应商支付预付账款，而到了 9 月，当资金连基本运营都不能保证时，原材料采购的预付账款支付比例，反而更加快速地上升，并达到最高值。

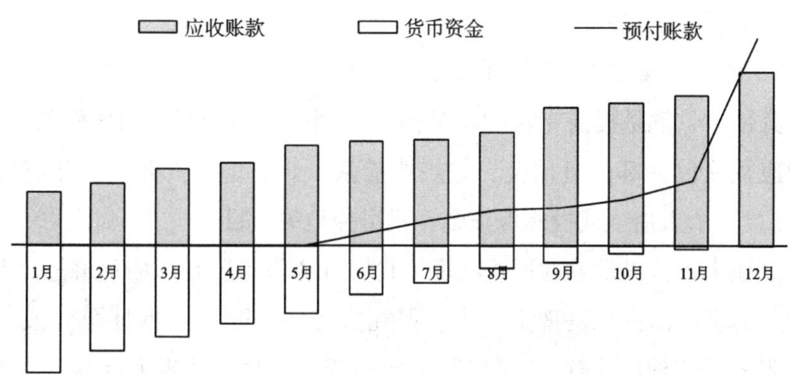

图 4-21 应收账款、货币资金和预付账款变动关系示意图

一般情况下，当应收账款增长到一定金额，经营一定会出现问题，当供应商已经怀疑公司的付款能力时，就会要求以预付账款的方式交易。

所以，如果应收账款的恶化已经波及预付账款，就说明公司资金状况已是极度糟糕。

“会计叔”：从行业强弱关系的角度研究预付账款，我们可以看到很多内容，深入挖掘还可以看出公司运营的效率、方式和特点，这样的会计信息才有使用价值。

“算盘哥”：将经营逻辑与会计信息对接，就能发现有价值的财务和业务信息，并发挥财务支撑经营决策的功能。

（二）其他应收款

论重要性，其他应收款不算关键报表项目，论金额大小，也不是资产项目中的“大哥”。但如果以“顽皮”程度给资产项目排序，其他应收款绝对名列前茅，因为，其他应收款常常干些小动作，搞点恶作剧。所以，通过这个项目，我们能看出公司内部管理的水平，甚至摸索出公司一些“不可告人”的秘密。

1. 其他应收款基本等同于成本、费用或损失

其他应收款是提前支付的零星的、小额的，用于短期内周转的现金。其他应收款包括部门备用金、差旅费借款、业务垫付资金（用于具体项目）、员工个人借款或投标保证金、租房押金等项目。

其他应收款以借款的形式出现，我们对“借款”通常的理解是，有借就有还，现金出去也是现金回来。但在实务中，除了“保证金”或“押金”形式的其他应收款，“借出”公司的资金，最终体现为成本、费用或是营业外支出。

所以，在判断公司经营业绩时，若以较为严格的标准考虑当期损益，其他应收款就应该“还原”为成本和费用。

图 4-22 中，C 公司的净利润最高，其他三个公司净利润一样，但我们考虑了其他应收款的影响后，各公司净利润表现完全不同——扣减其他应收款对应的“成本”，C 公司净利润最低，B 公司最高，D 公司的收益高于 A 公司。

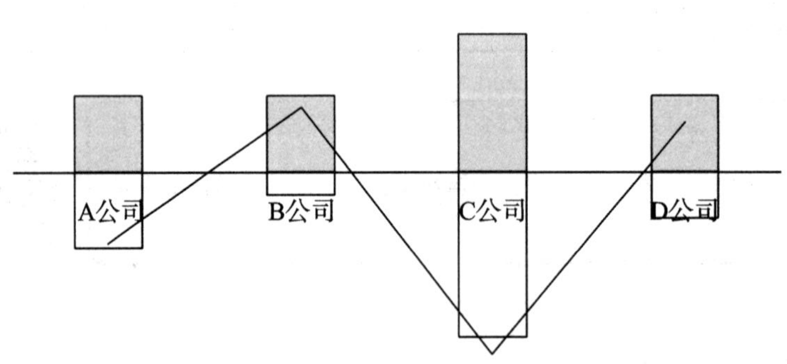

图 4-22　其他应收款对公司净利润影响示意图

有朋友会说，将其他应收款全部视为成本、费用，这样的处理方式合理吗？实话实说，这样处理确实过于绝对了。但我们平常看到的利润表，谁又能保证是完整地考虑了全部成本、费用后，计算出的损益？

所以，不论这样的方式是否合理，却可以帮助我们多角度评价公司业绩，更客观地比较不同公司的收益情况。

2. 其他应收款很容易“藏污纳垢”

既然其他应收款的最终体现为成本、费用，为什么这些经营活动，非得先支出现金，再入账反映为损益呢？

因为“不能”“不想”和“不敢”。

“不能”是经营客观所需。有些经营、管理活动，确实需要先行支付现金，比如，员工出差的差旅费、项目开展前期的垫付款。

“不想”则是主观行为。因为资金先行支付，当经营、管理活动完成后，对借款的部门来说，不着急报账处理。所以，若非有完善的借款管理制度，款项借出后，确实会长时间无人过问。

“不敢”则是主观和客观共同影响的结果。我们假设经办人员编造理由从公司借出资金，但没有用于生产经营，或只使用了其中一部分。那么一旦报账，这些不合规的情况就会真相大白，当时编造的借款理由就会暴露，在这样的情况下，经办人员当然不敢来处理。

现实中，“不敢”的情况经常出现在管理薄弱的公司，但有一种情况却是管理层有意为之——为了完成利润指标。

因为其他应收款是还没有表现为成本、费用的支出，在尚未结转损益前，流出的现金都停留在其他应收款中，成本被“隐藏”起来，自然不会影响当期损益。

对于以上问题，我们通过分析“其他应收账款占收比”和其他应收款的账龄结构，就能看出是否存在长期未处理的借款，挖掘“藏污纳垢”的业务行为，以及调节利润的行为。

如图 4-23 展示的其他应收款账龄结构的变化，从 4 月开始，“半年至一年”账龄的其他应收款逐月增大，说明存在半年以上挂账未处理的借款。同时，本年8月之前各月度的“其他应收款占收比”基本处于相对稳定的区间，但进入9月以后，“其他应收款占收比”开始快速上升。

我们知道其他应收款可以“隐藏”成本、费用，如果要将本年成本递延至后期，本年其他应收款的余额自然就会上升，从对应的收入占比就能看出这一变化。

可以肯定的是，图4-23反映了公司在年末为确保净利润指标，未及时结转其他应收款，并隐藏了当年的成本、费用。

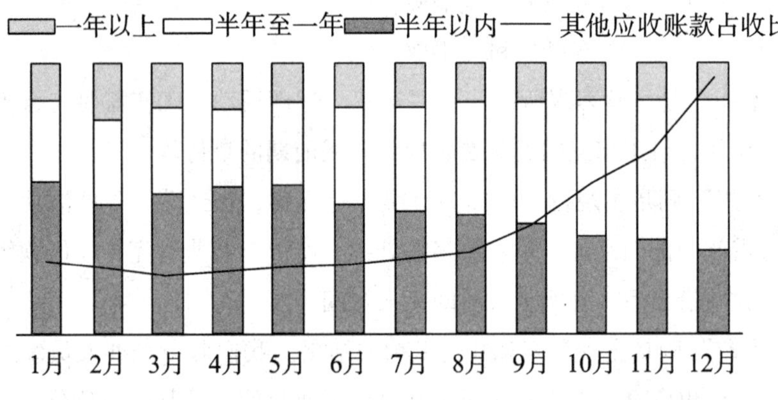

图4-23　在分账龄情况下其他应收账款占收比变动趋势图

3. 通过其他应收款向外部支付的经营性的资金风险极大

这一点要表达的核心思想，是强调“其他应收款”零星、小额周转的应用边界和功能定位，公司不得随意扩大其使用范围，并严格限制对外支付的、经营性质的款项。

公司大量以借款形式支付购货款或劳务费，会存在极大的风险。首先，事前支付的方式，难以确认经济事项的真实性；其次，经营性资金的需求额通常较大，加上不能及时体现为成本、费用或其他资产内容，很容易出现经营失控的问题。

举例来说，某公司主营工程建造业务，为完成工程进度，需要以“项目备用金”的方式预支民工劳务费。如图4-24所示，因为业务经营所需，六个项目部都通过借款的方式支付了劳务费，但与“审定劳务费”对比后，我们发现项目 1 部、4 部和 6 部实际支付的劳务费，均超过了项目最终审定的金额。

风险在于，除非公司采用项目核算的方式，否则，在多个项目同时开工的情况下，很难看出劳务费超支的情况。这也就解释了，为什么存在通过劳务费“吃空饷”的可能。

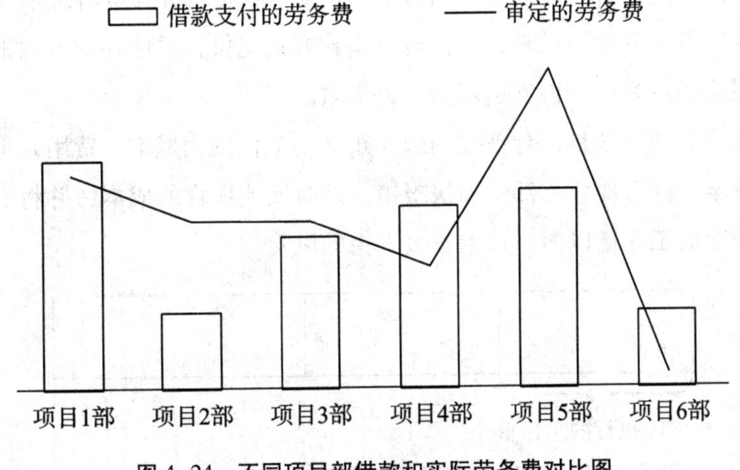

图 4-24　不同项目部借款和实际劳务费对比图

所以，其他应收款管理的重点，就是将借款内容，一一对应到具体的项目、业务和部门，并及时核对借款支付额与实际应支付额。

4. 尽量不使用其他应收款是管好其他应收款的最佳路径

对会计来说，避免其他应收款“麻烦”的最好办法是，尽量少使用其他应收款。这样的思路听起来有点天真，但确实很有效，虽然看起来不现实，其实操作很简单——提高报销速度。

比如，小额的差旅费，由员工先行垫付，因为报账速度的提高，员工能更快地收到报销费用，不会因为垫钱为公司办事而反感。这其中的关键，就是缩短审核、做账、付款的时间，尽量在一个工作日内完成。

通过提高报账速度，降低其他应收款的使用频率，从而避免财务风险，这显然是划算的。

但是，公司仍然有需要提前付款的业务，面对这种情况，我们可以转变支付方式，缩小其他应收款的使用范围和金额。

以劳务费为例，以每日实际完成的工作量，测算应结算的劳务费，并以某个确定的时间段为限，测算预期工作量对应的劳务费，在应结算劳务费和预测的劳务费之间，确定项目备用金借款额度。待工程完成、项目进度确认后，再根据实际工作量补足劳务费。

如图 4-25 所示，“实际执行的工作量”形成的劳务费持续消耗备用金借款额度，资金不足时，不得再以借款方式支付，只能在成本入账，冲销了对应的借款后，再支出新的项目借款。

这样做的好处是，合理控制未入账（尚未体现为成本、费用）但先支付的资金，并督促业务部门加快报销，及时反映项目的成本，并将支出控制在预期的工作量以内，杜绝资金失控的风险。

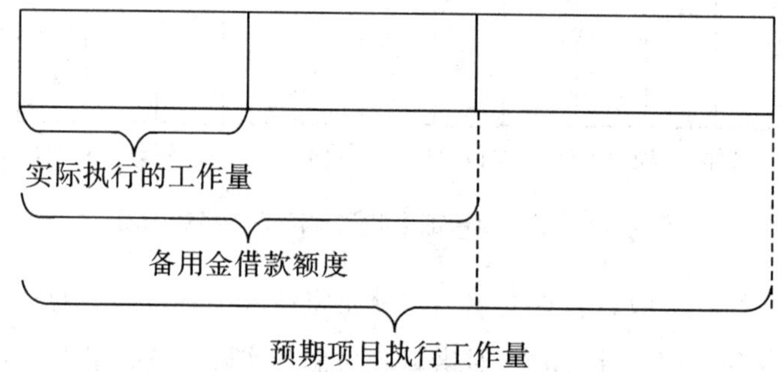

图 4-25　按工作量配比备用金的管理示意图

对其他应收款来说，我们要想出策略，尽量少使用，或是不使用。毕竟，其他应收款的使用率越低，倒逼会计业务处理的效率越高，诱发财务风险的因素越少。

5. 其他应收款金额较大的公司通常存在非常规的业务活动

综观以上四点，如果其他应收款的余额高、账龄长，要说没问题，那是掩耳盗铃。其他应收款的风险，会表现在三个方面，一是管理失控，二是人为调节利润，三是非常规的业务活动。

一、二两项我们有所了解，少见的是“非常规的业务活动”。“代收代付”就是这类典型的业务，比方说，公司受托为第三方代缴水、电、房租费，需要先行垫付资金，再向委托方收回代付款和佣金，如果代收代付的业务量较大，其他应收款的发生额必然相应增加。

这类业务存在双重风险，一是垫付的资金是否用于规定的项目，二是能否从委托方全额收回。

如图 4-26 所示，我们看到公司“代收代付”业务的季度执行情况。在第 1 季度公司确认其他应收款后，从委托方收回相同金额的代付款。但在第 2 季度，委托方付款低于公司代垫的金额，公司在第 3 季度追回，而第 4 季度又未收到相应的代垫款。

可以看出，如果公司代垫款的金额较大，且不能及时收回，损失的资金成本有可能超过服务费收益。

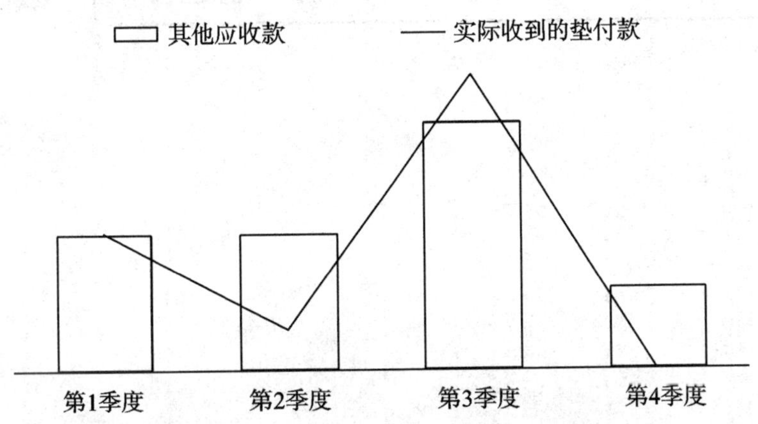

图 4-26　分季度“代收代付”业务其他应收款和实际收款对比图

如果公司涉及非常规业务内容的其他应收款，会计一定要落实业务的性质和具体内容，及时检查资金的使用情况，特别是客户方（委托方）是否及时足额地支付了相应的垫付款。

6. 管控其他应收款的“利器”是不定期检查和定期清理

实务中，我们做不到完全不使用“其他应收款”。所以，不定期的检查和定期的清理，是管理“其他应收款”必需的工作。每月清理其他应收款时，要详细记录借款项目、内容、经办人和还款时间，清理结果应由经办人员签字确认，对超过约定归还期限的款项，还应说明原因并报告管理层。

除定期清理外，我们还要不定期检查备用金使用情况，核实台账与会计账簿中对应项目的金额和内容。

“算盘哥”：没想到小小的“其他应收款”，竟有如此多的把戏，其管理难度，并不比大体量的资产项目低，要是管不好，会带来很多麻烦。

“会计叔”：其他应收款像“泥鳅”，消耗的管理精力不比固定资产、存货这样的大项目低，对其他应收款就要有警惕性，管理的核心就是控制该项目余额不能过大。

四、与时俱进的投资性房地产
看似“固定”的固定资产

“会计叔”：从第四节开始，我们要了解非流动资产的内容，解读非流动资产项目的方法和前面有区别吗?

“算盘哥”：非流动资产价值创造能力更强，是公司的盈利的物质和生产基础，但非流动资产风险也高，解读这部分内容时，需要引入市场竞争、战略规划等概念。

非流动资产并非指物理形态不可移动，而是指价值波动幅度较流动资产更小的资产。比如，固定资产确认后，原值基本不变，折旧稳定持续地发生，不像流动资产，账面价值因业务规模、市场环境变化而大幅波动。

从经营角度看，非流动资产有三个特征：第一，非流动资产一旦确认，会持续地影响损益（折旧与摊销）；第二，非流动资产的价值创造过程需要营运资金的投入，会产生相应的成本、费用；第三，非流动资产只是公司营利的资源和工具，只有在持续不断的经营过程中，才能创造价值；第四，取得非流动资产很容易，要处置却很难（请“神”容易送“神”难）；第五，非流动资产的生产效率，对公司整体运营效率有重大影响。

我们通过这五个特性，可以看出，非流动资产作为牵一发而动全身的资产项目，具有高风险和高收益的资产特性。

曾经大量分布于东南沿海的代工生产的工厂（以下简称“代工厂”），本质上是外国厂商的外包生产线。对这些外国厂商来说，原本需要购置固定资产，建立生产线才能完成的生产内容，可以全部委托交予这些代工厂完成。

本是制造型企业的外国公司，通过这样的方式，构建出灵活机动的“轻资产”财务结构，在其调整经营战略时，可以不受“重资产”项目的牵制，有效降低经营风险。

从这个角度看，为了构建更有效率的资产结构，我们对非流动资产，特别是大型生产设备的配置策略应该是——能租就不买，能借就不租，尽量减少非流动资产的增加，以此构建“轻资产”的财务结构。

接下来，我们从如何提升经营效率的角度，认识非流动资产的各个项目。

（一）投资性房地产

投资性房地产是在2006年的会计准则中新增的内容，于2007年开始执行。投资性房地产作为新生代的资产项目，反映了会计准则随经济发展不断演进的特征，有点与时俱进的意思。

在过去的十年里，我们经历了房地产市场迅猛发展的黄金期，房地资产的自然孳息以及地产价格持续走高，使房地资产成为最重要的投资方式之一。公司为了追求利益，当然青睐如此优良的资产，进而大量购进非生产性的房地资产。于是，问题也出现了。

问题一：房地资产按历史成本计价，是否合理？

问题二：不区分收益方式，能否反映不同经济内涵的房地资产？

问题三：投资性房地产和房屋类固定资产的经营内涵不同，若不区分，投资者能否合理决策？

创新都是逼出来的。投资性房地产就是为了解决这些问题而产生的准则规范，体现了会计准则持续创新的时代特征。

1. 投资性房地产是从资产收益角度确认的房地资产

会计工作三件事——确认、计量和报告。确认，即认定交易事项的经济实质，以此再决定如何计量和报告。我们根据经济业务或资产用途进行会计确认，投资性房地产也不例外。

举例来说，我们面对一栋大楼，详细了解大楼的占地面积、容积率、抗震指数、强弱电系统、位置朝向等信息后。各位能做出入账处理的判断么？

根本不可能，因为我们不知道大楼的用途。

如果公司购置后自用，则是固定资产；如果租赁用于生产，则作为房屋租赁费核算（融资租赁时作为固定资产）；如果是建造后用于出售的则是存货；要是用于公益慈善捐赠就成了营业外支出；当然，我们还可以为测试新的爆破技术直接炸掉，那就成了研发支出。

如果是用于出租获取租金，或为了获得资本增值，那么就是投资性房地产。一般来说，将房地资产作为"生产工具"时，通常反映为固定资产，但要是作为"生产资料"时，则是投资性房地产。

2. 投资性房地产收益的诱惑性太强，可能成为经营风险的诱因

过去十年中，不少大型央企涉足房地产市场，甚至摘取一线城市"地王"桂冠。为此，还引发了关于非地产行业的国有企业从事地产业务的合理性的讨论。

所谓"婆说婆有理，公说公有理"，说得再热闹，也止不住资本逐利的天性。

没有投资性房地产收益时，大家集中精力跑销售、搞生产、想研发。购置房地资产后，坐享资本溢价和资产孳息，既没压力，也没疲劳，而且，还有现金收益滚滚来。

做生意，不就为了赚钱吗？现在全实现了，何必再埋头苦干？

作为个人，我们尽量快、尽量多地积累财富，购入稳定增值的资产，是正确的选择。如果是立志要基业长青的公司，过多配置非主业相关的资产，会带来财务和经营的双重风险。

房地资产与生产制造、服务、销售等行业的盈利模式不同，房地产的收益性与公司运营能力的关系并不强，基本是由市场行情决定的。市场价格上行时，收益水涨船高；市场价格走低时，资产价值迅速下跌，真正是冰火两重天。

图 4-27 展示了某公司 2005—2015 年收益变化过程。2010 年以前的各年度，公司的经营收益变化不大，随着投资性房地产收益的增加，总收益在 2010 年达到最高点。

但从 2011 年开始公司收益逐年下滑，从构成来看，经营收益绝对下降，但投资性房地产收益却绝对增加。

到了 2013 年，因为投资性房地产收益开始下降，公司的好日子随之到头，总收益在 2015 年达到最低点。在以前年度，依靠投资性房地产支撑的公司收益，终于在房地市场价格下滑的时候，暴露了经营收益持续下滑的致命影响。

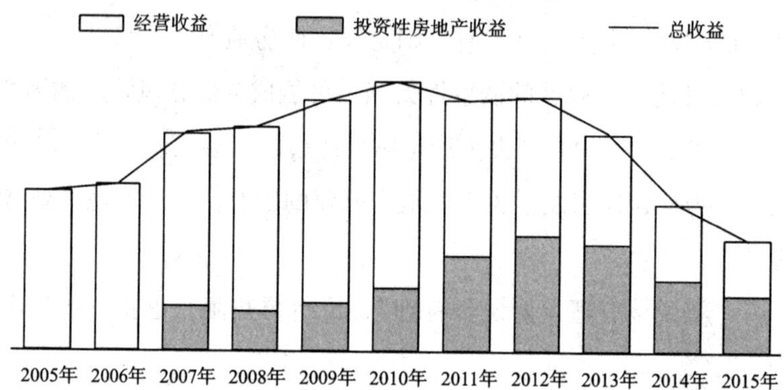

图 4-27　各年度投资性房地产收益对总收益影响趋势图

公司运营需要专注力，过多依靠资本收益的发展方式，会使公司经营战略被逐渐架空，包括老板在内的所有人，将失去潜心经营的“平常心”。没了平常心，丢了专注力，就会随波逐流，倒闭、破产、清算注销只是时间的问题。

如果投资性房地产与公司主业关系不大，甚至八竿子打不着，公司应该在房地市场繁荣时，考虑出清部分房地资产，让资源适时回归主业。

3. 投资性房地产计量的成本法和权益法只是“时间性”的差异

投资性房地产后续计量模式如何选择，在准则中有明确规定，特别是权益法，其前提是存在活跃的交易市场，能取得可靠的市场价格。

两种计量方法，在实务中如何选择，与环境和目的有关。

举例来说，业务快速增长的公司，购置房地资产有双重好处：一是资产价值随市场价格走高，公司坐享增值收益（公允价值变动损益）；二是较高的资产评估价值，在缺钱时获得更大的贷款额度。在这种情形下，公司更愿意选择权益法进行后续计量。

然而，对业务持续增长、现金流稳定的公司来说，购置房地资产有利于完善资产结构，储备未来收益，那么成本法是恰当的选择。这就是“低调的华丽”——公司在利润平稳、稳健经营的同时，还有值钱的资产在手。

投资性房地产后续计量的权益法，会根据市场价值变化调整资产账面价值，而成本法则是以计提折旧的方式，持续摊销资产价值。不论何种方式，在资产处置时点，交易价格一定是市场公允价值，最终的处置收入没有差异。就像图 4-28 反映的两种计量方式下的资产价值变化，不论是权益法还是成本法，总收益的差异并不大。

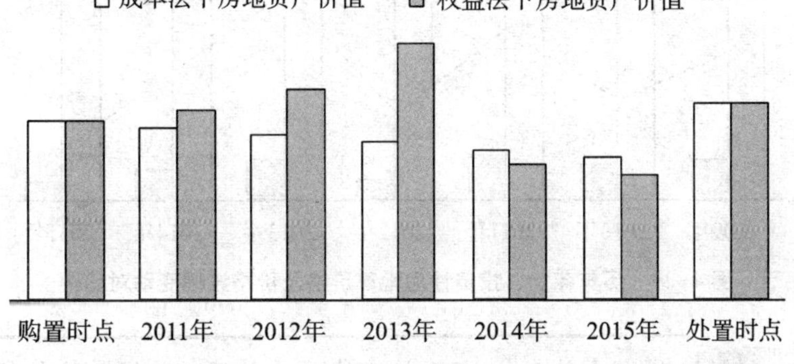

图 4-28　权益法和成本法下投资性房地产价值变动对比图

4. 从价值角度看，对投资性房地产的管理思路更接近流动资产的管理

投资性房地产明明是不动产，却要作为流动资产管理。因为价值，在不断运转和变化的经营活动中产生。

不流动的资产，不会创造价值。投资性房地产虽然分类为非流动资产，但我们管理的思路却不能“不动”，活力不足的资产管理方式，对投资性房地产来说，不仅狭隘还很危险。

基于物理形态，投资性房地产属于不动产，虽然资产形态不动，但资产的价格却是不断变化的。特别是房地产市场周期性的价格波动，会造成公司收益“过山车”式的变化。如果遇到房地产价格猛然下跌，再加上市场抛售行情，这些不动产就真成了“不动产”。

遇到这种情况，怎么办？我们就得换个思路管理投资性房地产，除了关注市场价格变化，还得了解房地产政策、商业环境、投资热度、产业变化、人口结构等信息。

如图 4-29 所示，就价格波动幅度来看，存货远超投资性房地产，但存货价格却远不如房地资产。长期来看，看似“不动”的投资性房地产，在价值层面远远超过流动资产的变化。

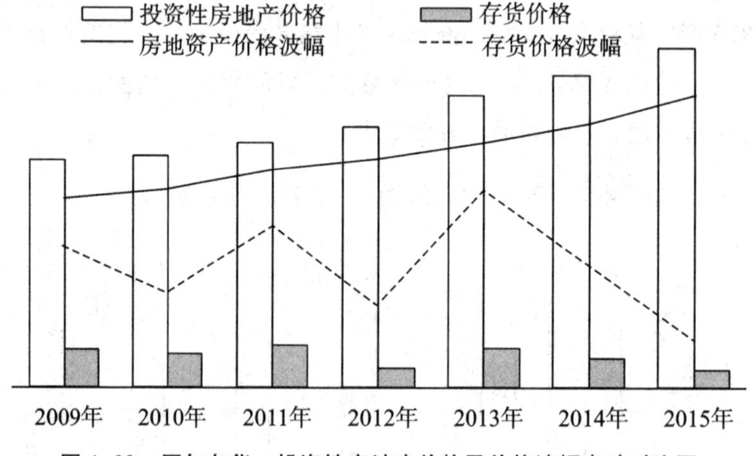

图 4-29　历年存货、投资性房地产价格及价格波幅变动对比图

“会计叔”：投资性房地产的管理，关键是从价值角度理解投资性房地产的经济内涵，将其视为“生产资料”而不是“生产工具”是一个明智且有效的方法。

“算盘哥”：特别是在产能过剩、房地产市场增长乏力的情况下，用好“投资性房地产”资产项目，是我们绕不开的话题。

（二）固定资产

固定资产作为常见的资产项目，小到电脑、打印机，大到房屋、起重机，从生产经营到后端管理，从普通员工到管理高层，其覆盖面之广、内容之丰富，无出其右者。

固定资产的会计定义是：为生产商品、提供劳务、出租或经营管理而持有的，使用寿命超过一个会计年度的有形资产。通常我们判断其是否固定资产首先是根据其使用寿命的长短，所以“超过一个会计年度”是关键。

一只签字笔的使用寿命也能超过一年，这也是固定资产？

当然不是。固定资产还有两个条件：一是与该资产有关的经济利益很可能流入企业，二是该固定资产的成本能可靠地计量。

我们自然能准确计量签字笔的成本，同时，基于持续经营的合理预期和一般判断，公司购置资产时，都是“经济利益很可能流入企业”。如此说来，“购置成本”和“经济利益流入”都不是签字笔不能作为固定资产的原因。我们似乎陷入了逻辑的“死循环”中，为了找到真正的原因，我们拿签字笔和电脑做个对比。

电脑是作为固定资产反映的内容，电脑和签字笔最大区别在于购置成本差异大。电脑价格高，对损益的影响也大，在经营期内，合理“摊销”购置成本，才能符合“电脑资产”持续用于经营活动的价值特征。

签字笔和电脑，哪一个才是固定资产，这是从会计角度对经济价格和经营影响做出的判断，并以此确定出的资产分类。

如果从经营角度出发，划分固定资产的标准更加灵活。比如，车辆作为常见的运输工具，反映为公司的固定资产。但在高山地区使用的运输车辆，因为恶劣的地理环境，使用周期超不过一年，从经营角度看，车辆购置成本就应一次性计入当年损益。

有读者会说，这么做，违背了资产折旧最低年限的要求，税务机关不会认可。

税务机关不认可没关系，我们做纳税调整即可，关键在于，从经营实际出发划分和核算固定资产，能更准确地反映资产状态。这种思维貌似有些“离经叛道”，但我们可以跟着这个感觉，分析固定资产的经营内涵。

1. 固定资产作为生产工具，很大程度影响了公司总体运营成本

在经营中，“人”是劳动者、“财”和“物”是生产资料和生产工具。最常见的“物”是固定资产，特别是作为代替人工劳动的生产工具——机具设备是现代企业最重要的生产工具。

工具越先进，价值创造能力越强，更利于大规模生产，具体表现在工艺水平的提高、生产效率的提升和总体运营成本的降低。

固定资产决定工艺水平、生产效率和运营成本，那又是什么决定了公司是否需要固定资产？

生产方式决定固定资产。在流水线方式生产的公司，产品装配线是必要的生产工具，在仅凭人工就能完成生产的公司，装配线却毫无用处。但是作为会计，我们不了解生产设备的机械原理，也无法从技术角度判断需要何种固定资产。我们只能通过测算公司运营成本的变化，确定固定资产对公司经营的影响。

固定资产相关的运营成本，包括运营费用、管理支出、资产折旧和营销成本。前三项容易理解，难点在于营销成本和固定资产的关系。这一点，我们从生产工具的角度理解，因为机器设备的使用可以提高工艺水平，在其他因素不变时，产品质量提升，营销成本自然就会相对降低。

如图 4-30 所示，“资产 2”的购置成本最高，但“资产 2”的总体运营成本最低，因为采购了更先进的“资产 2”，相关的管理支出、营销成本和运营费用就大幅下降。

所以，我们参与固定资产投资决策时，除了关注资产采购价格的高低，还要关注运营成本的变化，计算的数据不一定要很精确，但不同方案的差异要能区分清楚。

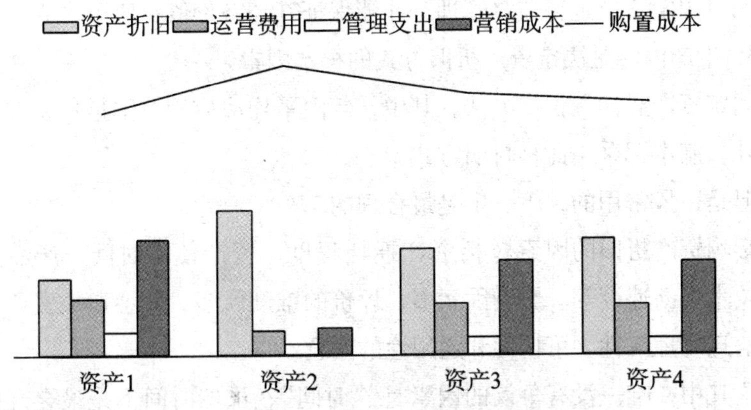

图 4-30　四类资产相关的主要成本支出对比图

2. 管理固定资产的关键在于理清生产与资产的逻辑关系

固定资产的日常管理，包括资产卡片、资产台账、资产盘点等内容。做到以上工作，只能算及格，不算优秀。因为，老板关心的是固定资产能带来多少收益，是否与经营预期一致。

想要确认资产使用的效益是否如预期，必须理清生产与资产的关系，这需要我们做四件事：

第一，确保资产物理形态完整。即保证资产的功能结构、构成要件和操作系统没有实体损坏。

第二，确保资产如预期方式运行。即使考虑了维修和保养等费用，只要资产运行的效率，与购置时点的运行状态相差不大，维持当前运转就是经济的。

第三，确保资产是生产流程中的关键要素。在生产过程中，除非因为工艺或生产流程的改变，该资产应具有不可替代性。

第四，确保资产总是处于管理者的“视线”中。保证资产管理部门，对所属资产具有监控的权力和能力，且能有效履行监督职能。

综上所述，固定资产管理的逻辑是：资产的物理形态是完整的，并且资产按预期状态持续地运行。

作为生产经营的必备要素，固定资产与生产过程紧密联系，因此，只有时刻对固定资产进行监督管理，才能保证其经济价值和使用价值。

3. 生产内涵是决定资产折旧方式的根本因素

固定资产有四种折旧方法，其中，年限平均法应用范围最广，除特种行业外，基本都采用此种折旧方式。

但是，最常用的，不一定是最合理的。

影响资产折旧的因素包括资产损耗程度、资产使用时间、产品生产量、技术更新速度等。影响因素多，评价的维度就多，就会造成资产折旧会计信息可理解性、可比性和通用性的问题。

这其中，唯一没有争议的因素是“时间”，虽然时间不是最合理的折旧计提标准，但数据获取的难度低、标准相对统一。既然大家使用时间作为标准，为什么不能按资产实际使用时间计提折旧，一定要规范资产最低折旧年限？

比如，软件公司的电脑使用率更高，实际折旧年限应该低于其他公司。同理，商场电梯的实际折旧年限，也应低于住宅电梯折旧年限。

其实，根据资产实际的“使用损耗”计提折旧最合理。

根据资产损耗确定折旧金额虽然合理，但实际情况千差万别，如果公司自行确定折旧年限，必然大量出现通过折旧调整利润的问题。所以，统一最低折旧年限的时间，实在是无奈之举。

会计核算时不能按资产实际情况计提折旧，但我们可以提供相关的管理信息，真实地反映经营活动，完整清晰地表达经营内涵，展现公司资产真实的运行状态和价值。

从图 4-31 中我们看到，根据资产实际使用情况，“计提”的资产损耗高于会计计提标准下的折旧额。真实状态下的资产“经济价值”下降的速度，明显快于账面价值的下降速度。

根据资产实际损耗计提折旧，我们可以更准确地判断，资产在未来期间能产生的收益。但问题在于，我们从何处了解资产的实际损耗？通常，我们可以根据生产量、使用时间、运行效率等数据分析获得。当然这些与业务经营高度相关的内容，必须引入业务部门的参与——固定资产决定于生产内涵。

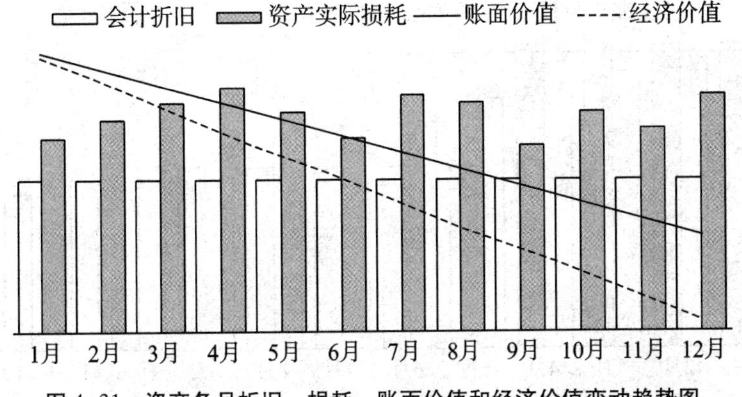

图 4-31　资产各月折旧、损耗、账面价值和经济价值变动趋势图

4. 固定资产的运行效率直接决定生产和经营的效率

作为生产工具，固定资产能够提高劳动生产率和工艺水平，从而提升营运效率。但固定资产对运行效率的影响，具有“非此即彼”的特征——如果固定资产没有起到正向拉动作用，一定会负向拉低运行效率。

一方面，生产方式决定固定资产的类型，而固定资产作为生产工具会影响生产方式。好比用锹和用锄刨土时的劳动方式和效率完全不同。

另一方面，固定资产的选择具有排他性，特别是上千万的投资，不可能因操作不便说换就换，所以，生产工具会在很长时间内，持续不断地影响生产效率。

最后，生产用固定资产，特别是大型生产设备，需要辅助生产活动的支撑，如果变动或更换固定资产，一定会影响整体运营效率。

5. 固定资产相关风险在购置时点已出现

固定资产通常会涉及的风险有：技术进步造成经济价值的下降；固定资产生产的产品淘汰造成使用价值的降低；非正常损耗对物理结构的破坏。

如图 4-32 所示，我们以生产设备为例，虽然资产的账面价值呈规律性缓慢下降的趋势，但随着技术进步，相同资产价格的快速下降导致其经济价值在 5 月下跌了 40%，到 10 月又下降了 50%。

假如该生产设备专门用于生产 A 产品，而 A 产品在 7 月已被市场淘汰，或是已不存在市场需求，那么该设备就没有任何使用价值。

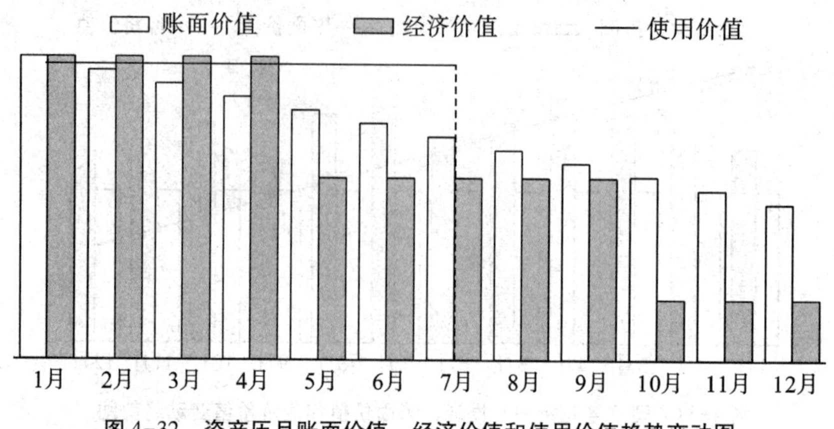

图 4-32　资产历月账面价值、经济价值和使用价值趋势变动图

由上述例子可知，资产相关的风险，是资产经济价值、使用价值的变动易受外部因素的影响。只要购置固定资产，相应的风险就会随之出现，只是时间早晚而已。所以，避免固定资产相关风险的唯一办法，是尽量降低固定资产的购置数量。

对生产制造企业来说，自己生产和委托他人生产，没有本质区别，所以，生产外包可以降低生产设备的购置比例。按这个思路，租用他人的生产设备，不仅可以控制资产购置比例，还能避免资产价值下跌的风险。

类似的方法还有很多，固定资产作为投资决策的重要内容，买还是不买，不能光看初始投资成本的高低，还要考虑市场环境、经营风险和运营支出。

6. 固定资产管理的频率和精细度甚至超过存货管理

我们通常认为，只要没有物理损坏，固定资产就是“安全”的。毕竟固定资产从购置到日常管理再到处置，整个过程都很“固定”。

所以，能把固定资产管理得有声有色的公司实在太少，面对物理形态和价值变化都很稳定的资产项目，我们很难做到“有为”的管理。除非，我们能突破固定资产“固定”的物质和价值特性，才能实现动态的管理。

通过第 5 点中的内容，我们知道没有一种固定资产，具备长期稳定的使用价值和经济价值，不变的反而是固定资产生产的“产品”。

在更长的时间观下，固定资产的经营内涵和流动资产没有本质区别，都是为生产经营活动而“暂时”存在的资产内容。从这个角度讲，购置固定资产是没有“意义”的，但从生产经营对“工具”的需求来说，经营活动又需要公司在一定时空中“拥有”固定资产。

我们从长期和短期两个时间维度同时出发，就能找到固定资产管理的窍门——调配和组合现有资产，在不新增固定资产的前提下，确保经营管理活动正常开展。

这样的思路，有助于我们打破“固化”的固定资产管理思维。

图 4-33 展示了办公设备需求和资产调配的关系。在 2012 年、2013 年的两年间，公司通过购置的方式，满足了公司对办公设备的需求。但从 2014 年开始，公司运用协同办公系统（诸如打印机共享、企业主机服务）实现了资产的调配使用。公司无须新增固定资产，同样也满足了办公设备的资产需求。

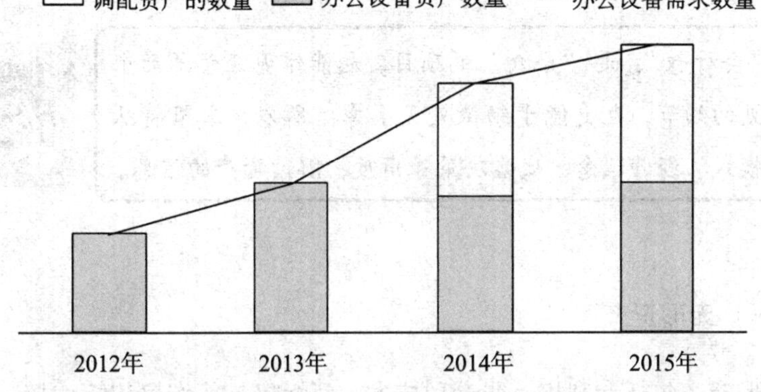

图 4-33　资产调配方式下办公设备需求和调配关系变动图

很明显，公司若是能通过内部调配的方式，满足生产经营的需求，收益水平将高于新增资产的方式，同时，还能提升运营效率和盈利水平。

“会计叔”：将固定资产定位于“生产工具”让我们拨开云雾见天日，并挖掘出固定资产复杂的经营内涵。固定资产作为公司最重要的资产项目，值得我们更多的关注。

“算盘哥”：固定资产会计处理的方式“固定”，核算难度不高，但其经营内涵，是我们关注的重点。

五、被低估的无形资产
自说自话的开发支出
无处安放的长期待摊费用

“算盘哥”：这部分资产项目，除了无形资产，都属于“小众”的资产项目，我们可以从哪些角度挖掘信息？

“会计叔”：越“小众”的项目，越能体现经营活动中不常见的细节，也更能于细微处见真章。所以，本节将从商业模式、经营理念、战略决策等角度，解读资产的信息。

（一）无形资产

无形资产包括专利权、非专利技术、商标权、著作权和特许权。在实际工作中，比较常见的是生产用软件产品、土地使用权。作为常见的资产项目，与无形资产相关的核算简单、明了，感觉并不复杂。虽然看不见、摸不着，形式上很“虚幻”，但从经营的角度看，无形资产的内涵却很实在。

无形资产作为经济价值“可单独辨认”的资产，在其单纯的外表下有着复杂的内容。

在会计核算中，我们将不具备物理实体存在的资产，划分为无形资产，但无形资产的经济价值却不是“无形”的。

无形资产不等于“无形的”资产。

很多企业取得的业绩，依靠的是某个特别优秀的管理团队。这样的团队能妙手回春、力挽狂澜，引领公司突出重围，这当然是公司的宝贵“资产”。

然而，这样的团队却不能通过资产反映出来，关键就是缺乏可辨认的价值对象以及可计量的价值基础，我们无法定量地计算和确认。如果一定要计算此类“资产”的价值，可能的方式有三种：一是公司超越行业平均盈利水平的折现值，二是管理团队股权激励兑现时的薪酬总额，三是个人（团队）离职后公司业绩下滑的评估值。

看起来有道理的测算过程，在实务中却难以实现，因为不符合成本可靠计量的要求。

所以，不论是企业“无形的”资产，还是无形资产本身，都存在价值低估的可能。

究其原因，一是“无形的”资产根本无法计量，二是有些无形资产存在价值增长的可能，但在历史成本法下，资产余额却是不断下降的（摊销影响）。

比如，某公司商标权账面价值 10 万元，但最近几年都被评为最具品牌影响力的公司，从市场的角度看，该商标权的现时价值远远超过 10 万元。

所以，我们得出关于无形资产的四个推论。第一，在目前的会计准则下，确实存在无法确认的“无形的”资产；第二，这些无法确认的“无形的”资产可能具备很高的价值；第三，除了生产要素用的无形资产（比如生产用软件），通常都存在价值低估的风险；第四，目前为止，我们的财务会计体系对以上三点无能为力。

既然会计视角下的无形资产，无法完整反映其经济内涵，我们该如何审视无形资产项目，才能更客观地理解无形资产？

1. 无形资产形态虽然“无形”，但其经济价值却是“无形胜有形”

人类活动从农耕经济、工业经济到现在经济形态大融合，价值创造对实体形态生产要素的依赖程度逐渐降低。

在农耕经济时期，一块地、一头牛、一户人、一堆工具，缺一不可；在工业经济时期，一间厂房、一条生产线、一群人，缺一不可；在知识经济时期，一个人、一个想法，就齐活了。

我们将以上经济形态的资产内容，分别编入资产负债表，对比实物资产在总资产中的占比情况。如图 4-34 所示，可以看出，一定是“工业经济”时期的资产总额最大，“农业经济”次之，“知识经济”最少。而资产的市场价值可能是完全相反的情况。

阿里巴巴公司，不是一个“重资产”的企业，但上市后，其市值却是大型制造企业的十几倍，甚至几十倍。虽然，融合了各种成功因素的阿里巴巴，不具有比较的普遍意义，但其代表的公司价值演进过程，却深刻地体现了经济形态变迁的烙印。

这一切都与“无形的”资产有关。

当大型商超斥重资建门店、改装潢、扩渠道时，网络运营平台通过线上交易和线下服务，已彻底改变了产品交付方式、交易规则和消费习惯。

大型商超上亿元的投资，瞬间变得一文不值。

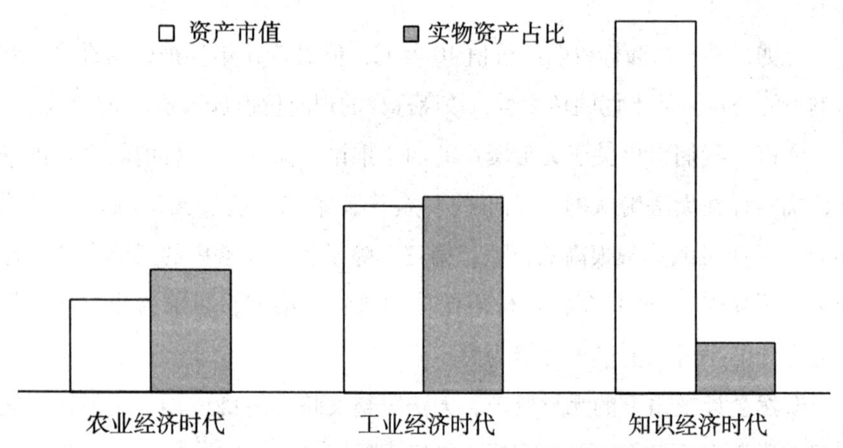

图 4-34　不同经济时期下资产中实物资产占比和资产市值对比图

当然，只有可物化的生产内容，才能创造真正的价值，但这样的规律却在“无形的”服务创造价值的趋势下，受到极大的冲击。所以，越来越多“无形的”资产变得越来越值钱，有些甚至“无形”到只是个想法。

这一切是怎么发生的，为什么会发生?

我们首先肯定一点——只有劳动才能创造价值。但价值创造和价值实现是两回事，通过交易实现价值的“价格化”，价值才能被认可，价值才具有现实意义。

价值决定价格，但价格也可以与价值分离。在后工业经济时代，相对过剩的供给改变了供需关系，商品的差异性对价格的影响，逐渐超过了功能性对价格的影响。在商品“价格化”的市场中，消费者对个性化产品的价格预期，逐渐超过了商品使用价值对价格的影响。

所以，能生产独特的、个性化产品的资产所对应的价值更高。在工业时代和农耕时代，因为实物资产的使用价值，决定了具有实物形态资产的经济价值更高。

在新的历史时期，同质化的产品越来越廉价，具有创新特质的资产，更能获得资本市场的高估值，资产价值反而是“无形胜有形”。在未来，因缺乏个性化（不可取代性）资产的公司，更容易陷入资产“虚胖”的尴尬境地。

2. 历史成本法计量的无形资产价值有失公允

我们根据资产价值损失的可能性，衡量资产价值的风险。实务中，我们将历史成本法计量的资产价值，与现时价值相比较，以评估资产价值损失的风险。

这种评价方法的前提是，资产的经济内涵稳定而且易于辨认。换句话说，经济价值呈线性变化的资产，才具有与现时价值比较的意义。比如，应收账款、其他应收款，都具有可靠的价值评价基础。

对无形资产来说，这种方式，就捉襟见肘了。因为无形资产的经济价值不一定是线性变化的，比如，公司品牌价值很可能是散点式的分布情况，具有这种经济特质的资产还包括交易性金融资产。

但交易性金融资产以公允价值计量，有效地破解了这个难题。

无形资产的计价方式则略显尴尬，就像图 4-35 展示的商标权账面价值和市场价值的变动对比情况。我们按照历史成本法计量，就是以线性的方式反映价值散点式分布的资产，显然有失公允。

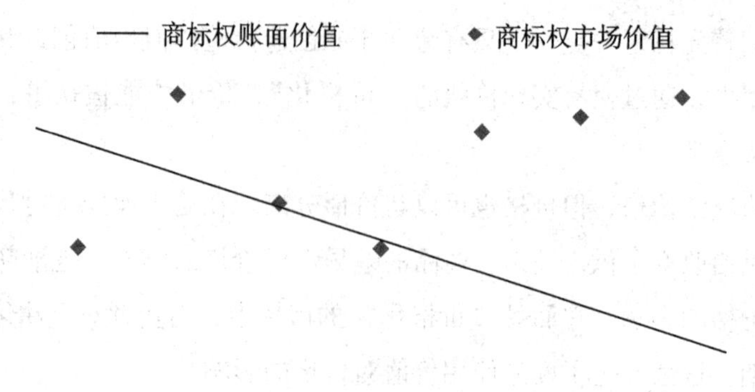

图 4-35　商标权账面价值和市场价值历年变动对比图

无形资产很难采用公允价值计量的原因是：个性化的无形资产不存在公开的交易市场。这就导致无形资产价值增长的动因也是个性化的，比如，商标权价值基本由市场影响力决定，但我们很难将“影响力”量化为具体的金额。

资产负债表是反映公司资产价值的载体，当其无法体现资产价值内容和变化时，资产负债表更像是“资产构成明细表”，其反映资产经济价值和未来收益的功能就大打折扣。

当然，我们客观看待无形资产的前提是了解公司的行业特征、经营内容和业务结构，只有考虑了与无形资产相关的市场信息，我们才能判断无形资产的现时价值。

“会计叔”：从市场的角度分析无形资产，能更客观地看出资产的价值，这一点突破了历史成本计价方式的局限，更加公允和合理。

“算盘哥”：我们分析公司无形资产时，应更多从品牌价值、行业竞争力、市场份额等要素入手，避免受计量方式的限制，做出不恰当的判断。

（二）开发支出

公司自行设计、实施和研发的无形资产，在资产成型前，资本化部分的支出都反映为“开发支出”。无形资产和开发支出的关系，类似于固定资产和在建工程的关系。

准确地说，开发支出反映的是研发费用中开发部分的内容，也就是资本化阶段的支出，研究阶段的支出作费用化处理。

提到费用化和资本化，我们会想到“资本化”的支出会形成资产；“费用化的支出”会影响当期损益；以及如何确定资本化和费用化的范围、金额和内容。以上三个内容的关键是最后一点，它直接决定未来形成的资产的价值，以及对各期损益的影响。

对老板来说，要考虑的事情，相对简单、直接，关键就看，花了几百上千万，能研究出什么玩意，能创造多大价值，至于资本化还是费用化，会计安排合理就行。

研发支出未来会形成多少资产，取决于总投入和资本化的比例，而如何确定研发支出“资本化”的金额，多少有点“随心所欲”的意思。

我们先看研发支出资本化的五个条件：技术上能够使用或出售；具有使用（出售）的意图；该无形资产生产的产品或无形资产自身存在市场，且内部使用能证明其有用性；有足够资源支持完成开发并有能力使用或出售；支出能够可靠计量。

这五个条件，除了最后一项，其余四项都需要人为判断，只要有证据能满足条件就行。这样的规则感觉是给大家留了个后门，其实吧，还真是留了个后门。其目的是避免研发投入对损益的影响过大，鼓励大家多研发新技术、新工艺和新材料，提升市场竞争力，特别是国内企业在国际市场的竞争力。

现实中，研发成本可以小到几千上万块，比如一些创意产品，数不胜数，这样的研发项目是否资本化影响不大。但有的项目投入则是天文数字，比如医药、石油化工、通信，这些行业的研发支出，都是以五年滚动规划的形式出现（还有八年、十年甚至更长时间的规划），并由专门的部门和人员负责执行，就时间安排来看，研发支出的投入可想而知。

这类公司的研发费用如何资本化和费用化就有讲究了，因为研发投入巨大，一年的研发支出就能消耗当年全部利润。这样的研发项目如果全部费用化处理，很可能研发多久，公司就“亏损”多久。

研发支出如何资本化和费用化，还会影响公司研发的积极性。这一点，在国有企业表现尤为突出，因为是受托经营关系，年度经营业绩与管理层履职评价密切相关。站在受托方的视角，为了将来才能获得的收益，现在投入巨额的研发支出，拉低当期的业绩，一定是“不理性”的选择。在受托方看来，除非付出的劳动在当期能体现业绩，否则就是低效的经营活动。

开发支出与公司研发活动密切相关，我们以资本化的研发支出为基础，挖掘关于开发支出三个方面的内容。

1. 开发支出反映了一个有追求的公司的行为

大多数公司着重从内部管理、市场拓展两个方面提升市场竞争力。“内部管理”和“市场拓展”做得好，公司运营能达到中高水平，但要成为顶级高手，还得靠内功。研发活动是企业经营中比较特殊的行为，属于最高层次的“内功修炼”。

所谓“内功”就好比咱家管理不如张三，市场拓展不如李四，但咱家就是生意好、客户多，因为咱有“祖传秘方”!

研发活动就是为了打造公司的“祖传秘方”。要得到“秘方”，我们可以自己研发，研发不出来可以买，买不来可以租，租不来可以借，借不到可以仿。

我们以前总诟病国内企业生产附加值低，高额利润都被外国资本拿走了，说到底是谁拥有核心技术（秘方）的问题。

20 世纪 80 年代起，沿海地带的制造业，最初以代工的方式经营，到后来发展出自有品牌，再到后来拥有自主知识产权，就是这么个过程。

在当下人工成本持续走高、国际制造业回迁的大环境下，继续以简单代工为主要生产方式，生存下去都很困难。有朋友会说，富士康不就是代工企业吗？富士康的确从事“代工”业务，但富士康是以代工为基础，开发出众多工艺的专利技术，并与代工服务的厂商（苹果、三星、佳能等）相互交叉授权。

他们竞争力还是核心技术，如果没技术，早就淘汰了。

道理很简单，但为了将来的收益，在当下投入不菲的研发资金，还要冒着失败的风险，这样的魄力却不是每个公司都有的。

按常理来说，研发活动的前提是“既有钱又有闲”。那些忙着抢市场和忙着扩大生产规模的公司，不太具备研发的资本和精力。但现实中，忙着生产和市场拓展的公司，研发投入的热情却往往超过“有钱有闲”的公司。

好比爱学习的同学，不仅上课认真，下课后还参加各种课外辅导。有些公司就是爱学习的同学，不仅拓展市场、提升管理，还热情高涨地投入研发。

只有在拓展市场、提升管理的过程中，才能发现不足，才会找到增强核心竞争力的方向。

所以，当我们看到资产负债表中有开发支出的内容，至少说明这家公司不满足现状，希望从核心竞争力入手超越同行，而且研发活动已经进入资本化的阶段，说明研发工作已达到相当程度。

这样的公司，作为合作方，值得合作；作为竞争对手，值得关注；作为被投资对象，值得投资。

2. 解读开发支出的前提是搞清“研发费用”

“开发支出”反映的是研发费用中“开发部分”的支出，只看开发支出，当然无法完整理解研发活动的全貌。一般来说，单个研发项目的费用化支出和资本化支出同时出现的可能性不大。但一些大型研发项目，由多个组成部分共同推进的，就会同时涉及费用化和资本化。

就像图 4-36 反映的内容，只看资本化部分对应的“开发支出”，会低估公司研发投入。在大型研发项目中，投入基础研究的费用，远超商用阶段的开发支出。只有掌握研发费用的整体情况，才能理解公司的研发活动。

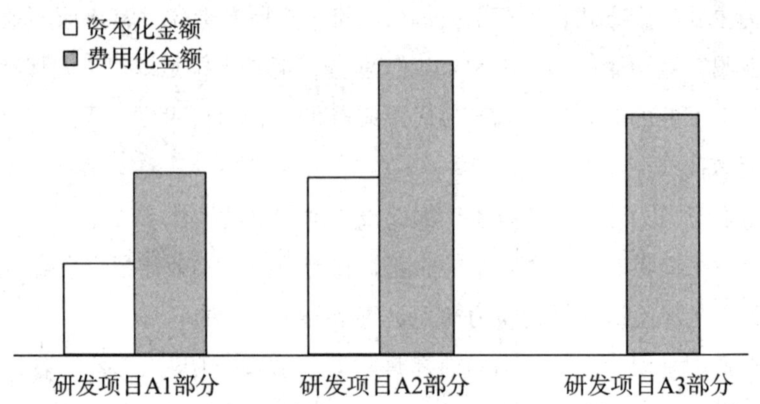

图 4-36　公司研发项目不同组成部分资本化和费用化结构对比图

“研究”作为“开发”的基础，通常来说，研究阶段的支出越大，成功的可能性越高，形成“资产”的价值创造能力越强，同时，研究阶段花钱越多，如果开发失败，损失也会更大。从技术角度看，技术研究和商业开发并非“一比一”的对等关系，所以不论何种研发项目，多少都会有部分研发费用“浪费”。

了解研发费用的整体支出情况，是为了掌握研发支出和研发进度的关系，进而判断研发项目成功的可能性。

比如，药品的研发经历六个阶段，从新的化合物实体发现、临床前研究、申请临床试验（IND）、临床试验+临床前研究（继续）补充，一直到最后的新药申请（NDA）和药品上市。时间跨度少则几年，长则十几年。

假设，某新药的研发费用预算是 1 000 万元，研发周期是三年，研究阶段和开发阶段工作量比例是 4∶6，当研发周期到第二年时，研发进度与时间进度相互配比，差不多在 66%的水平。相应地，我们对比该新药的研发费用总体支出，如果与 66%的研发进度相比过高或过低，就反映出研发失败的风险过高，或是研发效率过低。

3. 只要与研究相关的支出都可能属于研发费用。

说到研发费用，我们首先想到新技术、新工艺。实际上，只要具有研究活动特质的行为，都可以成为“研发费用”核算的对象。

举例来说，公司为提升精细化管理水平，研究新的组织架构和管理流程，为此支出了 2 万元的费用，本质上这些内容也属于研发费用，但我们通常将其归入具体的费用项目核算（加班费、培训费等）。

虽然研发活动是基于思考和实践进行的行为，但并非所有的思考都能成为研发活动。比如，会计核算时，思考如何入账处理，就不是研发活动；市场人员思考如何与客户交流，也不是研发活动。

从图 4-37 可以看出，具备了研发活动的特质，相应的支出才能作为研发费用。要注意的是，除非经过相关机构认定，否则，相应支出无法取得所得税加计扣除的优惠政策。

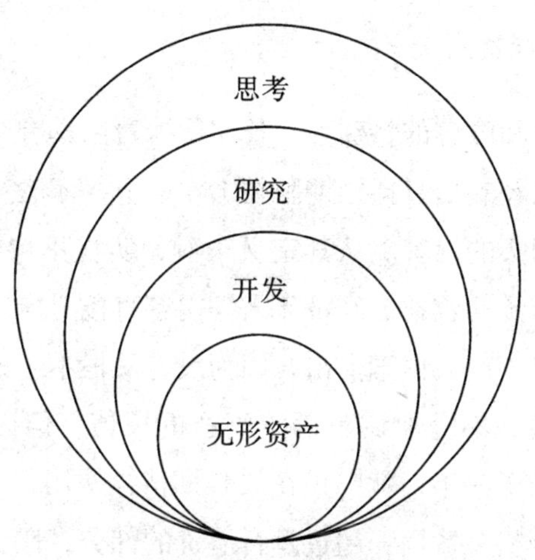

图 4-37 无形资产与研发活动的层进关系

总的来说，“开发支出”与“在建工程”相似，都是资产成形前的“孵化”阶段。比较特别的是，“开发支出”前还有一个酝酿过程——研究阶段。

所以，把握研发项目如何资本化是重点，更重要的是，在实务中，合理判断研发活动对当期业绩的影响，并确定资本化的条件和时点。

“会计叔”：看来，解读“开发支出”的前提条件是了解业务，除非知道产品、技术和研发三者的关系，否则，只看“开发支出”能获得的信息实在有限。

“算盘哥”：开发支出是一个公司“软实力”的展示，这样有内涵的资产项目，当然值得我们好好品读。

（三）长期待摊费用

因为核算对象和内容的特殊性，长期待摊费用具有明显的“备胎”气质——凡是企业已经支出且摊销期限在 1 年以上（不含 1 年）的费用，都是长期待摊费用归集的内容。从其定义来看，实在不像“资产”，因为长期待摊费用很难与预期收益、经济流入等内容直接对应。

比方说，固定资产大修理支出，因为没有从根本上改变固定资产的物理结构和生产特性，不需要调整固定资产的原值，但因为其支出金额较大，且影响时间长于一年，就归集在“长期待摊费用”中。再比如，委托发行股票的佣金等相关费用，超过发行溢价的部分，因为金额较大，也作为长期待摊费用处理。

“大修理”看起来还有点资产的意思，“佣金摊销”则几乎没有任何资产的感觉。

这恰恰也是争论长期待摊费用是否应该作为资产项目的焦点。支持和反对的观点泾渭分明、各有千秋，但从核算方式来看，长期待摊费用确实只能作为资产项目列报。

不管有没有道理，准则是将“长期待摊费用”划入非流动资产，但我们关注的重点，是从经营的角度解读长期待摊费用。

1. 长期待摊费用是现在已发生的支出，未来体现为成本的内容

长期待摊费用中的“费用”二字，很直观地反映了长期待摊费用对应的是支出已发生，但成本在未来体现的经济业务。

比如，经营租赁固定资产的改良支出，与之相关的费用一次性计入长期待摊费用。从核算分录来看，长期待摊费用与成本、费用科目类似，区别在于长期待摊费用不是一次性计入损益，而是根据核算的内容，分期摊销影响损益。

从图 4-38 可以看出，长期待摊费用发生时，并非直接计入当期损益，而是在摊销期内以固定的金额持续影响损益。

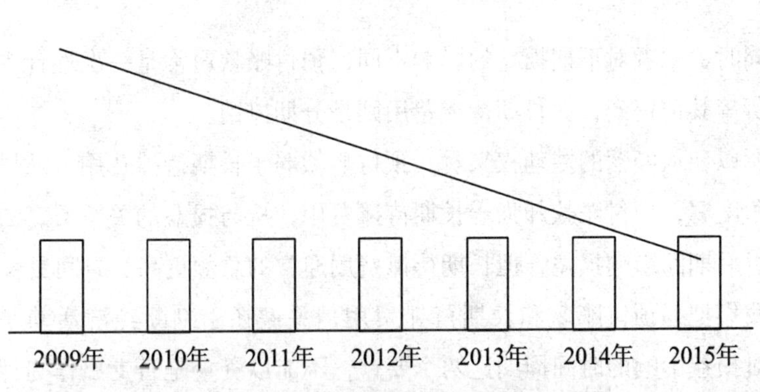

图 4-38　长期待摊费用余额及摊销趋势图

2. 长期待摊费用与预付账款有本质的区别

预付账款和长期待摊费用，二者结转成本、费用的方式相近，但二者的经济内涵却有本质区别。预付账款核算的是经济业务尚未完成的内容，而长期待摊费用核算的是经济活动已发生的支出。

如图 4-39 所示，在支出金额相同的情况下，预付账款和长期待摊费用对现金流的影响是一样的。

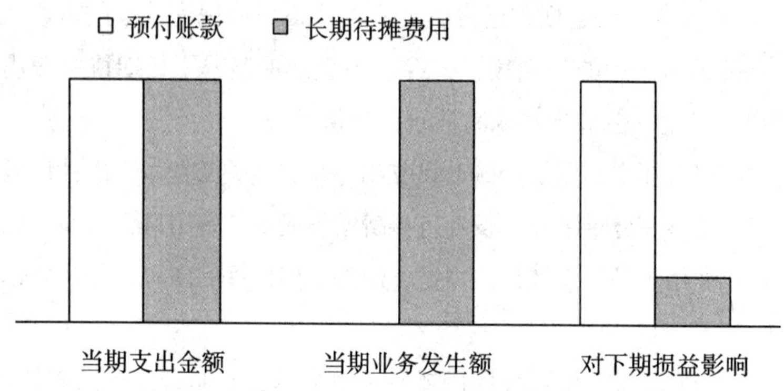

图 4-39　长期待摊费用和预付账款对资金、业务和损益影响的对比图

不同的是，预付账款对应的业务在当期尚未完成，这与长期待摊费用相反。

同时，二者对下期损益的影响不同，预付账款通常是一次性计入损益或存货等其他资产，而长期待摊费用则是分期摊销。

所以，从经营的主动权来看，预付账款弱于长期待摊费用；从风险控制的角度看，预付账款却强于长期待摊费用；从与损益的关系看，二者都是在以后期间影响损益，但长期待摊费用通常的总额更高、时间更长。

我们把握预付账款和长期待摊费用，关键在于判断经济活动是否发生、对损益影响的时间周期这两个要点，不能以资金是否支出作为评判的标准。

3. 长期待摊费用可能成为利润调节的“工具”

在会计核算中，但凡涉及“摊销”，一定与分摊周期、分摊方法、分摊基础有关。长期待摊费用摊销的基础简单明了，采用的是直线摊销法，有区别和变化的是摊销周期。

比如，已足额提取折旧的固定资产，产生的改建支出，属于长期待摊费用，我们按资产尚可使用年限摊销。问题是“尚可使用年限”的标准是什么？

在实务中，这由大家在合理范围内自行判断。

如果尚可使用年限更短，摊销金额自然就高，对损益的影响就大，反之就低。因为摊销年限是个“可选项”，公司也就具备了通过选择摊销期，调节利润的空间。

举例来说，在满足最低摊销期的要求下，公司自行确定资产大修理费用的摊销时间，我们以“五年期”和“十年期”为例。从图 4-40 中两种情况的对比可以看出，五年期摊销下的长期待摊费用对摊销期内损益影响的金额更高，同时，资产存在的时间更短。

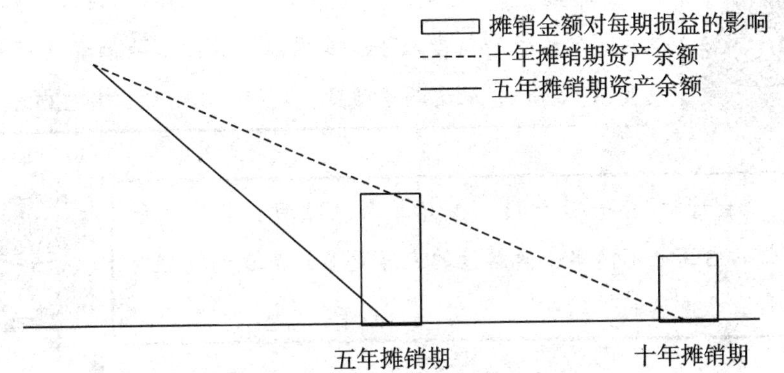

图 4-40　不同摊销期对长期待摊费用余额和损益影响的对比图

在公司预计未来盈利水平较高的情况下，自然会选择更短的时间摊销长期待摊费用，反之，则会选择更长的摊销期。

“算盘哥”：虽然从财务会计的角度看，长期待摊费用作为资产项目，有点“不伦不类”的意思，但在实务中，我们更应关注费用的摊销周期、方法和基础。

“会计叔”：我们只有从长期待摊费用核算的具体内容入手，才能掌握该项目真实的情况。特别是该项目“业务活动已发生，现金已支出，在未来才体现为成本”的经营特质，是我们把握长期待摊费用的关键。

六、冰火两重天的长期股权投资
无处不在的资产减值准备

“算盘哥”：首先，这两个资产项目的核算比较麻烦。其次，从经营的角度入手，其内涵应该比其他的资产项目更复杂。所以，从这两个项目，我们可以解读出哪些内容？

“会计叔”：一般来说，核算复杂的项目，其管理和经营的内涵也不简单，能解读的内容更多，是我们挖掘财务和业务信息的“富矿”。

（一）长期股权投资

要论非流动资产中核算最复杂的项目，长期股权投资绝对名列前茅——股权控制关系，初始确认和计量，后续计量方法的调整，投资收益的确认，处置时的会计处理，对合并报表的影响等内容，不论是在理论学习还是实务操作中，我们都得苦费一番脑筋。

为此，我们解读长期股权投资的时候“偷个懒”，不谈具体核算，而是从经营层面挖掘信息，站在远处观察长期股权投资，识其真面目。

1. 开展长期股权投资的公司，都有做大做强的“野心”

除了政策性的企业兼并、重组和股权投资，市场化的长期股权投资行为通常有六个目的。一是增强营销能力，比如生产企业收购销售企业，将销售渠道掌握在自己手中；二是降低生产成本，比如收购上游原材料供应商的股权，达到控制原材料价格的目的；三是“抱团取暖”，比如同一行业的两家公司，相互持有对方股权，形成公司联盟；四是降低或消除竞争，比如行业内的大公司收购小公司的股权，以避免恶性价格战；五是获取长期收益，通过收购成长预期空间较大的公司股权，获取持续增长的收益；六是占有稀缺资源，通过股权控制，获得被收购方的特许经营权，或是占有被收购方的土地使用权。

对上市公司来说，通过收购股权的方式控制其他公司，还能迅速扩大企业规模，提高收入，增加利润，借助资本的力量实现跨越式增长。如图4-41所示，公司的长期股权投资活动，极大地推进了公司市值的增长。同时，因为收购其他公司，合并报表口径下的收入增长率远高于“无收购行为下的收入增长率”。

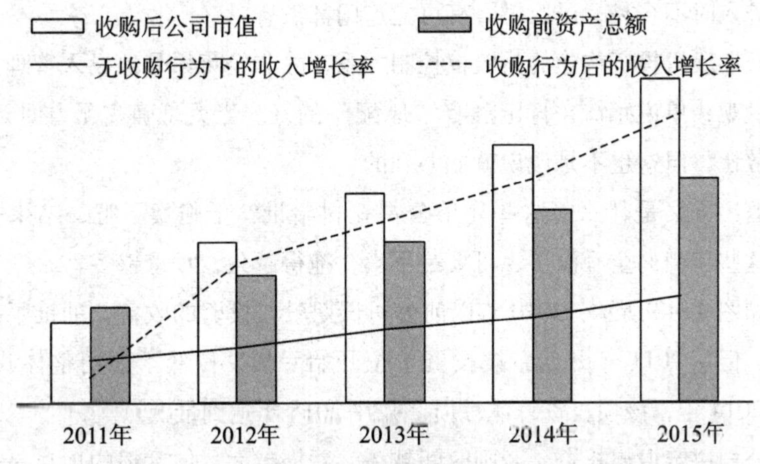

图4-41　长期股权投资行为与公司市值、收入增长关系图

从经营角度看，长期股权投资的内在逻辑是——与其劳力费心地投建生产线、建设销售渠道，不如控制其他公司或与其他公司合营、联营，从而“坐享其成”。

不论是靠积累实现“资本积聚”，还是靠整合实现“资本集中”，公司一定选择增长速度更快、支出更低的方式发展。长期股权投资也可以看作是更高层面的“成本管理”活动——用最少的支出，换最大的收益。

2. 长期股权投资的收益和风险双高，“天堂”“地狱”一线之隔

长期股权投资的“杠杆效应”，推动公司以几何级数的速度增长扩张，多少盛极一时的超级企业因此傲视群雄，却又因此轰然倒塌。

真是“成也长期股权投资，败也长期股权投资”。

通过股权收购，一个公司可以独霸整个产业链，而这样的股权关系，也使相关公司成了一条绳上的蚂蚱。经营好的时候，大家“同甘”，但要共渡难关时，却不一定能“共苦”。不同于交易性金融资产灵活的退出机制，长期股权投资使得双方经营、管理活动相互交叉，投资退出或处置时，可能是“壮士断腕”的场面。

进入时不容易，退出时，有可能连门都没有。

长期股权投资构建的是股权控制关系，除非经年累月地投入管理，改造价值观，单说感情，肯定没有“原配”的好。当大哥确实无力回天时，只能散伙，但这也不是说说就能办到的。

退出方案是什么？这些兄弟公司托付给谁？干脆卖了吧，结果一算账，这些年赚的全亏没了，可要是不卖，拖得越久，亏得越多。

如图 4-42 所示，2010 年以前公司长期股权投资的收益，助推了整体收益。但从 2011 年开始，被投资单位开始亏损，拉低了公司整体收益。到了 2014 年，该项投资总体亏损，并在 2015 年达到最低点。

公司决定退出投资，否则时间越久，亏损越大，但亏损的项目是很难退出的。

实在卖不掉，只能注销清算，看似干净利落，可砸断骨头连着筋。正如图中反映的情况，公司决定于 2013 年清算注销公司，但退出成本直接消耗了以前期间积累的收益。

曾有一家破产清算的公司，老板感慨整整这一年啥事都没做，光吵架打官司了，关键就是人员安置方案众口难调，甚至一些已经接受了赔偿方案的员工，想不通又回来接着闹。可要全都满足，成本高得惊人，这几年真白干了。

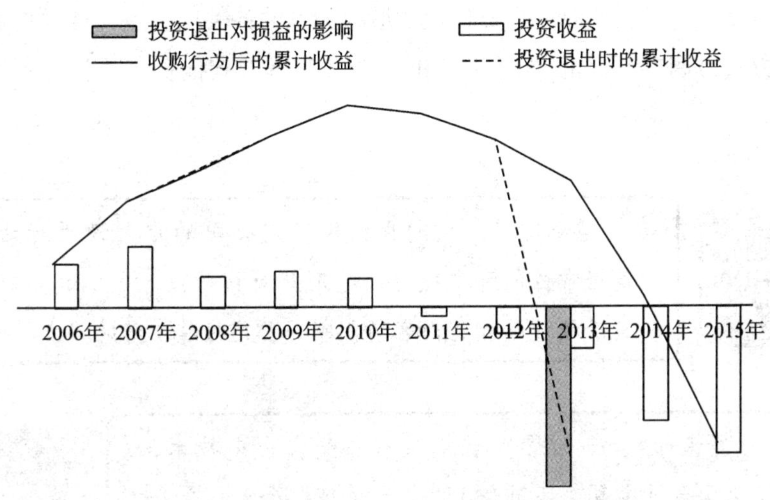

图 4-42　长期股权投资与公司收益关系图

所以，公司的长期股权投资决策，除了要考虑期初投资成本，还要设计股权退出路径和退出时点，以最坏的打算，做最好的准备。

3. 通过长期股权投资，公司利润调节的空间大、方式多

长期股权投资后续计量有成本法和权益法两种方式，成本法下确认投资收益的方式很简单，难点在于权益法。因为双方会计政策和会计期间存在差异，需要调整被投资方的资产价值和损益。比如，以公允价值重新计量取得的投资，就要调整资产相关的折旧和减值准备；发生未实现内部交易时，还要抵消双方交易涉及的损益内容。

这些为了准确核算投资收益的规则，有可能成为利润调节的工具。比如，权益法的关键是公允价值，但问题是如何取得公允价值，这些公允价值是否真的"公允"？我们知道，有些长期股权投资不是在开放市场中完成的交易，资产的公允价值来自"评估报告"——人为判断的结果。人为判断，受主观意识的影响。

再如，调整"未实现内部交易"，是为了剔除内部交易中重复计算的内容。如果无法判定内部交易的内容最终有没有转移到第三方，那么，需要调整多少以及如何调整，就可能成为利润调节的空间。

所以，基于长期股权投资构建的股权关系的各关联企业，通过内部交易的方式，调节利润的“能量”和“能力”远超其他资产项目对利润的影响。

“会计叔”：长期股权投资是公司的重大投资行为，不是经常性的资产项目，特别是对初始投入成本的界定，以及后续计量相关内容的判断，都是核算工作的难点。

“算盘哥”：如何管理长期股权投资，是个技术活。它不只是会计核算，还融合了人力、管理、生产、企业文化、政策法规，是一个系统性的大工程。

（二）资产减值准备

我们在报表中唯一能见到的“资产减值准备”，是在固定资产项下。其他资产的减值准备，不在报表中单独反映，而是作为对应资产的余额抵减项。资产减值准备在减少资产账面价值的同时，还影响当期损益（可能是正向的，也可能是负向的）。

从资产经济价值变化的一般规律看，只要是资产，都存在价值损耗的风险。比如货币资金，虽然准则不要求计提减值准备，但我们知道，货币时刻都处于通货膨胀的“减值”压力中。

这么看来，资产减值准备是经济概念下的会计内容，资产未来收益低于账面价值时（会计计量的金额），就要计提减值准备。

资产减值准备突出了会计谨慎性的要求，既不能高估资产（未来收益），也不能低估风险（未来支出）。问题是，我们判断资产的未来收益，是基于资产本身的盈利能力，还是经营活动的收益预期？

比如，按当前资产的市场价格测算，某公司的资产不需要计提减值准备。但该公司的业务处于盈利下行的通道中，公司经营整体受限，这种情况下，我们是否需要计提减值，如果是，又该如何计提资产的减值准备？

一种方法是，公司撰写行业分析报告，描述公司未来经营预期，得出应整体计提减值准备的结论。然后，在各资产项目中分配减值金额。虽然，这种方式客观地反映了公司未来盈利能力的变动趋势，但资产减值准备还是缺乏充分、完整的计提依据。

所以，资产减值准备给我们的终极考题是：资产负债表是否真实地表达了公司的权利和义务？而我们解读资产减值准备的意义就在于，甄别公司到底是“虚胖”还是“实壮”。

1. 计提资产减值准备是有底气的勇敢

首先，我们需要明确，资产减值准备不会影响公司现金流，但一定会影响损益，从而影响投资者对公司经营的满意度。所以，受托经营的职业经理人，在主观上，是不愿意干这事的。毕竟，经过一年的辛劳，资产价值不升反降了，股东会很不开心。

但作为公司老板，是需要了解资产真实价值的。毕竟，把报表做得花团锦簇，编造出一副欣欣向荣的样子给自己看，一点意思都没有。但老板掌握资产价值的真实情况，不一定要在财务报告上体现，毕竟，报表是要拿给合伙人和股东看的，如果影响了大家的信心，公司的后续发展也会受阻。正如图 4-43 所展示的三种情况，随着减值准备计提金额的上升，公司净利润和股价快速下降。

不论是主观还是客观，公司都不愿意自曝家丑，自揭伤疤。

所以，但凡能计提减值准备的公司，光是直面现实的勇气，就值得称道。

当然，在实操过程中，一家公司光有“勇气”还不行，还得有“底气”。

比如，公司为了获得第二、三、四、五轮融资，正苦苦支撑业绩，自然不敢暴露资产减值的情况。毕竟，就算投资者认可管理层客观反映资产价值的职业操守，但也不会就此认同公司未来盈利能力。

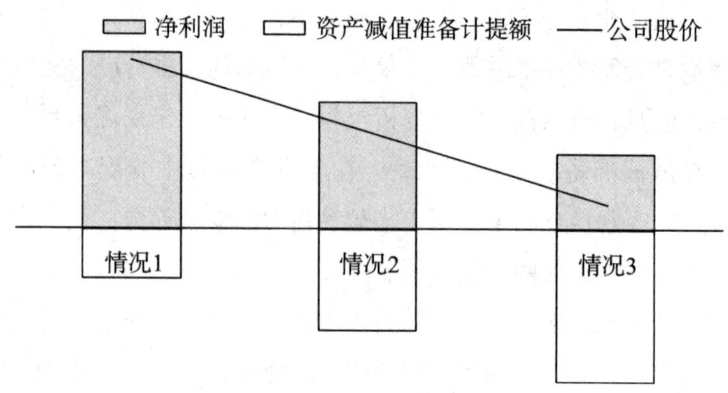

图 4-43　资产减值准备对净利润和股价影响

减值准备就是“富人家”的孩子，往往是越有“钱”越敢提，越“穷”越不敢提。公司经营得好，计提资产减值时利润扛得住，如果经营吃力，实在不敢雪上加霜，除非是为了后期业绩，本期通过减值准备“洗大澡”。

说到底，计提资产减值准备，一定是有底气的勇敢行为。

2. 计提减值准备是从市场角度审视资产价值的过程

资产为了创造收益而存在，不能创造收益的资产，除了本身对损益的影响（折旧、摊销），还会消耗管理成本（资产实体存在就需要管理）。

失去价值创造功能的资产给公司带来双重伤害。

只有在市场环境中，公司业绩才能被合理地评价，同理，只有在市场中评价资产，才能看出资产账面价值和现时价值的差异。

举例来说，公司拥有一套车床设备，没有非正常损耗，也不存在技术进步被淘汰的风险。但车床生产的产品，预期已没有客户需求，那么作为生产工具的车床，就应全额计提减值。

好比图 4-44 中展现的资产市场价值和账面价值的关系，按照历史成本计价确认的资产价值，只反映稳定的市场环境和经营状态下，资产价值变动的一般规律。在瞬息万变的市场中，资产的市场价值是起伏不定的，如图中展示的走势，随着时间的迁移，资产的市场价值迅速下降。

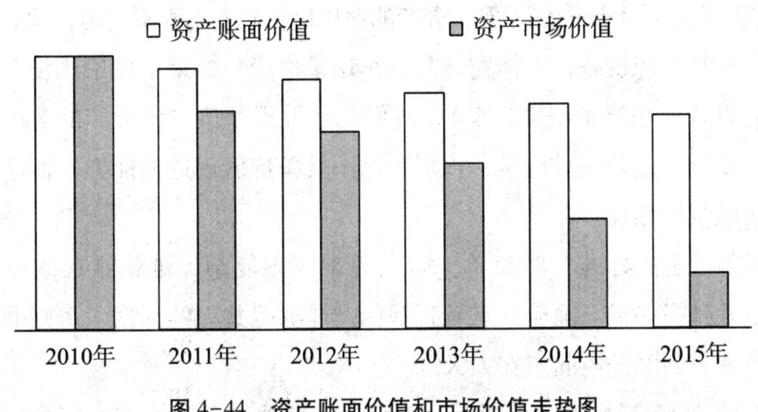

图 4-44　资产账面价值和市场价值走势图

会计以货币计量的方式反映经济活动，所以，资产不能创造价值时，就应调减资产的账面余额，这个逻辑正确并可行。

会计需要从市场角度评价资产的价值；作为老板，应该站在战略的高度，认识资产减值的风险；作为业务部门，应第一时间掌握市场变化的信息；对股东来说，则要树立资产随时都处于减值风险中的投资理念。

3. 资产减值准备是公司利润的秘密储备

会计判断资产减值的条件有三个：一是资产已经或将要被闲置、终止使用或提前处置；二是资产陈旧过时或实体已损坏；三是资产市价大幅下跌，而且是超过正常时间推移的下跌。

我们从经营的角度，进一步理解这三个条件。

第一，对已经或将要闲置不用的固定资产，最好的处理方式是卖掉，而且越快越好。虽然，不论处置还是计提减值，都会对损益造成影响，但资产已经失去使用价值，若不及时处置，不过是掩耳盗铃。

第二，陈旧过时或实体已损坏的资产，除了确实无法通过维修恢复其使用价值的资产，最好的处理方式是维修。如果我们对陈旧过时或实体已损坏的资产既不修也不补，而是直接计提减值准备，说明我们抱着“用完了事”的心态继续使用资产。

第三，资产市价大幅下跌需要计提资产减值，这是从资产市价的角度判断价值变化，然而，这恰恰是最不好界定的标准。由于市价下跌，所以计提减值，在逻辑上没问题，但从资产的使用价值出发，则不一定合理。

比如某生产设备，实体完好且持续用于生产，如果市场中已没有这种型号的设备（相当于市价为零），我们全额计提减值，该资产的账面价值为零。投资者的第一反应是，该资产已不具备价值创造的能力，而这就与实际情况截然相反。

减值准备的标准看似简单，运用起来实则复杂，难就难在该不该计提，以及计提多少。除非是具有直观的、能取得共识的证据，否则通过减值准备调节利润的空间实在太大。

如图 4-45 展示的三种情况，因为资产减值准备的调整空间大，利润调节的可能性就多。当公司利润偏高，想要隐藏业绩时，可以多计提减值准备，这时就存在资产价值低估的风险。

真正会带来损失的是“高估风险”，好比情况 3，资产的减值迹象已出现，公司却少计提减值，导致会计信息无法反映经营风险，将来转化为财务风险时，很可能导致公司利润“断崖式”下滑，甚至导致公司“猝死”。

所以，从财务的角度看，资产减值准备计提多少，直接影响对应资产的价值，进而影响公司未来的收益。从经营的角度看，少计提减值准备反映了公司对风险预判不足，容易在经营决策中做出错误的判断，甚至误导公司中、长期战略规划。

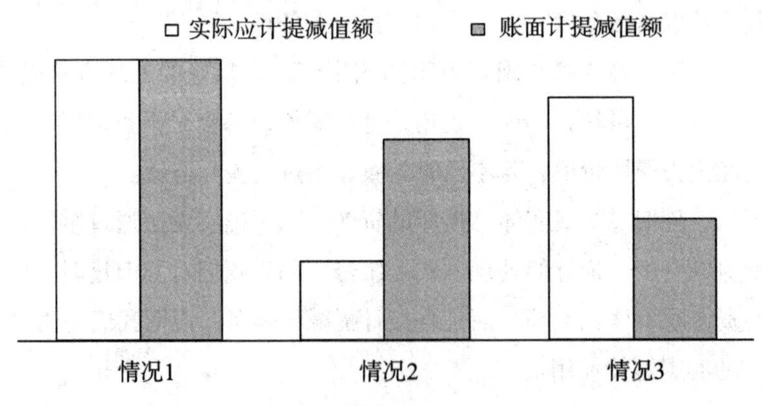

图 4-45　资产减值准备计提的三种情况对比图

4. 计提减值准备时资产实际价值已损失

实务中，资产的减值准备是基于资产当前或未来价值的判断，调整和修正资产账面价值。未来才会发生的事，有太多可能，“减值”不一定导致损失，但在实务中，通过可靠证据反映的价值变化，多半就是“确定”的损失。

所以，已反映为资产减值准备的内容，可以理解为未来价值下跌的“现时”表现，只是资产交易或处置活动尚未实施，暂时将其放置在资产减值准备项目中。

“算盘哥”：减值准备从财务角度看，降低了当期收益，但从经营角度看，可以反映公司资产的风险管控点。

“会计叔”：的确如此，资产的“减值”提或不提，就在那里，不增不减，对资产减值掩耳盗铃、避而不见，终究会付出代价，不如及早发现、及早处理。

七、最不省心的在建工程实为“融资”的长期应收款

“算盘哥”：在建工程是我们常见的资产项目，长期应收款也不陌生，二者的经济内涵差异比较大，我们对其的分析方法可以一样吗？

“会计叔”：世间万物均有联系，虽然我们不能用完全一样的方法，分析这两个项目个性化的内容，但我们把握经营内涵和生意逻辑的思路，却是不变的。

（一）在建工程

在建工程反映的是固定资产在尚未完工阶段，因为新建、改建、扩建，或技术改造、设备更新和大修理而发生的支出。在建工程最终对应的是固定资产，以此为出发点，我们可以挖掘在建工程的主要特征。

在实务中，未完成的项目，都有可能被模糊地称为“在建工程”。实际上，在建工程是有明确产权界定的概念，只有资产的最终所有者，才能在报表中反映“在建工程”。

在建工程有两个特征，一是作为资产相关支出的“中间结转项目”，在报表项目中单独列示，其本质是对固定资产投产前相关支出的归集；二是在建工程是建造、重构固定资产的关键步骤，在本质上，区别于资产日常维护管理。

1. 在建工程项目归集的是因为“在建工程”出现而发生的各项支出

从产权关系看，在建工程完成后的资产，最终属于公司所有，但在建

工程的实施过程不一定由公司自行完成。比如，房屋大修理这种高技术、重劳力的项目，除非公司本身就是建筑企业，否则不可能自行完成。所以，在建工程项目归集的支出，可能包括分包成本、材料成本及其他生产辅助费用。

因为“在建工程”而发生的支出，当然应该计入在建工程项目。

我们设想一种情况，某公司会计在办公楼更新改造工程中，被委任为该项目的专职会计，请问，他的人工成本是否计入在建工程?

观点一：应该计入。因为该会计为在建项目提供了服务，对应的人工支出，就是在建工程归集的对象。

观点二：不能计入。因为会计提供的核算服务具有普遍性，核算在建项目只是工作内容的调整，即使没有在建项目，公司仍需要向该会计支付人工成本。

那么，哪种观点是正确的?

从成本归集的角度看，第一种观点是正确的。按照成本分配的理念，不论是经营还是管理，都可以对应具体的业务行为，而业务行为归属具体的业务内容。然而，从支付会计人工成本的方式来看，第二种观点是正确的。公司没有开展在建项目时，会计也会获得同样的薪酬，会计的人工支出不是因为在建项目才出现的，二者没有必然的因果联系。

在实务中，我们通常选择第二种处理方式。

所以，在建工程归集支出的范围是，那些与在建项目存在“一对一”因果关系的支出。

对于采用外包方式建造的在建项目，因为支出形式单一（分包成本），不存在如何归集的问题。但对自行建造的在建项目来说，成本归集确实存在判断和选择的问题。

如图 4-47 所示，归集范围较小时，在建工程账面价值低于实际支出；如果归集范围过大，则会超过项目的实际支出。所以，我们在项目立项时，就应注意界定成本归集的范围和方法，避免项目完工时低估或虚增固定资产价值。

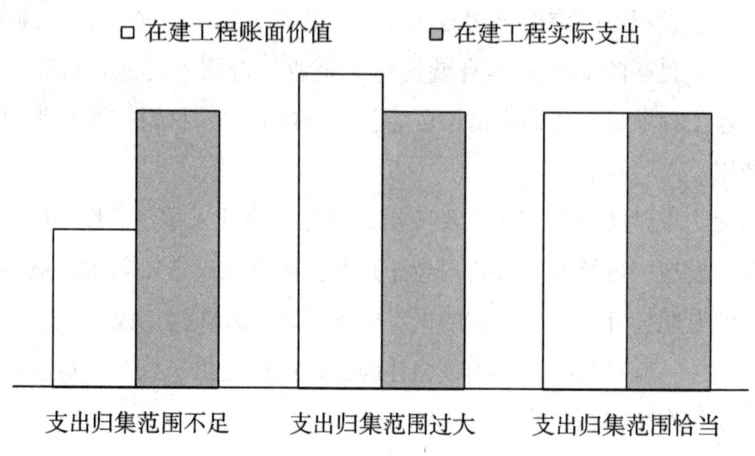

图 4-47 在建工程支出归集范围对账面价值和实际支出情况对比图

2. 在建工程的风险集中于项目建造进度和建造质量

在建工程是固定资产形成前的状态，与生产经营直接相关的在建工程，本质上都是对资产的重构（整体或部分）。好比初生的生命，长得好不好，破壳而出前的阶段至关重要。

从生产的角度看，在建工程是对资产物理形态的“创新”。创新的第一步是“破坏”，先打破原有物理结构，再建立新的存在形态；第二步是提升，在某个方面提升资产的生产效率；第三步是调整，因为生产工具会改变劳动者的行为方式，只有不断地优化，才能发挥资产的最大功能。

如图 4-48 所示，建造过程是决定资产质量（物理形态和功能）的关键阶段。一般说来，在质量有保证的前提下，在建项目的实施周期越短，对生产效率的影响越小，建成后资产契合生产的程度越高。

同时，在建工程质量对建成后资产的使用价值影响巨大，一是资产的物理完整性和运行稳定性，二是建造完成后资产的使用效率。为了确保资产有效运转，一些大型设备安装的同时，还会同步培养和训练操作团队。

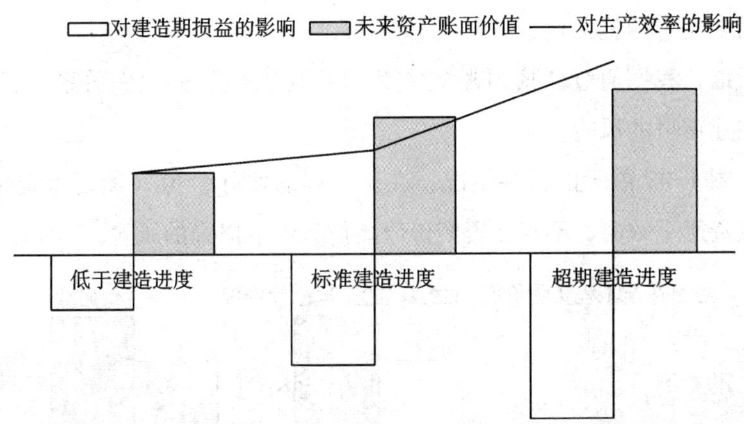

图 4-48　不同建造进度对损益和资产价值的影响图

在建工程一旦启动，建造进度是我们首要关注的内容，在保障质量的前提下，尽快完成项目建设，这也体现了在建工程的管理原则——尽快投入生产运营，及早创造价值。

3. 在建工程影响未来损益，控制风险的抓手是应付账款

在建工程归集的是资产形成前的建造支出，一端连接的是工程物资、人工成本、建造费用等具体内容；另一端连接的是建造完成后的资产内容。在建工程相关支出，通常作资本化处理，建造完成后以折旧的方式，计入成本、费用。

相对复杂的核算过程，体现出在建工程的经营风险。举例来说，在房屋建筑物的建造过程中，必然会经历不同环节的工程审计。审计内容关注施工质量、预算执行和工程进度。虽然工程审计贯穿项目全过程，但仍有说不清、道不明的支出，这些往往在完工时点才会被发现。

从风险管控角度出发，我们管控在建工程的具体抓手，是控制与在建项目相关的“负债”。我们举一个极端的例子，在项目建造过程中，公司不支付资金，而是将应支付的内容，计入应付账款、应付票据或应付职工薪酬。直到工程审计定案后，再根据最终确定的金额支出现金，同时，调整在建工程转入固定资产的金额，以此控制不合规内容的损失。

但在实务中，公司不可能拖延如此长的账期，现实的做法是，与施工方（供应商）约定最低付款额，按进度付款，待工程审计定案完成后，再

补足尚未支付的施工费、材料款。

所以，我们通过“应付账款”和“在建工程”的比例关系，就可以看出在建项目的风险。

如图 4-49 展示的三种情况，在建工程的实际价值（项目审定金额）与已投资额一致时，不存在资产价值高估和现金损失的风险。

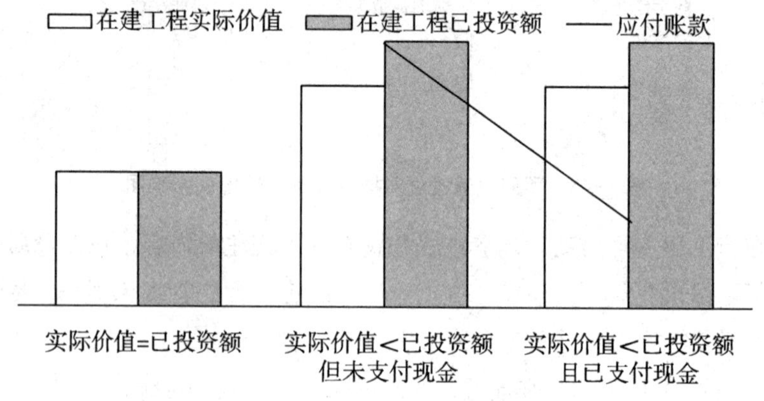

图 4-49　应付账款对在建项目风险控制的关系图

如果在建项目的已投资额，超过在建工程的实际价值，就存在价值高估的风险，如果对应的现金没有支付，价值高估风险就不会转化为财务损失，那么，风险还能被控制。

如果在建项目的已投资额对应的资金，已全部或部分支出，那么资产价值被高估的风险，就在现金流出公司的情况下“坐实”，此时，不论经营风险还是财务风险，都已成为公司的现实损失。

4. 在建工程的建设过程也是投资与筹资同时进行的过程

在建工程相关的经营活动属于投资行为，小型资产的建造、改建或大修，公司能通过自有资金解决。但是，大型项目的建设，会涉及筹集资金相关的工作，以保证项目建设的资金供给。

筹资产生的借款利息，也是在建工程归集的内容。对在建项目来说，利息的资本化和费用化的标准很明确，而项目是否需要筹资，以及筹资多少才是关键。

情况一：自有资金完全无法支撑项目建设时，公司必须筹资。

情况二：自有资金部分保证项目资金需求时，该如何做筹资决策？这种情况，我们分三步完成：第一步，测算自有资金获利能力（单位资金利润率）；第二步，比较自有资金利润率与贷款利率；第三步，按权重计算最佳贷款额（自有资金获利额减去贷款利息后，结余数最大时的筹资比例）。不同筹资比例对公司收益的影响见图 4-50。

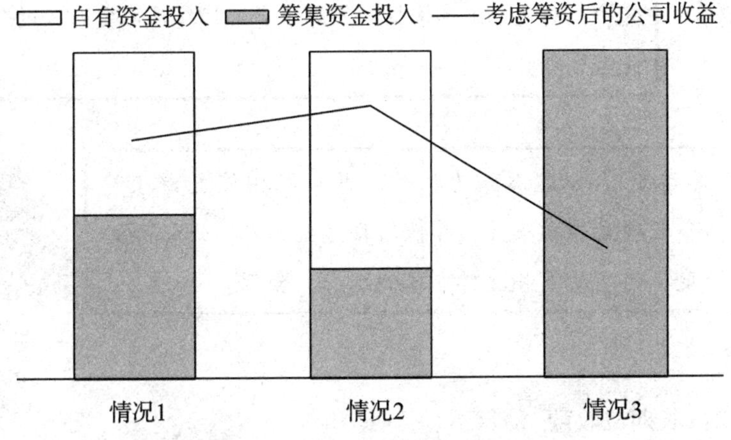

图 4-50　不同筹资比例对公司收益的影响图

比如，公司自有资金 100 万元，为在建工程最多可供给 30 万元，但在建工程需要 50 万元的资金投入。同时，自有资金利润率为 5%，贷款利率 3%。那么，不同的筹资额度，对公司收益的影响如表 4-2 所示。可以看出，在自有资金利润率超过筹资利率时，借款投入在建项目是划算的，如果情况相反，则应扩大在建项目的自有资金投入。

表 4-2　　不同筹资比例下公司收益的对比图

项目	自有资金投入额	筹集资金借款额	公司收益
方案一	0 万元	50 万元	3.5 万元
方案二	10 万元	40 万元	3.3 万元
方案三	20 万元	30 万元	3.1 万元
方案四	30 万元	20 万元	2.9 万元

所以，在启动在建项目前，最重要的工作是确定相应的筹资策略，目的就是以最低的成本，办最多的事。

“会计叔”：在建工程项目的特殊性，在于专业的建造过程。我们应该从三个方面入手分析：一是项目支出与在建项目的逻辑关系；二是在建工程确认入账时，是否具备充分、完整的业务依据；三是在建工程转入固定资产的价值是否合理。

“算盘哥”：以这三点为基础，再确保相关支出及时入账，合理确定筹资决策，降低项目建造成本，保证项目时间进度、建造质量和支付内容的准确、合理。

（二）长期应收款

长期应收款属于非流动资产项目，反映收款时间在一年以上的应收债权。那么，账龄超过一年的应收账款，也是长期应收款？

“账龄”不是区分长期应收款和应收账款的标准，而是这两个资产项目对应经济活动的内涵。

比如，融资租赁和分期收款业务，合同约定在超过一年的时间内分期收款。这种持续时间一年以上，具有融资性质的经济业务，对应的应收债权才是长期应收款。

假设公司签订了一个三年期设备租赁合同（经营租赁），每年支付 10 万元的租赁费，三年共计 30 万元，这 30 万元是不是长期应收款？

虽然合同约定的支付时间长达三年，但租赁费的基础是承租方每年续租该设备，且按期履行支付义务，对于每年 10 万元的租金来说，其本质上还是每年的应收债权。

如果公司签订的是融资租赁合同，设备交付客户时，主要风险和报酬发生转移，本质上，是将资产出售给了对方，对应的应收债权包括了资产的“售价”和“未实现融资收益”。这样的业务，体现了分期付款购买资产并支付利息的本质。对应这种业务的债权才是长期应收款。

所以，长期应收款通常是包含了融资内涵的应收债权，我们可以从四个方面挖掘长期应收款的业务和财务信息。

1. 长期应收款对应的是特殊经济内涵的业务

从核算的金额看，长期应收款反映的是经济业务的“名义收款额”。我们知道，具有融资性质的应收债权，需要将名义收款额转化为实际收款额，这反映出长期应收款对应业务具有融资内容的特征。

我们知道融资活动，是公司“缺钱”时的行为，但“借钱”并非只能通过银行贷款、发行债券的方式解决。比如，延迟支付供应商货款，本质上就是向供应商“借钱”，以此类推，凡是占用其他公司资金的行为，都能达到融资的目的，都属于融资活动。长期应收账款核算的内容，反映的就是销售方（债权方）向购货方（债务方）提供融资的经济实质。

我们看到长期应收款，第一反应就会想到融资，对应的业务涉及名义收款额、实际收款额，需要在各个期间调整“未实现融资收益”，并确认财务收益。

2. 长期应收款的风险不一定高于应收账款

一般说来，账龄越长，债权回收的风险越大。按这个逻辑，长期应收款的回款风险一定高于应收账款？

不一定。因为账龄体现了公司收款效率，但能否收回债权，关键还与客户的支付能力有关，而长期应收款所反映的经济业务，本身就有甄别和筛选客户的功能。

比如，航空公司采用融资租赁的方式“购置”飞机，波音公司向中国国航提供747客机5年（一般是3~10年的租赁时间）的融资租赁业务，在这5年的时间里，中国国航定期支付等额的租赁款。

理论上，在这5年的回款期内，波音公司确实有债权不能收回的风险，但发生的概率很小。

第一，航空公司本身持续的现金流保证了到期偿付的资金；第二，飞机融资租赁通常采用杠杆租赁模式，保险公司、银行和各类基金，都是该笔融资业务的参与者，对波音公司来说，回款有资金保障且风险被分散。

也就是说，以融资租赁为代表的具有融资性质的业务，在业务启动阶段就甄别了客户的支付能力，并借助金融工具，保证业务到期回款。

3. 长期应收款是公司扩大产品销量的重要手段

应收账款的应用场景是，授予客户账期，减轻客户资金压力的同时，扩大公司产品销量。

应收账款对应的是充分竞争市场中的业务，而长期应收款对应的业务有以下特征：

第一，产品具有明显的排他性，在功能、市场和客户中，至少有一样具有不可取代性；第二，产品的生产者寡头垄断，比如商用客机制造商，全世界就那么几家；第三，产品定价权基本由生产商决定；第四，该产品是购买方必需的生产工具或生产资料；第五，产品售价极高，不可能全款购买。

一般的，不具备以上五个条件，也就无须通过融资方式购买，就不太会出现长期应收款。而恰恰也是这五个特征，使得购买这样的产品，所需的资金量极大，除非分期付款，否则难以购置。

长期应收款具有扩大此类产品销售的功能。

不同的是，长期应收款的核算更复杂。一是长期应收款对应的经济业务具有融资内容；二是需要按折现率确定实际收款额，并计算“未确认融资收益”对各期损益的影响；三是长期应收款对应的业务，从本质上区别于应收账款对应的常规销售业务。

虽然，应收账款和长期应收款的经营逻辑都是为了扩大销售，但应收账款产生的资金成本（被占用资金的收益）由销售方承担，而长期应收款则是以“融资费用”的方式转嫁给了客户，这是二者在资金角度的最大区别。

“会计叔”：看来长期应收款项目，一定会对应非常规的业务，我们应注意其与普通销售、建造和服务业务的区别。

“算盘哥”：而且，我们还应关注“折现率”的标准是否合理，每期结转“未实现融资收益”的计算过程是否准确，并关注长期应收款是否能定期收回等问题。

八、深藏不露的“商誉”活力四射的生产性生物资产

（一）商誉

商誉，是指公司预期获利能力超过可辨认资产正常获利能力的资本化价值。这是商誉的定义，基本上，我们看到就昏掉了，因为定义里的每一项内容，都需要专业判断。

第一，“可辨认资产”指的是资产负债表中反映的“资产”，还是真实用于经营活动的资产？第二，对不同公司来说，“正常获利能力”的评价标准不同，即使同一个公司，在不同发展阶段，“正常获利能力”也是不断变化的。第三，“资本化价值”需要考虑资本化率、资本化期间以及每期资本化的基数，这些也是需要专业判断的内容。

可以说，根据商誉的定义进行实务操作的难度相当大，我们唯一能抓的关键是“可辨认资产”和“超越正常获利能力”。以此我们将商誉视为看不见、摸不着，但又时刻影响经营的“资产”，这样的“资产”可能是品牌影响力、可能是运营能力、也可能是卓越的管理团队，总之，不是通常意义的、有形的、经济价值独立存在的资产。

不论“外购”还是“自创”产生的商誉，都是基于超过正常获利能力而产生的。所以，商誉也是公司盈利能力的综合评价指标，有形的资产和产品、无形的管理和服务，都可能通过商誉价值的变化体现。

所以，我们挖掘商誉的会计信息时，要从公司整体的高度入手。

1. 商誉比无形资产更“无形”，商誉的确认和计量是个难点

商誉最早是一个商业词汇，19 世纪晚期开始运用于会计领域，通常是在产权交易时，记录和反映公允价值与账面价值之间的差额。可见，商誉并非来自会计理论；商誉的计量与资产的公允价值有关；商誉在股权交

易过程中体现出来。

会计准则对商誉的确认和计量有明确的规定，准确地说，应该是“外购”商誉的确认和计量规则是明确的。目前的会计准则，对自制商誉是不确认的——因为无法确认。

举例来说，某公司经营业绩领先于其他同业公司，可能有三个原因：一是产品质量好、品牌影响力大；二是运营效率高；三是管理能力强。然而，在历史成本法下，我们无法通过资产价值的变化反映以上内容。

即使我们采用公允价值或其他计量方式，试图突破计量方式的限制，但如何找到与商誉相关的业务和财务信息，并以普遍认可的标准确认和记录资产的价值，仍是充满争议的问题。

所以，在股权交易时，我们将无法归属于具体资产项目的“超额价值”确认为商誉，商誉在这时才体现为“资产”。股权交易中的“投资溢价”被确认为商誉，避开了如何计量的麻烦，但如何认定自制商誉的价值，仍是未解决的问题。

如图 4-51 所示，一些基于互联网创业的公司，按传统的资产价值评价标准，都是“轻资产”的小公司，但要是考虑了未来盈利能力，这些公司的可能性远超传统行业内的大公司。

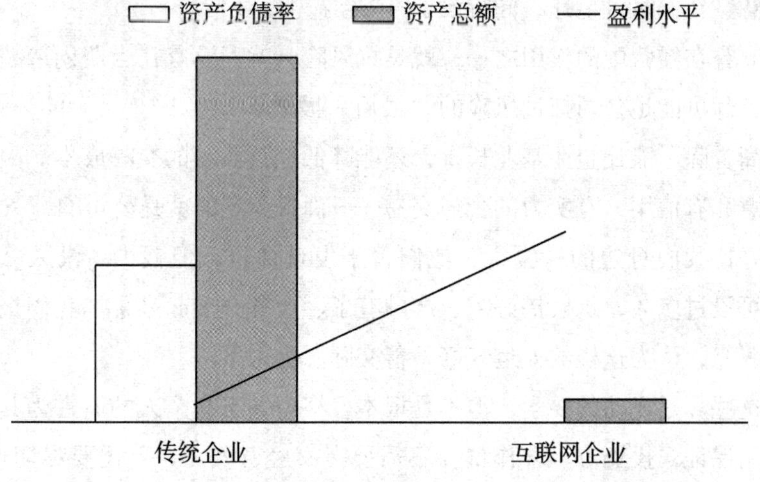

图 4-51　互联网企业与传统企业资产、负债和盈利水平的比较图

因为缺乏对商誉价值计量的方法，无法反映这些“公司”的资产价值，使其很难取得债务类融资。这就是为什么创新创业类的公司，常常是以股权的方式取得融资（风险投资或在创业板上市）。

2. 商誉看起来很“虚”，其实很实在

通常情况下，老板最关心货币资金，因为资金是公司经营的“血液”，同时，老板也关注各类实物资产，因为实物资产是生产的工具、原材料和经营成果。但老板很少关注，无法衡量价值的“资产”，倒不是不愿关注，而是找不到定量评价的标准。

商誉能给企业带来“超额利润”，但商誉价值难以衡量，无法直观地感知。那么，问题来了——公司是否愿意为了提高看不见的商誉的价值，而购买高品质的原材料，增加管理成本，以提升交付质量和品牌的影响力？同时，在这个过程中，公司当期业绩很可能因为成本上升而降低。而且，即使做了上面这些工作，商誉价值也不一定能如期提升。

换句话说，公司敢不敢冒风险，用现在的收益换未来的预期？这应该是公司最难判断的选择题了。

通常，大部分公司选择放弃，那些没放弃的，都成了百年老字号。有朋友会说，“老字号”们当年不一定比同行们挣得多，有什么意义？

意义在于时过境迁，同行没了，“老字号”还活着。

商誉在经营中的作用之一，就是抗风险，就算没有在当期创造超额的利润，却可能是公司扛过风险的“最后一根稻草”。

商誉除了能让企业基业长青，还能降低经营活动的交易成本。因为谁都愿意和有信用、有实力的公司交易——商誉体现的就是公司的“人品”。

好比我们身边的一类人，他们善于发现商机，但钱少、没人、缺产品，可没过多久，班底搭好了、产品有了、业务开展起来了。我们报以羡慕的眼光，认为这样的人运气好、善交际、会来事。

这些算是成功的要素，但不是根本。根本在于这个人的商誉为其提供了信用保证，投资方、合作伙伴不需要考察经营实力、不需要尽职调查、不需要风险保证金，商誉就是最好的保证。

个人的商誉靠的是日积月累信守承诺，敢于担当的勇气与实力。公司积累商誉的过程则更复杂，需要经年累月地打造管理团队，提升运营能力，持续不断地创新，并坚守产品的质量和服务的水准，即使生意会亏，仍按合同履约，即使增加成本也要保证产品交付。

商誉的价值越高，生意越容易做，关键时候，还能抗风险，渡过市场萎缩的难关，这比赚了多少钱，拥有多少实物资产更实在。

最不好计量的商誉，或许是公司最宝贵的资产。

3. 商誉是“慢热快冷”型资产，珍贵又脆弱

资产使用价值和经济价值的评价标准越明确，越利于资产的定价。所以，广泛存在于公开市场中的资产，更容易定价，定价标准也更合理。但这一规律对商誉不适用，因为商誉依附于其他资产而存在，与公司运营能力和盈利能力密切相关，即使其他资产项目能准确定价，也不能因此就确定出商誉的价值。

换言之，商誉不会独立存在，所以，无法单独计量、单独交易。

举例来说，我们收购两家资产相同的餐馆，前者默默无闻，但后者牌子响、影响大。在其他条件一致的情况下，后者的收购价一定高于前者。

因为我们要为品牌影响力付费。

然而问题在于，我们为商誉多支付的费用（收购溢价），一定能创造超额利润吗？

这可不一定。因为，通过收购取得的商誉，只代表公司具备了获取超额利润的可能。从这个角度看，如果不能维系餐馆的品牌价值，倒不如收购没有商誉的餐馆，虽然没有获取超额利润的可能，但也不会承担过高的收购对价。

商誉除了影响收购价格，其本身就是使用难度极高的资产，在“使用过程”中有明显的排他性。比如，普通轿车是人人都能操作的，但要是特种作业车辆，非专业人员绝无法使用。以此类推，公司存在各种复杂的资产，有些甚至复杂到公司也难以驾驭。

商誉就属于难以驾驭的资产。

普通的资产“玩”不好，顶多不创造价值，但商誉要是“玩”不好，就迅速贬值。举例来说，公司收购了某品牌，除非能保持该品牌的品质，否则，通过品牌表现出的商誉价值，就会不断衰减。

对商誉来说，不仅得“玩”，还必须“玩”好，要是没几下就给“玩”坏了，几千万上亿元的收购款，就会打了水漂，交了“学费”。

公司收购内容涉及商誉时，我们可以问三个问题：第一，如果没有商誉，公司收购项目能否创造预期的收益？第二，如果自己建立同样的商誉，花费的成本相对于收购来说孰高孰低？第三，对外购买的商誉，会不会水土不服，公司能否“玩”得转？

“会计叔”：这么看来，商誉的“人格化”特征非常明显。企业的竞争力，往往就蕴含在这些不能物化的资产项目中，我们不能单从经济指标评价。

“算盘哥”：这些无法物化的资产，是公司高于行业平均盈利能力的外在表现，不论是通过外购取得的商誉，还是自创获得的商誉，公司都能通过其获取超额利润。

（二）生产性生物资产

生产性生物资产是种植业、畜牧业企业常见的资产项目。生产性生物资产的应用领域特殊，核算方式也很特别，属于小众的资产项目。不仅如此，生产性生物资产的内涵多、结构复杂——植物和动物有区别、禽类和畜类有区别、以肉为产品和以奶为产品的畜类也有区别……生产性生物资产是特殊的、个性化的资产项目。

1. 生产性生物资产以生长阶段划分确定资本化和费用化的标准

若是将生产性生物资产，视为具有生命的“固定资产”，培育阶段就属于“在建工程”期间，当生物资产达到可“生产”的状态时（果树结果、绵羊出毛），就确认为生产性生物资产。

生产性生物资产相关的支出，也存在资本化和费用化的问题。简单地说，靠人工养殖才能存活的阶段（生长期），全部资本化处理；靠自然生长即可存活的阶段（成长期），既有费用化也有资本化的处理；进入稳定生产阶段后（成熟期），则全部费用化处理。

如图 4-52 所示，在生物资产生命周期的“两端”，婴幼儿阶段的支出做资本化处理，成人阶段做费用化处理。青年阶段则是摊销前期资本化支出（费用化）的同时，当期支出再资本化处理。

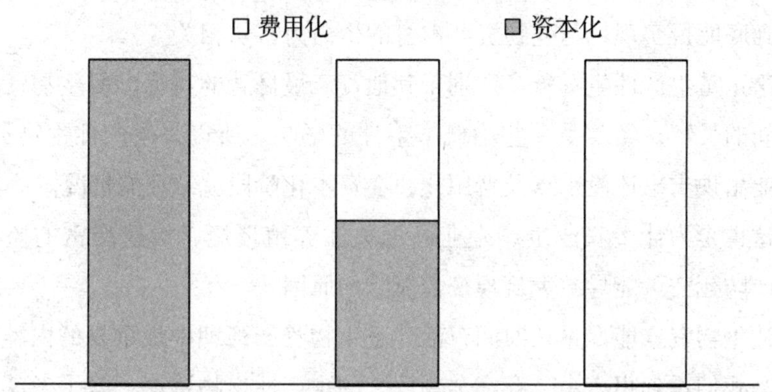

图 4-52　生产性生物资产不同阶段资本化和费用化对比图

生产性生物资产的特殊之处，就在于“青年阶段”支出的处理方式，一方面按折旧年限摊销前期资本化的支出；另一方面，新增支出部分继续资本化。这意味着，进入成长期的生物资产，每年都会重新调整摊销计提基数和折旧年限。

真正的难点，在于如何认定生物资产所处生命周期的阶段。

一般来讲，类别确定的生物资产，生命周期的界定标准是确定的，其作用是为了统一标准、避免争议。比如，统一规定 14～16 月龄阶段是奶牛的生长期，17～24 月龄阶段则是成长期，这样就不能因为有的奶牛长得快，就提前确认生长周期，有的奶牛长得慢，就延迟确认。

除了统一标准，根据生命周期划分的时间，还是生物资产的折旧年限标准，比如，林木类生物资产的折旧年限是十年，畜类是三年。从生产的角度理解，林木至少需要十年，畜类至少三年的时间，才能持续产出农业产品。

然而，真正决定生物资产生命周期的基础，并非是人为制定的标准，而是该生物能存活的时间。

2. 生产性生物资产实际可使用年限取决于自身生命力

对生产性生物资产来说，如果它死了——那么就真的没了。会计准则规定的生产性生物资产的折旧年限、生产期都是经验值，或者说是个预期，到底能否实现，与生物资产本身的生命力密切相关。

这正是生产性生物资产区别于其他资产最显著的特征，而生物资产存活时间的长短，经常受一些小概率事件的影响。所以，生产性生物资产，很可能出现支出还没来得及费用化，在资本化阶段就结束的情况。

这也是为什么农业生产企业高度关注养殖环境，构建严密的监控体系，严防死守可能导致大规模疫情风险的原因。

让生物资产能尽量长时间存活，是生物资产管理中最重要的内容。同理，当我们看到报表中，存在金额巨大的生产性生物资产，除了考虑其未来盈利的预期，更要考虑巨额损失的风险。

3. 公允价值计量更适合生产性生物资产

目前，我们以历史成本法计量生产性生物资产。

资产物理形态的存在是经济价值存在的基础，会计信息通过计量经济价值的变化，反映资产物理形态和使用功能的变化。但生物资产的物理形态是波动且变化的，以历史成本法计量，缺乏稳定的物质基础。生物资产的物质存在特性，决定了公允价值的计量方式，更适合反映生产性生物资产的经济价值。

在国内南部地区种植荔枝的投入，一定低于北方地区。在历史成本法下，因为北方地区的种植成本更高，北方荔枝树通过生产性生物资产反映出的账面价值，很可能高于南方荔枝树的账面价值，如图 4-53 所示。

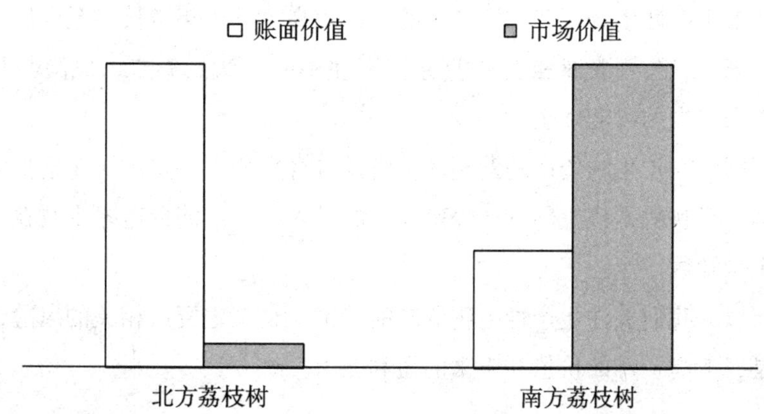

图 4-53 北方荔枝树和南方荔枝树账面价值、市场价值对比图

但账面价值不等于市场价值、经济价值或使用价值，北方完全不适合种植荔枝，就算千辛万苦种植成功（活了下来），到了成熟期，既不开花也不结果，除了砍柴烧，实在没多大用处。

请问，若是按照公允价值计量的方式评价该生物资产，北方的这几棵荔枝树价值几何？有可能，约等于零。

所以，公允价值才能客观反映生产性生物资产的“现时”价值，况且，作为付出不一定有回报的资产，用历史成本法计量生产性生物资产，确实不太合适。

当然，有朋友说，公允价值计量下的生产性生物资产，将失去统一的评价标准。这看起来是个问题，实际上，资产价值的最佳评价标准，就是来自市场。

纵使公允价值千般好，但目前还没有广泛地应用，关键在于没有统一的生产性生物资产交易市场，缺乏普遍适用的定价标准。鉴于此，我们还得继续使用历史成本法计量资产价值。

4. 在实务中，应更多地从风险角度审视生产性生物资产

所有的资产项目，都需要从风险的角度审视，区别在于有的资产风险因素更多，或是风险结构更复杂。生产性生物资产，正好是二者兼具——风险因素多，结构也复杂。

如果生产性生物资产在资产中的占比较高，且逐年增长，至少反映出两点：第一，公司农业相关的业务规模在不断扩大；第二，风险与日俱增，将来损失的可能性也大。

原因就在于生物资产的营利性，由其自身生命力决定，快速增长的资产余额，反映的是该生物资产养殖成本的投入，至于能创造多少收益，完全是个未知数。

所以，我们关注生产性生物资产的关键，是判定资产相关的风险，此后再是，考虑资产的价值和未来的盈利能力。

“会计叔”：只要抓住生产性生物资产“生命力”这个核心，就能看出上述四个方面的内容，而公允价值计量的思路，确实有利于我们重新认识生物资产的价值变化。

“算盘哥”：像这类特殊的资产项目，只看会计信息，很难准确地解读，对报表使用者来说，不具备一定的种植业、畜牧业相关的常识，容易陷入一头雾水的困境。

第五部分

告别狭隘，从经营的视角看负债

一、变幻莫测的短期借款
暗流涌动的其他应付款

“会计叔”：要解读负债项目的会计信息，我们仍然沿用从经营视角切入的思路进行。

“算盘哥”：是的，接下来的内容，我们还是从经营的角度，解读负债项目的会计信息，继续挖掘更有意思的内容。

负债，是在过去交易或事项中形成的，预期会导致经济利益流出企业的现时义务。

从定义可以看出关于负债的三个要点：

一是负债是在过去的交易和事项中形成的，正在发生的和将来才会发生的交易或事项，可能导致的推定义务，都不属于负债。特殊的是，未来偿付义务发生的可能性基本确定，且具有充分证据证明时，会形成“预计负债”。

二是清偿负债预期会导致经济利益流出企业。企业通常以现金或其他资产偿付债务，但并非所有的债务偿付都会导致经济利益的净流出。例如，债务重组时，债权方免除债务方清偿义务时，就可能没有经济利益的净流出。

三是经济利益流出的金额能可靠地计量。一般说来，与法定义务相关的经济利益，可以根据合同、协议或法律规定，确定具体的支付金额。而与推定义务有关的经济利益流出，则要根据偿付义务，测算支付的最佳估计数，比如，预计负债就是根据推定义务预测的负债。

知道了负债的会计定义，再从经营的视角理解负债就简单多了，二者最大的区别在于，确认负债内容和金额的方式不同。会计视角下的负债是有确凿证据的“确定内容”，但在经营活动中，我们更多从生意的角度“预测”负债，这就引出了经营视角下的“负债观”：

①负债是利用他人资源完成经营活动的“生产要素”。

②负债涉及与经营活动相关的所有内容。

③负债的风险是到期不能偿付，更大的风险是无法取得负债。

④通过控制偿付债务的速度，可以筹集日常经营所需的资金。

站在经营的角度看负债，负债是公司经营的“生产要素”，从这个角度出发，可以挖掘不同负债项目的经营特质和经济内涵。

（一）短期借款

短期借款核算的是为日常经营活动，借入的一年以内（含一年）的债务资金，包括经营周转借款、临时借款、结算借款、票据贴现借款和预购定金借款等形式。

短期借款的核算简单，在借款和还款时分别借、贷短期借款和银行存款，定期计算借款利息计入财务费用即可。核算虽然简单，但经营内涵却很丰富，我们可以挖掘短期借款四个方面的内容。

1. 短期借款决策要同时考量“风险”和“机遇”

一说借钱，我们首先想到的是缺钱，但“缺钱”本身没有价值，缺钱的原因才是关键。比如，经营停滞时的资金短缺，和业务规模扩张形成的资金短缺，是完全不同的两个概念。

不论什么原因造成资金短缺，有一点是确定的——缺钱的公司通常是爱“折腾”的公司。

爱折腾的公司一般是非常规发展的公司。

非常规发展的公司既面临风险也存在机遇。

为了判断“短期借款”是风险，还是公司面临的机遇，我们可以结合四个内容具体分析：一是新增合同额，二是公司对供应商的付款政策，三是应收账款变化，四是业务结构调整。

如图 5-1 所示，通过对比同期（或滚动）新增合同额，可以看出公司业务规模的变化。一般说来，业务快速增长，资金需求必然旺盛，如果短期借款的增长是受新增合同增长驱动（情况 2），那么，短期借款的增长就是良性的。否则，我们就要从其他因素落实短期借款增长的原因（情况 1）。

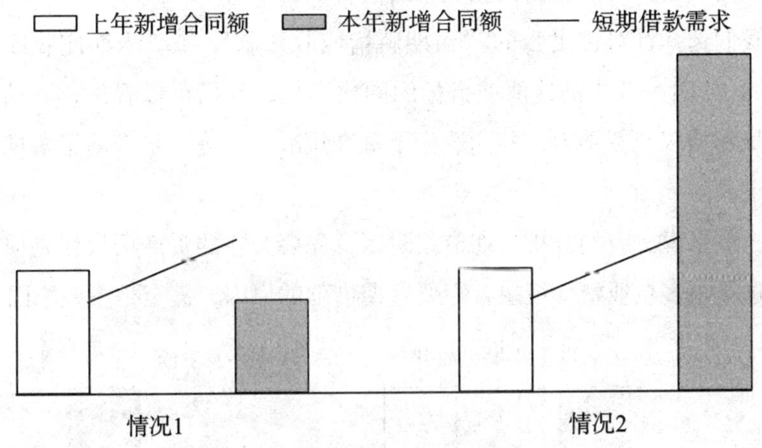

图 5-1 业务增长与短期借款变动关系图

公司对供应商的付款政策，直接影响公司资金情况。如图 5-2 中的三种情况：现款现货、先款后货或先货后款，不同付款方式下的资金运行情况完全不同。如果是付款政策的改变，造成短期借款增长，这就是风险提示的信号，公司的付款政策取决于供应商的收款政策，如果不是进入新市场、开立新业务，公司付款政策（供应商收款政策）通常是稳定不变的。

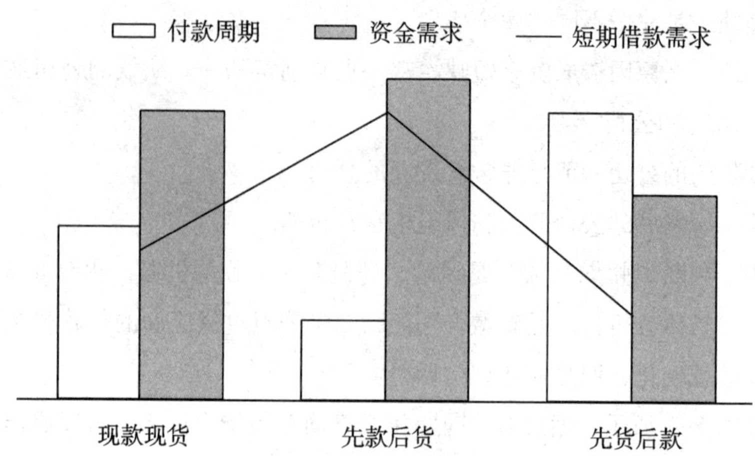

图 5-2　不同付款政策对资金需求和短期借款需求的影响图

除了付款政策，“应收账款”也是短期借款的重要影响因素，结合应收账款占收比，可以看出回款效率对资金的影响。

我们选择针对性更强的“当期新增应收账款”和“当期应收账款回款额”，如图 5-3 中的这两项指标的同比变化，我们可以看出，赊销收入的增长和债权回款不力，共同造成了资金短缺，并进一步推高了短期借款的需求。

一般来说，我们分析短期借款时，首先要关注的资产项目就是应收账款，这是很多企业资金短缺，需要短期借款的原因，甚至是主要原因。

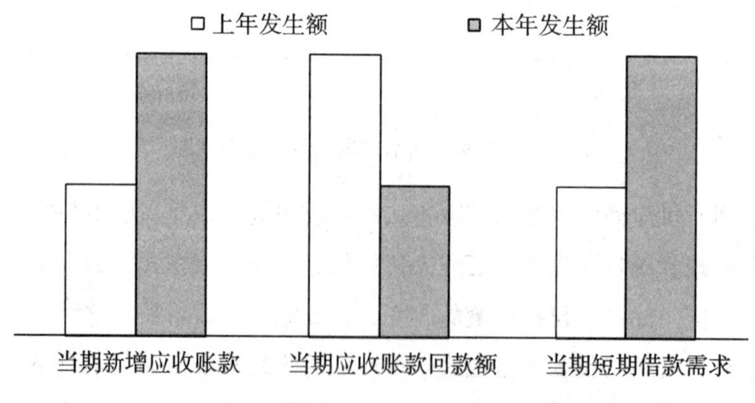

图 5-3　应收账款对短期借款的影响图

除了上述三个因素，公司业务结构调整也会影响短期借款，比如，公司以前主营商品零售业务，以现货现款的方式交易，同时，公司付款政策稳定不变，自然没有资金缺口的问题。

如果公司转型开展大宗贸易业务（比如带有采购功能的第三方物流服务），业务垫资不可避免，这时就需要短期借款补充资金。

2. 短期借款是评价公司“玩资金”能力的重要指标

我们假想是否存在一种可能，公司没有自有资金，也能开展业务做生意？理论上，只要供应商愿意提供账期，同时，产品销售渠道是现成的，而业务周转率又在应付款账期内，“空手套白狼”的生意真能实现。

处于充分竞争市场中的公司，已没有可能这样做生意。比较现实的是，投入部分自有资金，再通过贷款筹集部分债务资金，补充公司的流动性，以保证经营活动的资金供给。

通常来说，只要业务盈利水平与贷款利率持平，到期能偿还本金（包括借新债还旧债的方式），短期借款的方案就是可行的。

当然，短期借款是补充公司应急性的资金需求，将短期借款作为运营资金的主要来源并长期使用，实际上，是将银行变为了公司的股东，以利息的方式向银行分配利润。

长期以短期借款作为运营资金的做法，很少出现在大型公司。第一，大型公司资金需求量大，短期借款不一定能保证其资金需求；第二，大型公司融资途径广、融资工具多、融资成本低，短期借款方式并非最优选择；第三，短期借款方式让公司承担更多的财务成本。

但短期借款对小微企业的诱惑很大。一方面，融资途径少，能借到钱已实属不易；另一方面，如图 5-4 所展示的情况，用别人的钱补充运营资金，即使放弃部分收益，也是划算的买卖。

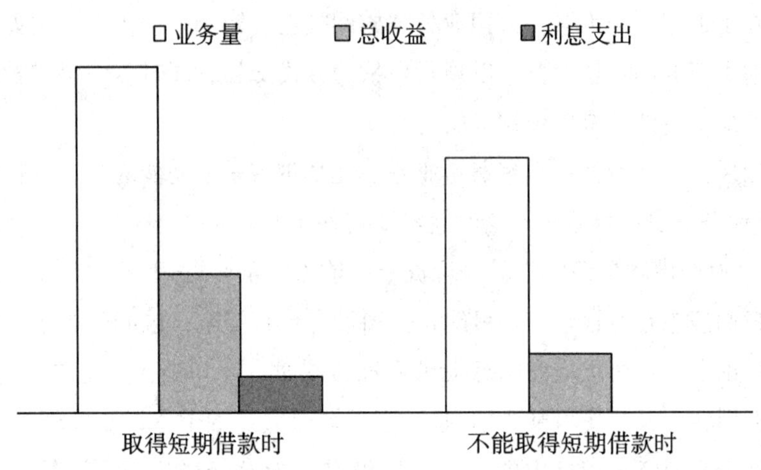

图 5-4　短期借款对业务经营和收益的影响对比图

如果公司按期偿付债务利息，并在还款时点再次贷款，如此循环往复、持续不断地使用短期贷款，理论上，营运资金可以完全由短期借款供给。虽然，这样“极致”的情况很难做到，但一定比例地扩大短期借款在营运资金中的使用是可以实现的。

所以，根据短期借款的运行情况，完全可以评价公司“玩资金”的能力（资金运作能力）。

3. 短期借款本身就是增强融资信用度的工具

公司缺钱的时候需要贷款，不缺钱的时候需要贷款吗？

现实中，还真有公司不缺钱的时候借钱的情况发生。这是公司帮银行完成贷款任务吗？当然不是，用这种方式完成贷款任务的可能性不大。

真正的原因是为了积累“信用额度”，搞好银企关系。

个人使用信用卡时，若能按期还款，银行根据还款记录，判断这是具备还款能力的优质客户，就会主动提高信用卡额度。

对公司客户来说也是这个道理，按时支付利息、到期还本，在银行的信用记录中就是优质客户。

“嫌贫爱富”是资本的天性，公司越有钱，银行越想贷款给公司，但公司往往是缺钱了才会贷款，这时的审批流程反而变得更严格，如果遇到不良信贷记录，那就彻底没希望了。

短期借款好比是公司的“信用卡”，完全不用是一种浪费。公司在不缺钱的时候贷款，借款利息虽然会“消耗”公司收益，但有利于提高信用额度，将来贷款时能及时筹集资金，帮助公司渡过难关，避免资金短缺而不能开展业务的风险。

4. 短期借款的替代内容可能是流动负债中的任何项目

不同流动负债项目的内涵相互区别，具体包括：债务来源不同、风险特征不同、资金成本不同、偿付方式不同，但有一点是相同的——都是占用“别人”的资金。

既然都是占用别人的资金，其他类型的流动负债项目能否代替短期借款?

在实务中，不论是刻意为之，还是无意之举，所有的公司都做过这样的事。换言之，只要资产负债表中，存在其他类型的流动负债，从资金替代关系看，实质上，已经取代短期借款补充了公司营运资金。

明白了这个道理，我们就能计算其他类型的流动负债，在多大程度上替代了短期借款。如图 5-5 所示，我们以现在的货币资金余额偿付全部流

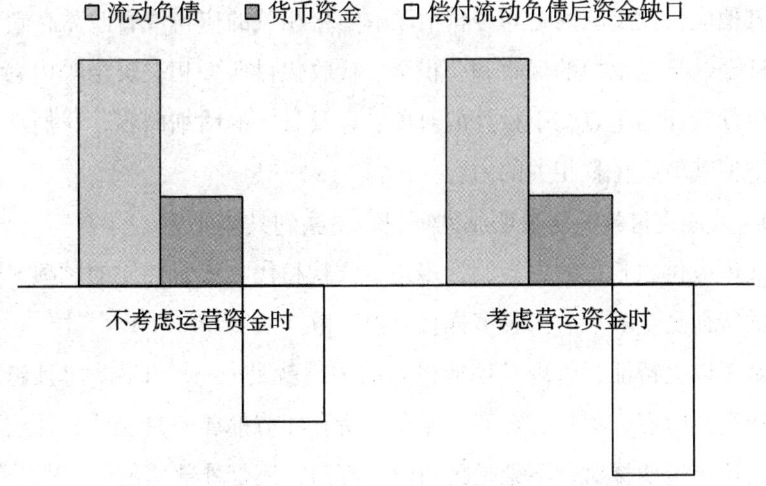

图 5-5　短期借款与流动负债中其他项目的替代关系图

动负债，形成的资金缺口就是“被替代”的短期借款。偿付全部流动负债后的资金缺口，再加上营运资金需求，就是“被替代”的短期借款的最高贷款额。

具备了两种情况下的资金缺口数据，就可以看出，其他类型的流动负债项目，在多大程度上，替代短期借款补充了运营资金。

“算盘哥”：短期借款通常被认定为公司资金不足时的风险预警项目，我们换个思路，从运用短期借款支撑经营的角度入手，我们就有了全新的认识。

“会计叔”：当我们把短期借款看作是“资金运作”的内容时，就具有了经营的思维，“不拒绝”“不依赖”的贷款观念有助于我们在经营过程中“玩转”短期借款。

（二）其他应付款

其他应付款反映的是与经营活动非直接相关的应付或暂收款，包括投标保证金、员工承担的保险和公积金、代收代付业务相关资金等内容。其他应付款管理的重点在于核算的对象，以及具体的明细内容，我们从三个方面把握其他应付款相关的内容。

1. 其他应付款一定要明细到项目，落实到具体业务

其他应付款归集的内容，很多是暂收款和代收代付性质的款项，这类业务的特征是金额小、内容多样且对象分散。

基于以上特征，管理其他应付款的关键就是——“细”。而且越细越好，详细到内容、项目、客商、账期，所有环节都要一目了然，某些重点款项，还应定期核对，不论是公司内部部门，还是外部单位。

除了日常管理，还需要转变其他应付款的管理思维。

通常我们对债权的关注度高于债务，我们总记得别人欠我们多少钱，而我们欠别人钱的时候，往往是“找上门再说”的态度。撇开商业伦理的考量，这种债务管理的观念，其实蕴含了极大的风险。

因为其他应付款反映的是，与经营活动非直接相关的债务内容（并非不相关），如果其他应付款出现异常，对应的经营活动出问题的可能性非常大。

特别是一些超期的其他应付款项目，更应高度关注，虽然，其他应付款核算内容的金额不大，与经营活动“距离”较远，内容繁杂琐碎，却是挖掘公司经营、管理内容的重要抓手，也是发现风险的途径。

要用好这个工具，就需要我们及时、准确地记录其他应付款明细内容，并对应具体的业务内容。

2. 长期“休眠”的其他应付款很可能是风险提示项

我们清理其他应付款时，可能发现一些“休眠”的其他应付款，其特征是超过应偿付时点的时间较长。

如果突然出现这样的其他应付款，我们难免会感到惊喜，这可能是对方“忘记”来收钱，说不定还是一笔意外之财。

这些看似“惊喜”的应付债务，到最后，很可能没有喜，只有惊。

比如，公司出租房屋收取的租房保证金，租赁截止日后（半年以上），对方仍未要求退款，有可能是承租方忘了保证金这事；也可能是房租未结清，承租方直接放弃保证金；还可能是房屋转租给第三方，原承租方怕露馅不敢收回保证金。总之，有各种各样的可能，但第一种可能性最小，因为谁都不会忘记别人欠自己的钱，哪怕是“小钱”。

我们建议各位读者，定期清理其他应付款，跟踪到期应支付但尚未支付的款项，通过查明未支付的原因，抓住经营活动中的风险，特别是与工程项目相关的其他应付款内容。

举例来说，公司将在建工程委托外部单位实施，外部单位向公司缴纳工程履约保证金（反映为其他应付款），项目完成后，该单位却迟迟不来申请退还保证金。遇到这种情况，我们若是认为对方忘记了，只能说，我们太天真。

不要求退还保证金，有可能是项目出了问题。

比如，工程施工费结算超支，或者施工质量不达标。我们知道，申请退还保证金的前提是工程项目经过最终验收，如果在最终验收过程中发现这些问题，施工方不仅收不到保证金，还要退还多收的工程费，或是补修未达标的工程内容。

原来，施工方不要求退还保证金，是怕因小失大！

鉴于此，我们看到长期“休眠”的其他应付款，应该是担忧多过喜悦，通常来说，这种情况蕴含的风险一定大过收益，面对这种情况时，我们更应发挥会计谨慎性的职业素养，提前预警和防范。

3. 其他应付款项目与应收债权项目对接可以挖掘更多内容

其他应付款与应收债权项目（其他应收款）相互对接，针对的是“代收代付”性质的业务。

“代收代付”业务，通常会出现“三角”往来关系。公司先收取资金，再支付第三方，或是先支付第三方，再向客户收取相应的资金。“代收代付”业务的盈利模式，是通过垫付资金的方式代客户履行支付义务后，再收取一定比例的服务费。

通常，这类业务风险较高，一是需要从多个对象收取资金，业务过程复杂；二是资金在收款和支付两个环节可能游离在公司之外，资金管理的难度较大；三是向客户收款的保证力有限，存在资金无法按时收回的风险。

在“代收代付”业务的核算中，一定涉及其他应付款、其他应收款，而我们管理“代收代付”业务，就是通过这两个项目实现的。具体到其他应付款，我们要关注向客户收取资金后，向第三方支付资金时，确保及时足额支付，同时定期清理其他应收款，核查是否足额、按时收回垫付的资金。

“算盘哥”：其他应付款管控的关键词就是“精细化”，从客商到项目，再从业务到账龄，每一步都涉及会计的基础工作。

“会计叔”：很多财务管理的方法，其内涵并不高深，就是老老实实地做好基础工作，自然就能获得出乎意料的效果。

二、影响广泛的应付账款和应付票据

“会计叔”：应付账款和应付票据算得上流动负债中“大哥”级别的项目，我们要从核算、管理和经营三个角度同时入手，才能解读清晰、描述完整。

“算盘哥”：的确如此，不论是资产项目还是负债项目，与经营活动的关联度越高，其内容就会更多、结构也更复杂，同时，也有更多挖掘的空间和内容。

应付账款和应付票据是流动负债中最重要的项目，金额大、结构复杂、与业务关系密切，虽然核算难度不高，但经济内涵丰富，我们从中至少可以看出七个方面相关的信息。

1. 应付账款来自经济活动，实际却是个“政治”问题

我们对应付账款最直接的理解，是公司应该付钱但没钱可付，需要将来偿付的债务。所以，我们要关注两方面，一是什么样的业务可以拖延付款，二是延迟付款的最长时间是多久。要说清这两个问题，还得从对方的角度思考，假如我们是供应商，我们在什么情况下愿意延迟收款，能容忍多长时间的账期？

首先，要看我们在供应商业务中所占的权重，比例越高，在供应商看来越重要，自然能取得更多的“应付账款”和更长时间的账期。

其次，如果我们不是供应商的重要客户，那就与单次采购的业务量有关，如果金额够大，在对方看来“用账期换业务量”是划算的，也能取得大额的应付账款。

最后，要看双方的合作关系，如果双方是长期合作的关系，而且我们

能足额、稳定地支付货款，那么，一定金额和一定账期的“应付账款”本身就是合作的一部分。

所以，通过应付账款，可以看出公司的行业地位。特别是独占市场资源（客户端）的公司，其强大的产业控制力，对应付账款拥有十足的话语权。比如，一些垄断企业通过应付账款占用供应商的资金开展经营活动，而在完全竞争行业中，资源相对均衡地分布，很少有公司可以长期占用对方资金。

比如，在石油化工、通信网络、金融保险行业，为这些企业提供专属设备、商品和服务的供应商，在回款环节的话语权相对较弱。大公司能长期拖欠付款，靠的就是其强大的市场控制力，比如在贸易行业，大型商超能占用供应商资金，也是基于同样的原理。

对供应商来说，在失去业务和损失资金利息的两难选择中，后者的损失更小，就算长期垫资会损失资金收益，也不愿失去商业机会。

说到底，应付账款更像是个“政治”问题，公司拥有多大规模的应付账款，应付账期可以放大到多长，基本受行业地位的影响。所以，我们理解应付账款时，一要关注过高的应付账款，可能对未来资金构成的压力；二要通过应付账款的变化，看出公司行业地位的变化。

2. 占用应付账款的最高状态是没有自有资金也能维持经营活动

通过占用供应商货款，能实现“借骨熬油”的经营吗？

如图 5-6 展示的情况，只要公司业务和财务配合恰当，采购部门能取得足够长的应付账款账期，并将“采购-生产-交付-回款”整个周期，控制在应付账款的账期内。我们就能通过“借用”供应商的资金，完成经营活动。

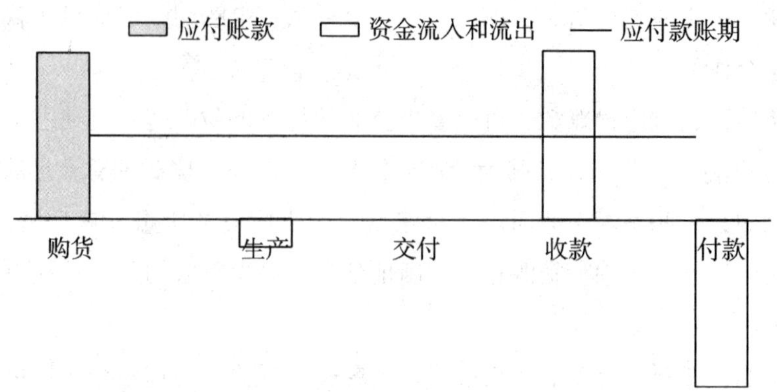

图 5-6　应付账款账期内完成经营活动的示意图

不投一分钱就能做生意，有点“纸上谈兵”的意思，但运用应付账款降低自有资金的投入，却是资金管理的一个思路。

这也是财务经理最该思考的问题——如何最大限度地利用产业链上下游公司的资金？解决的方法包括：商业模式创新、渠道共建共享、企业联盟合作等。

笔者曾调研过一家高精密制动阀生产企业。给笔者最深印象的是这家公司的营运资金几乎没有自有资金的投入。不论这个案例是否具有普遍意义，至少证明了，通过应付账款降低自有资金投入是可以实现的。

但凡事都有两面，占用应付账款可以降低自有资金的投入，但过多、过长地占用对方资金，积累的资金压力有可能瞬间击垮公司的经营。

3. 应付账款最大的风险是“千山鸟飞绝，万径人踪灭”

应付账款作为债务，其风险是到期不能偿付。没钱偿债的结果是打官司，或被强制执行，甚至是破产清算，这些极端的情况，不常发生。

常见的是，由于欠钱太多、时间太长，没人陪我们玩了，供应商宁愿不做这样的业务，也不愿意资金被长期占用，最后只接受现款现货的交易。想赊货？门都没有。

再强大的市场话语权，也敌不过信用的缺失，就算独家经营的垄断企业，也不能打破商业的基本规则——重合同、守信用。

遇着仗势拖欠供应商货款的公司，脾气好的供应商，慢慢磨着收款，实在被逼得没办法了，直接法庭上见，或是拉个横幅堵门要钱。久而久之，公司名声就坏了，名声一坏，公司的行业优势就无法转化为生产力。

把生意做成这样，实在是失败。

商业往来一定朝着开放、自由、平等的方向演进，没有一个公司能绝对地控制一个行业、区域或业务。应付账款虽然是个“政治”问题，但最终还是会回归经济的本质。

只有那些诚信经营、按期付款的公司，才会持续享受供应商的应付账款。而依靠强势行业地位，过分占用供应商的资金的公司，最终反而会走向孤家寡人的境地。

4. 分析应付账款的构成内容可以看出公司经营的特质

实务中，我们运用应付账款筹划资金的基础，是根据不同供应商、不同业务的付款周期以及业务具体内容来确定的。我们需要一张应付账款明细表，展示包括供应商名称、类型、采购商品（服务）的内容、对应的业务项目、合同约定的账期、应付债务的责任部门、双方合作关系、采购内容的市场稀缺性等内容。

收集这么多信息，目的是为了制订资金调配方案。

比如，A 供应商提供生产核心部件的原材料，为确保原材料保质保量按时供给，公司必须在账期内支付购货款。H 供应商提供的是替代性很强的辅材，且合作时间较长，那么在正常账期外，延迟一段时间付款，问题不大。

所以，当应付账款付款政策的一般规律是：提供关键原材料（服务）供应商的应付账期较短；越容易被替代的采购内容，对应的应付账款余额越高；越好收款的业务，对应应付债务的偿付速度越快（增长型业务）；成熟期业务的应付账款余额较高且账期较长；充分竞争市场中的供应商，更容易接受长账期的应付账款。

说了这么多，就一个道理：应付账款的是遇弱则强、遇强则弱的负债项目。只要读懂应付账款的经济内涵，就能准确掌握公司经营的特质。

5. 应付票据好用但容易“上瘾”

应付票据是独立于应付账款单独列示的负债项目，作为属性区别于应付账款的负债项目，二者的根本区别在于信用基础不同。

应付账款建立在商业往来的基础上，是基于契约关系形成的债权债务关系，双方受合同的保护和制约。而应付票据（特别是银行承兑汇票）一般是基于金融机构的信用，建立在票据到期支付的保证之上。

实务中，应付账款结算方便、成本低，但对供应商来说，风险高而且还要承担资金成本。应付票据虽然需要银行审批，程序比较复杂，但供应商到期收款有保障。正是因为应付票据到期偿付的保证力，高于应付账款，供应商更愿意接受应付票据的结算方式。

在交易双方商业信用基础不够稳固的情况下，应付票据是最佳选择，特别是金融机构的介入，减少了双方确认对方信用的时间。从这个角度看，应付票据的手续费可以视作信用“中介费”。虽然应付票据存在办理时间的问题，但其提升了公司与优质供应商合作的可能性。

对公司来说，只要支付保证金（按开票金额的一定比例预先支付给银行），就可以开具放大数倍金额的承兑汇票，如图 5-7 展示的“杠杆效应”，公司可以在短时间内满足较大数额的资金需求。

应付票据类似于信用卡的透支功能，想买但没钱的时候，银行帮我们买。同理，应付票据也很好用，但好用就容易上瘾。

银行为公司“垫资”购货，公司运营资金的压力降低，风险意识随之下降，同时，到期不能支付的风险，在不知不觉中不断累加。虽然应付票据可以放大公司的购买力，增强“消费能力”，但这个“能力”毕竟是虚拟的，不是公司真实的消费水平和偿付能力。

我们对应付票据的态度，应该比应付账款更谨慎，关键是判断是否使用应付票据，或是什么时候使用多大金额的应付票据。

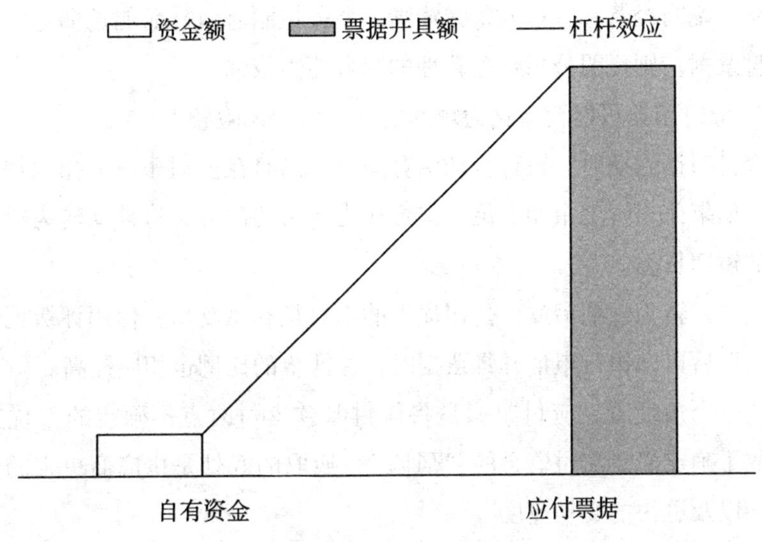

图 5-7　应付票据对资金放大效应示意图

6. 敢用、能用、会用应付票据的公司，其财务综合能力都不低

我们知道应付票据的内在逻辑和主要特征后，接下来的问题是，什么样的公司会使用应付票据？一般来说，需要具备三个条件，一是有信用、二是能控制、三是会运作。

"有信用"很简单，是指能否取得银行授信，保证金能谈到何种程度。这与公司的性质、规模和业务有关。大体量的公司，更容易使用应付票据；能直观辨认且金额确定的业务，也更容易使用应付票据。

"能控制"说的是公司业务和财务协作的默契程度。首先，业务部门要预计项目周转时间，以票据承兑到期为限，判断资金能否保证到期偿付；其次，财务部门验证业务部门测算结果是否合理，是否会影响公司总体资金安排；最后，按照偿付计划，倒排购进、生产、实施、交付等环节的时间，并落实到人，有序推进。

"会运作"是兜底措施。再好的计划、再严格的控制，都不能保证百分百的预期效果。公司应考虑到，经营活动开始后，假如没有足额的资金偿付到期债务，是否有其他来源筹集资金保证票据的兑付？

所以，敢使用应付票据的公司，其业务的运营水平不会差，到期票据能承兑，说明经营和管理的条线清晰，财务控制有效。而能长期稳定地使用应付票据，则说明公司财务管理的综合能力较强。

7. 应付票据可能会转化为短期借款，信用风险较大

应付票据到期时，银行自动结算支付，同时在公司账户上扣取相应的资金，如果公司资金余额不足，银行代为支付的部分，将自动转为银行对公司的短期贷款。

当然，转为短期借款，公司损失的不只是利息支出，信用评级也相应降低，以后再向银行申请开具票据时，保证金的比例也相应提高。

从这个角度看，应付票据是将应付账款支付时点不确定的“优势”，转变成了确定时点支付资金的“风险”，换取的好处是供应商更强的交易意愿，以及更快的交易速度。

因此，应付票据是对公司信用的补充，有助于降低双方交易（沟通）成本。但我们根据“信用守恒定律”，应付票据到期不能兑付时，金融机构代替公司的信用补偿，其代价就是公司的信用损失。只是这个损失的影响要大得多，毕竟公司和公司之间的信用关系，只是“点对点”的影响。但公司在金融机构信用度的下降，会对后续贷款造成困难，这是“面”的影响。

所以，应付票据预期不能到期偿付的风险较大时，我们更愿意选择应付账款承担债务，将不利影响控制在最小的范围内。

“会计叔”：从竞争关系的强弱对比入手，挖掘应付账款、应付票据会计信息的经营内涵，有助于直接切入应付债务的风险管控，这对管好、用好债务运作业务，大有裨益！

“算盘哥”：不论债权还是债务，其存在的基础都是商业往来，只要有交易存在，一定有商业关系强弱对比的问题，从这个角度入手，我们才能抓住应付账款和应付票据的本质。

三、凭实力说话的预收账款

“算盘哥”：通常来说，提前收款是开心的事，所以，预收账款也是我们“喜闻乐见”的负债项目，不但能先收钱，而且业务有保证，体现了公司的竞争力。

“会计叔”：能先收钱的公司，一定有某个“看家绝学”，我们要关注的重点是，拥有什么样的产品（服务）才能让客户情愿提前付款，这是我们研读预收账款信息的关键。

预收账款是交付产品或提供服务前，提前收到的资金，销售（服务）活动完成后，对应结转为收入。一般来说，能取得预收账款的公司，必然具有独占性的资源；必然具有差异化的竞争优势；必然具有个性化产品（服务）。

在农耕经济时代，相对稀缺的资源和个性化的产品方式决定了预收和预付交易方式大量存在于商业往来中。到了工业时代，功能同质化的产品，极大地改变了市场的供需结构。消费者开始拥有更多的选择空间，对付款方式的议价能力随之提升，公司取得预收款的空间大幅压缩。不仅如此，生产厂商还会运用应收账款，延长应收账期，以此扩大销售，增强销售竞争力。

预收账款的存在与经济形态有关，与产品特质有关，与商业模式有关。所以，我们能从预收账款项目挖掘的内容相当丰富，可以看出六个方面的内容。

1. 预收账款对应的是基本可以确定为收入的业务内容

我们知道，收入确认需要满足的条件包括：与商品所有权相关的主要风险和报酬转移给买方、没有继续保留与所有权相联系的管理和控制权、经济利益能够流入企业、收入和成本能可靠计量。

我们就收入确认的标准，评价预收账款的“收入属性”。第一，预收账款阶段的商品所有权还没有发生转移，也无法证明不再保留与所有权有关的管理和控制权（至少形式要件不具备）；第二，经济利益实际已流入企业，且收入金额能可靠地计量（已经收到确定金额的预收账款）；第三，成本在业务层面可靠计量，只是会计信息还没有确认。

在日常生活中，大到买房、购车，小到预订蛋糕，支付预付款后，通常很难再解除交易。一是支付资金的行为，表明了双方完成交易的意愿；二是商家收取预收款，代表了商家完成交易的交付能力。

当然我们不排除收取预收款后交易失败，退回预收款的情况，但大多数情况下，预收账款都会顺利地结转为收入。

所以，预收账款基本可以确定为收入的内容，这在逻辑上没有问题，只是在形式要件上，还不满足会计的确认标准。

从经营的内涵看，预收账款对应“收入”的真实性，甚至高于应收账款对应收入的真实性，虽然应收账款是收入确认后的资产，但预收账款有实实在在的资金流入，有确定的经济流入做保证。

2. 预收账款的管理要与项目相关联，与合同相对应

如果公司忘记别人欠了多少钱，损失的是现金，如果忘记欠别人多少钱，损失的是信用。钱没了可以赚，信用没了，钱没法赚了，可能还会摊上官司。

预收账款的管理重点，是要搞清楚“收了谁的钱，该干什么事”。这要求我们在日常工作中，通过建立预收账款管理台账，说清公司何时从哪位客户，收到了什么项目，金额为多少的预收账款。如表 5-1 所示，我们要特别关注，预收账款对应业务的履约情况。比如，营销部预收 A 客商采购产品的货款后，超过 5 天仍未发货，就需要我们将这一异常信息及时报告管理层。

表 5-1　　预收账款管理台账明细表

客商	采购内容	采购量	合同条款	履约情况	预收金额	账龄	责任部门
A 客商	自产产品	5 000 件	采购总额的 5% 预付到货后全额支付	未发货	250 万元	5 天	营销部
B 客商	自产产品	10 000 件	采购总额的 10% 预付到货后全额支付	已发货	800 万元	10 天	营销部
C 客商	工程施工	2 项	施工进场时预付合同总额 20%	已进场实施	200 万元	1 个月	工程部

只有弄清“欠”别人什么，才知道如何偿付。所以，预收账款必须对应具体的项目，与合同相关联。由此，公司才能合理安排产品的生产和交付，落实具体的责任部门，避免商品（服务）交付的风险。

3. 预收账款对应业务的成本要单独核算，根据项目一一对应

预收账款反映了公司未来的收入，收入实现的基础是产品的交付，产品交付前的成本归集是计量产品价值的必要步骤，当预收账款结转收入时，存货（劳务成本）同时结转成本。

我们也可以将这个过程看作存货（劳务成本）交付后结转成本，同时确认收入，再冲销预收账款。

但在经营管理过程中，不一定能按上述逻辑执行。特别是，具体业务项目和预收账款的对应关系不明确时，收入成本同步结转，就是句空话。

举例来说，某公司主营工程建设业务，本年 2 月收到不同客户预付的多个工程项目的建设款 200 万元，截至本年 4 月，项目陆续完工（阶段性），公司根据施工进度确认收入，同时结转预收账款和收入，并确认对应的成本。

收入结算的过程很简单，麻烦在于这些项目的成本是否能同步结转，结转的金额是否完整、合理？

从表面看起来，这似乎不是问题，只要我们分项目核算成本、费用，同步结转收入和成本就能实现。

可是，如果成本核算不够精细，那么这就是个天大的难题。如图 5-8 所示，当成本支出没有分项目核算，不能与预收账款对应的业务一一对应时，收入、成本很难准确地同步结转。

比如，项目 1 和项目 2 的预收账款金额是确定的，收入确认时的金额也是确定的。但问题在于，项目 1 和项目 2 的成本没有分项核算，公司基于利润的考虑，就可能少结转两个项目对应的成本。

这会造成收入成本不匹配、预收账款高估和业绩造假等问题，一系列与会计信息披露和信息质量相关的风险都会出现。

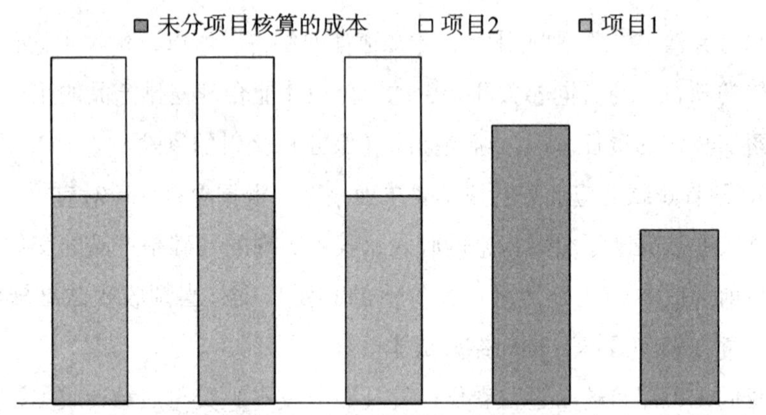

图 5-8　工程业务预收账款结转收入、成本示意图

4. 预收账款往往是公司隐藏收入的“蓄水池”

当预收账款结转收入时，与产品（服务）的交付密切相关，因为公司已收到现金，经济利益已经流入企业，与产品相关的主要风险转移后，会计确认收入的条件就全部满足。

我们知道，如果公司提前确认收入，一定会通过应收账款表现出来。相反的情况是，如果已经收到现金，却想延迟确认收入时，通常会隐藏在预收账款项目中。

所以，我们分析公司的收入低估风险时，可以从预收账款中挖掘线索。一般来说，在业务结构没有大幅变动的情况下，公司资产负债表的结构也应该是相对稳定的，同时，预收账款反映的是未来的“收入”，如果不及时结转，预收账款的占比势必会超过正常水平。

如图 5-9 展示的各月预收账款余额和预收账款占比（预收账款在资产总额中所占比重）的趋势变化，在 9 月以前，各月预收账款余额和占比，与上年同比差异不大。但进入 10 月以后，预收账款余额和占比开始逐渐超过上年同期数据，并在 12 月达到了最高值。这一趋势说明，公司很可能在 10 月开始，放慢了收入确认的进度，有意降低本年的收入完成值。

问题是，即使收入能“隐藏”在预收账款中，但对应的成本该如何处理？如果只隐藏收入不管成本，公司又怎么确保利润不亏损？

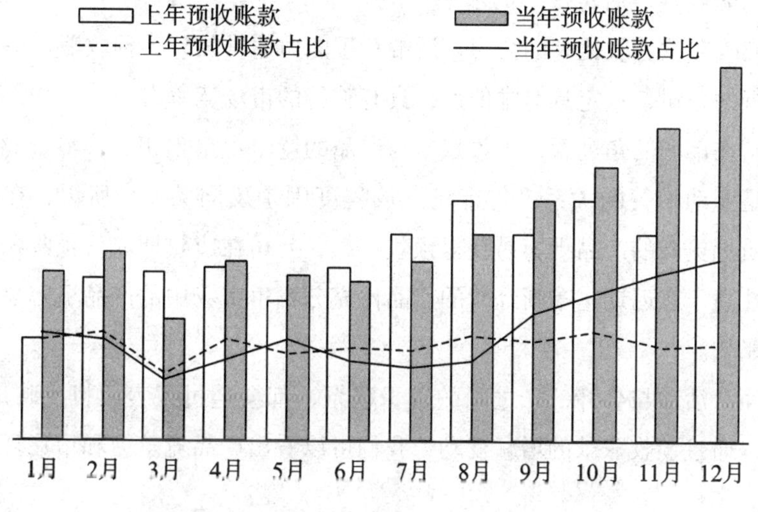

图 5-9 预收账款余额和占比各月走势对比图

一般来说，“隐藏”收入对应的成本，有三种处理方式：一是将成本“隐藏”在存货中；二将成本“隐藏”在预付账款中；三是结转成本时混淆业务项目，隐藏在其他项目中。

当然，不论何种方式，总会有迹可循。具体的方法包括，测试项目收入成本配比情况、对比预付账款明细内容、检查存货项目的具体构成。当然，上述测试收入低估风险的方法，我们也可以用于测试存货、预付账款项目的占比变动情况，检查公司是否存在隐藏成本、做高利润的问题。

从风险角度看，相对于应收账款反映的收入高估风险，预收账款反映的收入低估风险，或许是“利好”消息。毕竟，这代表公司在未来拥有的业务存量，后期的业绩是有保障的。

5. 从预收账款的变动可以看出产品竞争力和市场环境的变化

不论从经营的角度，还是从管理的角度出发，对生意来讲，“多收钱、少花钱”“先收钱、后付钱”一定是最高境界。

“多收钱、少花钱”依靠的是后端管理能力，拼的是运营管理的水平。“先收钱、后付钱”依靠的则是前端市场能力，拼的是产品质量和服务的水平。我们可以用应收账款印证“多收钱、少花钱”的能力，用预收账款评价“先收钱、后付钱”的水平。

应收账款占收比高的公司，后端管理能力通常较差，预收账款一直高位运行的公司，一定具有排他性，具有独特的市场竞争力。

站在市场的角度看，预收账款与产品的竞争力呈正相关，与行业生命周期是变动相关的关系，与市场开放程度则是反向关系。所以，在市场中，质量更高的产品更容易获得预收账款；公司在成熟期取得预收账款的可能性高于衰退期；垄断经营的产品比充分竞争市场中的产品更容易取得预收账款。

经营活动与会计信息之间的逻辑联系，都会通过报表项目反映出来。所以，通过预收账款的增减变动，我们可以看出产品竞争力和市场环境的变化。

6. 预收账款过大会带来产品交付和生产运营的压力

公司希望多收钱，业务部门希望做业绩，取得预收账款的金额越大越好。但凡事都有两面，预收账款作为负债项目，表示了现在收的钱，将来得用产品还！

收的钱越多，要交付的产品越多，公司就得加紧生产，但在实务中，并非所有的产品，都能通过加快生产提高交付的速度。要解决这个问题，我们得先弄清什么样的产品，客户会提前付款？

获得预收款的产品一般具有三个特征，一是产品（服务）是稀缺的，至少是相对稀缺的；二是产品（服务）具有个性化定制的特征；三是可替代性很低，几乎没有可替代的产品（服务）。

这三个特征是公司能取得预收账款的原因。有意思的是，正是这三个原因，决定了公司不可能快速地、大批量地提供产品（服务）。所以，公司很可能从收到预收款的喜悦，变为无法交付的痛苦。公司如果降低交付质量，当然可以提高交付速度，但结果会是客户的差评。如果放弃交付速度，只保证交付质量，最后，还是会因为不能保证时间，导致客户感知度的降低。

从经营的角度看，预收账款代表了将来需要交付的产品和服务，所以，突然放量增长的预收账款，一定会对公司的交付能力和生产运营构成压力。

“算盘哥”：因为公司提前收到资金，流入公司的经济利益相对稳定，预收账款当然可以反映未来期间公司收入的变动趋势，以及与之相关的业务经营情况。

“会计叔”：看来除了收益，预收账款还面临未来产品交付的压力，作为公司收入的“蓄水池”，过高的预收账款，还反映出公司收入低估的可能。

四、命运多舛的应付职工薪酬 迷雾重重的应交税费

“算盘哥”：一个是对外支付的税金，一个是对内支付的人工，这二者放在一起，有何联系？还是说解读这两个项目的内在逻辑是一样的？

“会计叔”：应付职工薪酬是支付给员工提供劳务服务的费用，应交税费是支付的使用国家公共服务的费用，将这二者放在同一章节中，是因为二者都有“消费”的概念。

（一）应付职工薪酬

不同于其他的负债项目，从应付职工薪酬的名称，我们就能看出其经济内涵，应付职工薪酬反映的是公司获得员工劳务服务以后，因为时间、资金或其他原因，不能在当期支付的人工薪酬。

我们知道，负债项目通常是以“债权方”为对象，分类记录和反映的会计信息。比如，应付账款、应交税费和应付职工薪酬对应的“债权方”分别是商业往来中的公司或个人、税务机关和内部员工。

假设，这三类债务的到期时间相同，但资金无法保证偿付所有债务，如果你是老板，会如何安排债务的偿付顺序？

通常来说，没有一成不变的付款策略。公司付款政策会随经营活动的变化而改变。比如，欠税风险较大时，公司只能先偿付应交税费，而后，再考虑货款和人工薪酬的问题。

如果公司处于运营难以为继的状态，即使面临税收滞纳金和罚款，也会选择先偿付应付职工薪酬和应付账款。毕竟，先生存下去，才会考虑怎么发展。

从经营的角度看，偿付不同类型债务的先后顺序，关键看公司如何给“商业信用”“政策法规”和“员工利益”三个经营要素排序。困难在于，由于资金额度的限制决定了债务偿付的过程，通常是一个互斥的选择，但公司必须在其中做出“艰难的决定”。

除了上述三个要素，公司规模也会影响债务偿付的顺序。

对小微企业来说，因为其极弱的市场议价能力，经营链条断裂的风险很大。所以，“商业信用”尤为重要，作为公司生存发展的基础，通常会先偿付应付账款的债务内容。

不同于小微企业的是，中型企业具备一定的议价能力和稳定的员工队伍，所以，中型企业对三个“经营要素”的排序，往往根据债务的紧急程度，灵活机动地确定偿付方案。中型企业在资金有限的情况下，会以最快捷、安全的方式，解决债务危机，渡过难关。

以上这些困难的选择过程，在大型企业看来，都很好解决。依托其产业链中的强势地位，通常会选择延迟支付供应商货款，既不用延迟支付税款，也不用拖欠员工薪酬。

通过上面的逻辑推演，我们大概也明白了，为什么小微企业更容易拖欠员工薪资。可见，应付职工薪酬作为与公司员工相关的负债项目，到期能否兑现支付，与公司规模密切相关。

同时，作为面向公司内部的负债项目，我们解读应付职工薪酬，是了解公司人力资源政策、组织结构特征、团队构成和人力竞争力的有效途径。

1. 应付职工薪酬每期余额应大致相当、持续且稳定

我们判断应付职工薪酬会计信息，首先是了解公司的薪酬体系、发放政策和计提规则。

一般来说，职工薪酬要么是当月计提当月发放，要么是当月计提次月

发放。如图 5-10 所示，我们看到公司各季度业务收入的上下波动，与经营活动直接相关的应付账款，以同样的趋势变化。但是，公司应付职工薪酬相对稳定，即使有波动，也是在很小的范围内变化。

不同于其他负债类项目与经营活动的关系，员工薪酬的结构也是相对固定的。除非业务转型、市场环境骤变或组织结构大幅调整，人工成本基本维持在一个波动很小的范围内，伴有小幅上升或下降。

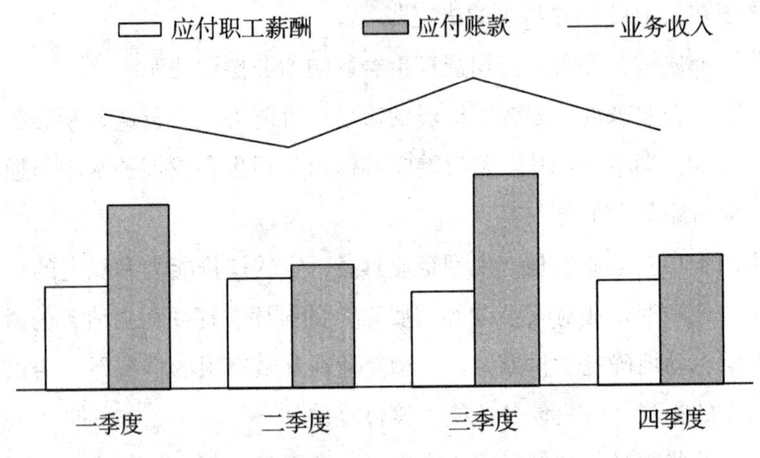

图 5-10 应付账款、应付职工薪酬与业务收入变动情况示意图

2. 应付职工薪酬的债务结构反映了公司运营的关键特征

应付职工薪酬的核算内容虽然多，但核算方式固定，程序也不复杂，所以，大部分公司的薪酬核算方式相近。我们挖掘应付职工薪酬相关的会计信息，关键是研究公司的薪酬结构和薪酬体系。

具体来说，包括三方面的内容：第一，市场（前端）人员与管理（后端）人员的薪酬对比情况；第二，员工薪酬的计算方式，特别是变动部分薪酬的计算方法（比如绩效工资）；第三，特殊内容的职工薪酬（股权激励）。

比如，从图 5-11 展示的公司经营人员和管理人员的薪酬对比情况。可以看出，2012—2015 年，公司经营人员的薪酬远高于管理人员，说明公司特别注重市场拓展和生产工作。同时，我们还看到，在 2013 年以后，公司人工成本中变动部分的占比越来越高，说明公司逐步构建了与业绩相关的人工薪酬体系。

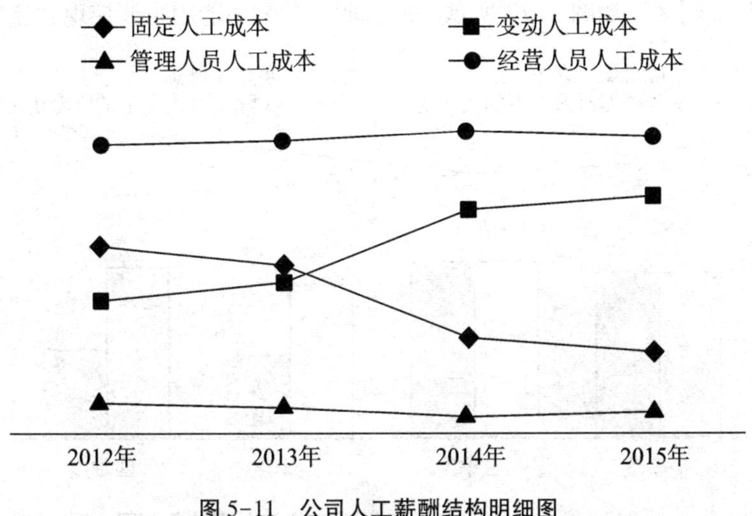

图 5-11　公司人工薪酬结构明细图

薪酬结构虽然是公司的“内政方针”，实质上，却是市场环境、运营方式、人力组织三者平衡状态下的结果。所以，不同行业、不同规模、不同经营模式下的公司，必然是差异化的薪酬结构。特别是不同发展阶段下的应付职工薪酬，突出展现了公司运营方式的变化。

在公司初创期，市场人员的薪酬水平一定高于管理人员，随着经营规模的扩大，管理人员薪酬在整个人工成本中的占比，会逐步上升，并在某个数量级上稳定下来。

我们要判断一家公司的运营能力，可以观察这家公司人工薪酬在市场、研发、生产和管理部门的分布情况。如果市场人员的平均薪酬过低，公司业务拓展的能力必然受限；如果管理人员的薪酬过低，就很难招聘到高水平的管理人员；如果研发部门的员工拿不到符合市场行情的薪酬，就会另谋高就，公司的研发能力也会受挫。

3. 应付职工薪酬也有调整利润和现金流的作用

很多资产、负债项目，都有调节利润的“功能”，应付职工薪酬也不例外。比如，公司利润过高时，通过提高员工薪酬，以增加人工成本的方式，可以降低利润，这是皆大欢喜的事。要是本年利润过低，公司则会降低人工成本，当然，这会引起员工的不满。

除了利润，如图 5-12 所示，应付职工薪酬还能用来调控现金流。

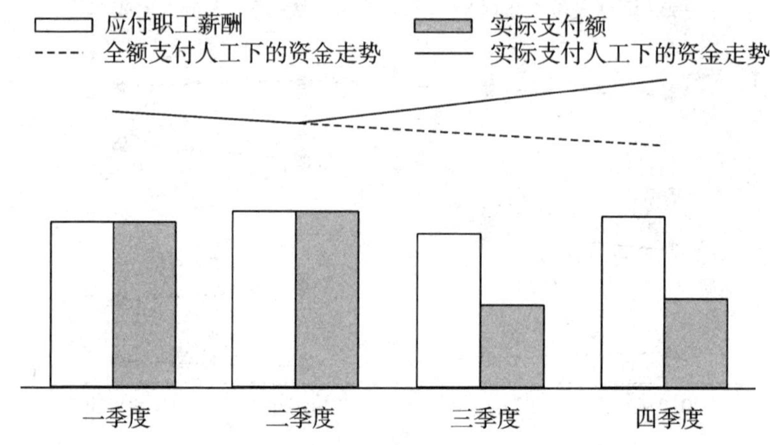

图 5-12　应付职工薪酬对公司现金流的影响示意图

在一些需要考核现金流指标的公司，如果延迟支付应付账款、运用应付票据等方式，都无法满足现金流指标时，就会在应付职工薪酬上动脑筋。比如，公司计提了人工薪酬但不发放，将资金“截流暂存”在公司，应付职工薪酬就是完成现金流指标的“救命稻草”。

我们看到报表中应付职工薪酬余额激增的情况，可能是公司真的遇到了资金困难，也可能是公司在调节利润和现金流。从经营角度看，前者是真真切切的经营风险，后者既有经营风险的可能，也有会计信息失真的问题。

当然，如果应付职工薪酬年末余额过大，且不符合正常的薪酬支付规律，还存在纳税调整的风险。

不论采用何种方式，通过应付职工薪酬调节成本和现金流，都不是“妙招”，一来金额太大、动机太明显，二来容易影响公司正常的薪资发放，造成员工队伍不稳定。

“会计叔”：我们从薪酬结构的角度入手，可以挖掘更多人工成本相关的信息，算是找到了解读“应付职工薪酬”相关经营内容的办法。

“算盘哥”：在实务中，能反映人工成本使用效率的财务指标实在太少，通过薪酬结构解读公司的运营情况，算是切入经营活动的一个途径。

（二）应交税费

应交税费是负债项目中最具“权威性”的项目，从债务支付的时效性来看，无出其右者。同时，应交税费的核算难度也远超其他负债项目，因为应交税费代表了财务工作中，最重要也是最复杂的内容——税收策划。

若是讨论庞大且繁杂的税务会计，至少要几十万字。这里，我们走个捷径，从经营的角度挖掘应交税费的会计信息，把握三点即可。

1. 应交税费考验的是公司筹划业务活动的能力

大家一定会觉得奇怪，应交税费考验的不是税收策划能力吗？怎么会是筹划业务活动的能力？

应交税费当然考验的是税收策划能力，但要做好税收策划，除了要掌握税务政策，还必须与业务筹划相结合。因为决定公司税负成本的根源来自业务，以及具体的经营活动。

比如，以佣金方式销售商品和自购自销方式销售商品，两种方式都能将商品售出，但两种方式涉税内容完全不同；再比如，业务分包和劳务分包下的工程结算，涉及的税收政策不同，税负也不同。

业务活动决定了税种、税率和税负。

所以，税收策划的第一步是“设计方案”，通过不同税收政策的排列组合，先找出“最优解”；第二步是“落地实施”，根据“最优解”构建能够实现目标税负的业务流程、产品（服务）结构和商业模式。

以上两步很好地解释了，为什么在税收策划工作中，往往是“外部人”强于“内部人”。从技术层面看，很多公司的财会水平不比专业机构低，但在策划税收方案时，总感觉差强人意。关键就在于，专业机构经历了太多实务案例，见过各种商业模式、经营方式，知道如何通过业务策划，实现最佳税收方案。

我们要做好税收策划，除了钻研税收政策，更多的精力要用于了解不同商业模式下的税务处理，否则，税收策划就是墙上的饼子，看得着吃不着。

2. 应交税费的风险除了按时交纳，关键在于计提准确

应交税费是公司自行计算的负债项目，容易在两个方面导致计提错误，一是客观上执业能力有限，对政策把握不准，造成计算错误；二是主观上想降低公司税负，人为形成的计提“错误”。

不论何种原因，结果都是实际计提金额低于应计提的金额。这是主观故意和执业能力不足并存的混合风险，最终，都会对公司造成确定的伤害。为了解决这个问题，大型企业会定期税务自查，中小型企业则会聘用有经验的会计或专业人士，复核相关税种的计提内容，落实是否存在计提错误的问题。

3. 应交税费本质上是“外向型”的负债项目

资产负债表中每个项目，最终都会与外部发生关系，有些项目很“外向”，比如应收账款、应付账款，直接与生产经营活动相关；有些项目则很“内敛”，比如公司自行建造的固定资产、无形资产。对应交税费来说，计提税费的过程由公司自行完成，唯一与之相关的外部单位就是税务机关。

这一切，让应交税费看起来很“内向”。

但在实际工作中，应交税费与公司经营方方面面相关，从收入到成本，从收款到付款，没有不与税费产生联系的内容。这个看起来很“内向”的负债，其实是最“外向”的报表项目。

实务中，我们应该具备灵活的思维和开放的心态，既要完成内部税收策划工作，还要考虑与客户和供应商相关的涉税处理，同时，还能和税务机关有效地协调沟通。

4. 应交税费需要会计走出办公室才能管控到位

公司的税费计算通常是会计的案头工作，我们坐在办公室根据财务和业务数据，计算应交纳的各项税费。

所以，应交税费是根据数据计算出来的“数字”？

如果真是这样，那么税收策划就没什么技术难度，只需要按照预期目标，调整相关数据即可。然而，操作过税收策划的朋友一定知道，要实现税负目标，需要“内外兼修”的功力。特别是前面提到的业务筹划能力，甚至超越了税务专业技能的要求。所以，坐在办公室计算的“应交税费”，顶多是完成了简单的计算工作，连税收策划的边都没挨上。

举例来说，公司从事贸易业务，各期应交增值税受销项税、进项税变化的影响。如图 5-13 所示，我们看到，2 月、4 月和 6 月都需要交纳增值税，其他各月无须交纳，并且有进项税留抵。虽然，整个年度的应交增值税总额没有差异，但各月实缴金额差异较大，这对公司现金流的影响重大。

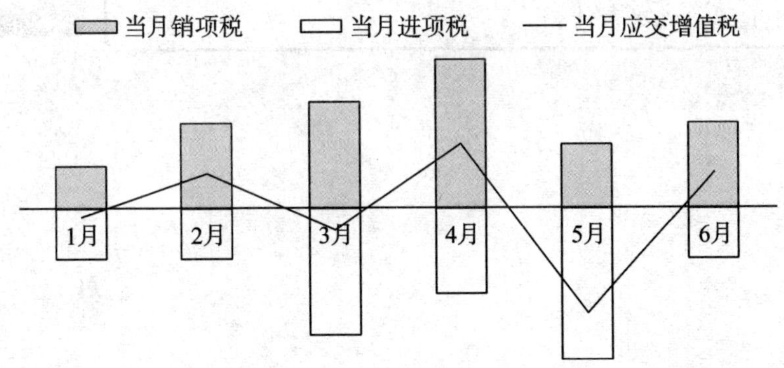

图 5-13　各月增值税进项税、销项税和应交增值税变动情况图

如果我们把 3 月、5 月的进项税“挪动”一部分到 2 月、4 月和 6 月，在总体税负不变的情况下，不就能降低税金对现金流的影响吗？可是，

“进项税”控制在供应商手中，不是我们想动就能动的，除非，对方愿意配合。

什么情况下供应商会按照我们预期的时点，向我们提供预期金额的进项税呢？办法有很多，比如，和供应商协调沟通，或是，加快付款进度作为交换的条件，再或者加大采购量提高我们谈判的议价能力。总之，我们用任何可以调动的资源，与对方协商开票时点和数量，想方设法控制“进项税”，进而实现均衡纳税的目的，重要的是，我们这是在合理范畴内进行的税收策划。

可见，与税收策划相关的工作，坐在办公室凭空想象是搞不定的，只有走出去想办法、谋思路，才能将方案落地。

“算盘哥”：应交税费复杂的核算和计提，算得上财务工作中最复杂的内容，需要高水平执业能力的支撑。

“会计叔”：所以，我们需要多学习和掌握与税收处理相关的技巧，这是提升税收策划能力的关键，也是做好税务管理的先决条件。

第六部分

告别平庸，成为新型会计

一、会计的服务、管理和核算
——当一个会服务、懂管理、能核算的会计

“算盘哥”：前面的内容，围绕着“核算”“管理”和“服务”三大主题展开。在这一章，我们做一个“大综合”，尝试建立一个包含“核算”“管理”和“服务”于一体的会计工作体系。

“会计叔”：随着经济形态的变化、商业模式更新以及会计技术的进步，我们只有理清服务、管理和核算的关系，会计工作才能创新突破、不断进步，这样的尝试有意义！

在前面的章节，我们看到未来的会计，从以信息生产为主要内容的工作，转变为挖掘和使用信息为主要内容的工作。因此，我们应该更加关注，如何提高会计信息的使用价值。

未来衡量会计人员执业能力的标准，重点关注的是经营和服务的能力，单纯从事核算和报表（单纯的数据处理）工作的会计，其职业的议价

能力会大幅削弱。

如果我们将会计工作（会计岗位）设定为，能够计算产出的“生产单元”，那么我们评价会计工作的价值，就有了现实的基础和可量化的标准。也就是说，会计生产的“信息产品”价值几何，公司每赚 1 元钱，会计在其中能贡献多少，是可计算和评价的内容。

财务部作为公司的信息中心，会计信息作为会计生产的产品，会计工作的价值在于挖掘和使用会计信息。

会计工作的核算、管理和服务，都围绕这个主题展开。

从这个角度出发，我们评价会计部门是否具有话语权，是否得到管理层的重视，不是看其拥有多大的表决权，不是看其他部门来报账时的做派。而在于这个会计部门拥有多少数据资源，会计信息的覆盖面有多大，会计信息能否支撑经营决策，能否判断公司经营情况和业绩走势。

未来的会计人员，比拼的是信息挖掘的能力。

如何挖掘和提高会计信息的使用价值？对此，我们都曾走入过误区，认为只要是运用财会理论分析和评价会计信息，就是在挖掘和使用会计信息，并不断追求更复杂、更先进的管理技术和分析工具。

后来，我们终于明白，如果数据不完整、不全面、不真实，分析技术越高端，花样越多，得出的结论，反而越荒谬。

挖掘信息的关键，是把握信息的“点、线、面”，即丰富信息的点，连接信息的线，拓宽信息的面。当然，这里的“信息”不仅有会计信息，还包括业务信息。我们评价会计挖掘信息的水平，关键是看，会计通过业务和会计信息，能否还原经济活动的原貌，以及还原的程度。

所以，未来的会计，是能拍“纪录片”而不是拍“艺术片”的会计。纪录片虽然看起来索然无味，其实直击本质；艺术片看似精彩纷呈，却容易让人一头雾水。不幸的是，通常我们向老板汇报工作，与业务部门沟通交流时，大家的感受，要么索然无味，要么一头雾水。这正是我们的两难处境——只说会计信息，“就数字说数字”，如果谈业务、说经营，又表达不足甚至漏洞百出。

如果把事情说得索然无味，这样的会计专业能力虽有欠缺，但实事求是，只要职业态度端正，能力可以慢慢培养，不是大问题；把事情说得清晰透彻的会计，既有专业水平又了解经营，是不可多得的好会计；把事情说得云山雾罩的会计，则是“胡搅蛮缠”，所谓知之为知之，不知道还要硬掰，掰得又不专业，有什么意思？

这看似不好把握、无法突破的难题，并非遥不可及，“核算”是财务管理和服务经营的基础，只要将“核算”工作夯实，再做好管理和服务，就是顺其自然的事。

要做好核算，关键把握两点，一是“真实”，二是“全面”。

对于会计信息的真实性和完整性，会计准则发挥了重要功能，而各公司的核算制度，又进一步规范了会计信息的编制过程，以提高信息的真实性和完整性。会计准则也好，核算制度也罢，都属于“术”，要获得真实、完整的信息，最终要上升至“道”的层面。

“术”考验的是专业，“道”考验的是勇气。这说起来有点虚幻，但的确是“勇气”。

曾有一部关于科索沃战争的纪录片，其画面之粗糙、情节之凌乱、音效之恶劣，实在难以称之为影视作品，但看完之后，感受之强烈、记忆之深刻。多年后看到影评，才知拍摄者既是导演、制作，又是音效、后期，并在拍摄时三度负伤，还因为弹片造成烈性烧伤，切除了大部分皮肤组织。

这就是勇气——不论艰难险阻、坎坷障碍，也要取得未经修饰、没有扭曲，“原汁原味”的信息。

作为会计，我们尚不至于身陷枪林弹雨、龙潭虎穴之境地，但获取信息的阻碍却无处不在，有的是无意为之，有的是刻意隐瞒，有的甚至是指鹿为马、蓄意误导。

“会计叔”：信息的生产者其实也是信息线索的追逐者和信息残片的拼凑者，这是我们避不开的困境和难题，是会计的“宿命”。

“算盘哥”：所以，才会有越来越多的系统、信息工具，不断累加到会计信息生产过程中，最终目的，都是为了生产质量更高的会计信息。

凭心而论，系统化、流程式的管理工具，确实提升了会计信息的真实性和完整性，但过度的管理介入，一会增加管理成本，二有可能降低公司的运营效率。

曾有一家工程施工企业，上线了一套项目管理系统，功能极其强大，管控内容细化到每一天的工作量、材料领用，还包括车辆运行等生产辅助支出，具体项目多达98个。该公司负责人认为，有了这套管理系统，一定能实现精细化的管理，有效控制成本。听到负责人如此笃定的说法，笔者感到一出“悲剧”即将上演。

精细化的管理系统，当然有助于精细化的管理，准确地说，是“形式”上的精细化管理，要说保证施工质量、控制成本，靠一套系统就想实现，则是自我安慰。

精细化的系统绝不等于精细化的管理，系统、工具和技术，是管理的手段和途径，能为管理锦上添花，但不一定能雪中送炭。

这家公司在系统上线前，控制业务的方法是，通过会计信息，判断经营行为是否符合工程施工的逻辑，牢牢把握项目实施中“付款”“进度”“结算”和“收款”四个环节。虽然这样的方式不是完全靠数据支撑完成的，有“经验主义”之嫌，但在某种程度上，也排除了虚假信息对决策的干扰，避免了甄别信息真假的麻烦。

虽然看似“粗暴”，但是管理很见效。

项目管理系统上线以后，一切就变得微妙了。虽然，管理思路没有变化，但过于明细的信息收集系统，加上系统强大的数据分析功能，反而带来大量“信息噪点”，决策时左右为难。

关键是，信息系统中的数据，是靠人工录入的，换言之，如果有人要蓄意误导决策，填列的虚假信息，只要能通过系统的审核，就能随心所欲。

于是，用看似合理的途径，达到不合理的目的，成为轻而易举的事，而这一切，都是因为一套看似天衣无缝的精细化管理系统，主要包括以下五个方面。

“算盘哥”：您的意思是财会信息系统作为管理工具，运用到会计信息生产过程中，反而会阻碍我们实现真实、全面的管理目标？

“会计叔”：这一点有些令人费解，但事实的确如此。原因就在于管理系统的运行逻辑不一定符合会计信息生产的逻辑。前者针对的是业务活动，后者面对的是会计活动。具体说来，有五个方面的原因。

第一，信息系统无法完全代替会计完成归集信息的工作。

信息系统是工具，但工具会改变生产方式。工具改变生产方式的过程，就是工具属性，工具属性是工具运行逻辑的外在表现。

信息系统的运行逻辑是：“保存”和“传递”信息，管理者通过系统处理后的信息，控制、引导和规范行为。所以，信息化系统“保存”和“传递”信息的方式，直接影响管理方式。那些精细化的信息系统，有助于管理者准确地决策，同时，也让管理者陷入事无巨细的囹圄中。当然，在何种高度开展管理，与管理者的认知水平有关，毕竟，工具最终是由人来操作的。

系统影响管理的关键，是系统储存的信息的时效性和完整性。

但是，信息是有“生命”的。

信息从出现到消亡，可能是一瞬间，也可能历经几千年，那些经千年而不灭的信息，就是我们今天读到的历史。信息系统存在的意义之一，就是延长信息的“生命周期”。请注意，“延长”信息保存的时间，并不代表系统能完整地收集信息。我们把信息比作江河湖海构成的复杂水系，若要汇集成汹涌的洪流，一是朝向一致，二是相互交融，能由小及大地汇集起来。总之，只有按同一方向，完整地汇集，才可能形成汹涌的洪流。

所以会计信息也只有按统一的标准，完整地记录业务行为，才能有效地反映经营活动。

我们知道，未来的核算工作会逐步被信息技术“取代”，准确地说，取代的是核算工作中程序性的内容。但系统本身不能确认信息是否完整，更不可能主动收集信息——因为系统无法代替我们完成信息归集的工作。

系统记录的只是我们收集来的信息，能否完整地反映经营活动，关键还得看我们收集的广度和深度。在未来，评价会计核算水平的标准，关键是看，会计信息能多大程度地涵盖经营活动。

只有信息全面地反映经营活动，才谈得上信息的真实性。

对于管理层需要完整、真实会计信息的诉求，需要扩大信息收集的范围，同时，借助信息化系统强大的处理能力，自然就事半功倍。但要是我们将系统当作目的或结果，就会陷入“技术陷阱”，会计信息就成了闭门造车的对象。

第二，会计更关注信息的“规范性”，较少从“实证”的角度探寻会计信息产生的内在机理。

作为会计，常纠结于，会计处理是满足会计准则、规范和制度的“规范性”要求更重要，还是真实地反映经营活动更重要？

我们用会计最常见的原始凭据——发票，来解答这个问题。

发票是具有法律效应的交易凭据，是经济活动的书面证据。但是，作为经济活动的书面证据，发票与合同、收据，甚至“白条”，都没有本质的区别。

如果没有发票，凭其他类型的业务凭据，能做会计处理不？几乎所有的会计规范都明确规定，如果没有发票，会计处理就缺失了最关键的原始凭据。可我们不是才论证了收据、合同，甚至“白条”，都是业务凭据么？

有朋友会说这些凭证，不一定具备法律效应，没有发票处理会计业务是在玩笑。

站在历史的角度看，在没有发票的几千年中，商业往来、交易活动也没有遇到实质性的障碍，依然进行得如火如荼、热火朝天。

准确地说，发票是税务机关征收税款的工具，是国家监督经济活动，维护经济秩序的手段。“发票是具有法律效应的经济凭据”就是在这个大前提下提出的规范性要求。

问题在于，我们将这个标准直接作为会计核算和财务管理的要求。这看似合情合理的做法，就蒙蔽了我们的双眼，让我们丧失了探寻经济活动真实性的想法。

比如，某些企业为了降低税负，找发票虚增成本，或是偏离职业道德的人，虚增发票金额或虚列项目，以此多报费用。这些行为一定违规（有些甚至违法），但对会计来说，具备了“真实”发票的经济业务，却是应该入账的报销业务，因为这些内容符合费用报销的全部条件：

①与费用相关的经济利益很可能流出企业。

②经济利益流出的结果导致资产减少或者负债增加。

③经济利益的流出额能够可靠计量。

会计按准则的要求处理的会计业务，却成了不明真相上当受骗的“无辜”群众。

该怎么办？我们换个思路就能解决。

还记得我们前面提到的物流公司车辆运行费用的案例吗？要确认会计信息的真实性，必须核实业务信息，通过业务活动与财务指标的逻辑关系来判断。

如果在这个过程中发现问题，应该告知业务管理部门，或报告分管领导。这个过程也是会计管理业务，服务经营的过程。因为会计的核算、管理和服务，并非相互隔离的会计职能，而是融为一体的内容。

“算盘哥”：如此看来，要获得完整、真实的会计信息，不光要在核算环节加强审核，还要引入管理的思维。这么看，会计应该是管理者的定位。

“会计叔”：会计一定要有实证精神，因为经济行为相互联系，只要有一个谎言，就需要无数谎言掩盖。我们切入经营活动，考察核算内容的真实性，就能发现破绽。

我们只有将视线延伸到业务活动，才能真正具备专业判断能力。如果只关注形式要件（比如发票），简单地按规范性的要求判断经济活动，迟早被忽悠。

第三，会计通常接收的是“点位”信息，单个信息具有不同的判断标准，只有将点连接成线，再组成面，才能生产可靠的会计信息——经营活动就是会计信息的“基本面”。

我们以预算工作为例说明这个问题。

预算是控制经营活动的管理工具，但要做一份可落地实操的预算方案，却非常困难。因为，根据经验数据（过去的业务和会计信息）做出的预算方案，不一定适应未来发生的行为。

预算太“虚”，没有可操作性，预算太“实”，又制约经营。

但预算至少为我们判断经营活动的财务表现，提供了评价的“基准”。比如，业务部门报销费用时，该费用的年度预算总额，就是能否入账最直接的判断标准。

那么问题来了，除了预算，还有没有更精准的判断方法？

我们知道，经济活动是会计信息的基础，照此推演，经济活动的运行逻辑，就是会计判断的标准，要弄懂经济活动的运行逻辑，需要长期思考，非一日之功。但从实务工作入手，发现和把握经济业务的运行逻辑，却简单至极。

假设我们是商业企业的会计，要弄清楚业务的运行逻辑，最简单的办法，就是亲身参与整个经营过程。从购货开始，历经比选招标、合同签订、验收、采购、付款、商品进出库、销售、开票、回款、清仓盘点等所有环节。

整个一圈走下来，就算我们说不清经营的所有内容，但我们一定了解各环节之间的逻辑联系，上一步做了什么，对下一步的影响是什么，相互之间的影响是怎么发生的，基本能掌握个大概。只要这一点做到了，我们就把握了公司经营活动的脉络，换言之，我们就掌握了会计信息的“基本面”。

“纸上得来终觉浅，绝知此事要躬行”——搞不懂的事情，做一次就懂了。

会计要懂生产，了解生产经营，只能亲身参与其中，但在实践的过程中，我们面临另一个问题——什么是会计该做的事。

第四，对会计来说，“应该做的事”是会计规范的要求，“需要做的事”是经营活动对会计工作的要求。做什么样的事，决定我们是普通会计还是成为财务经理。

我们仍以商业企业的会计为例，在亲自参与业务活动之前，最好先自己推演从购买到销售的整个过程，再实地调研。根据实际情况与逻辑推演的差异，找出逻辑推演错误的内容，最后，分析这些内容是如何影响会计信息的。

通过这些工作，我们可以构建一个能够及时反映经营的会计信息体系，这就是我们“需要做的事”，而“应该做的事”则是在核算时，减少特殊事项对会计信息规范性的影响。

以前，我们得到的是被给予的信息，是碎片化的内容。现在，我们掌握了信息与业务活动的内在联系，会计工作从被动变主动，不再是给什么就反映什么的简单记录，而是需要反映什么信息，就去取得什么信息的管理工作。我们做到了这点，会计控制经营行为，服务公司经营，就不是一句空话。

经营活动是一个相互关联的神经系统，任何一个环节的异动，其他环节都随之变化。我们能从任何一个变动中，看出可能的、应该的或一定的联动反应，自然就是最上乘的会计。

“会计叔”：讲到这里，我们又从会计的管理定位向前迈进了一步。会计虽然不会直接参与经营，但这些内容，正是我们为辅助经营而开展的工作。

“算盘哥”：不论技术如何进步，管理和服务还得靠人才能实现，做不被取代的事，才能创造价值，做创造价值的工作，才不会被淘汰。

第五，会计的价值体现在管理和服务，但专注于基础核算的我们，如何才能实现创新转型？

在前面的内容中，我们看到，会计一直在核算、管理和服务三者之间转换角色，到底扮演哪种角色多一点，与我们的精力和能力有关。

实话实说，很少有会计能同时经年累月、持续不断地做好这三件事。除了主观原因外，客观上，越来越细化的会计分工，也是我们同时做好这三件事的障碍。分工协作虽然有利于核算、管理和服务的专业化发展，但在一定程度上，也造成了信息的扭曲，降低了效率。

当经营活动产生的业务信息传递给核算会计时，就已经失真（第一次信息衰减），核算处理后再传递给汇总会计（第二次信息衰减），经过汇总会计的数据整理（第三次信息衰减），管理会计再分析报告管理层（第四次信息衰减）。

2 的四次方是 16，一个微小的差异经过四次传递，就会放大 16 倍，换成是你，你会用这样的信息吗？所以，公司领导、业务部门听不懂，也不想听过于复杂的财务分析，其中一个原因，就是数据异化得太厉害。

如此错综复杂的问题，我们能找到“解药”吗？

“解药”就是十六个字——建立标准、划小单元、监督执行、全面授权。在诠释“十六字诀”之前，我们先确定会计能否同时完成核算、管理和服务的工作？

一般来说，一个会计很难同时完成核算、服务和管理三项工作，除了劳动强度、专业胜任能力、工作意愿等因素，在我们的认知中，核算是案头工作，服务是运用信息支撑决策的过程，管理是控制行为的内容。

假如，不考虑工作量、能力、意愿等因素，从实务操作的角度看，核算、服务和管理，其实是会计工作必经的三个阶段，只是所处环节的先后顺序不同。

比如日常费用报销，会计从接收原始单据到完成支付，就包括了费用合规性、业务真实性、凭据完整性的审核内容。看得出来，费用报销虽然是核算范畴内的工作，其实，已经包含了服务和管理的职能。

“算盘哥”：看来会计工作是摸清核算、管理和服务的内在逻辑和相互联系的基础上，同时开展的内容，关键看我们想要突出哪个部分。

“会计叔”：本应融为一体的工作，由于组织架构、岗位切分、流程设置的原因，被人为割裂成一个个孤岛，会计作为信息的生产者，无意间却给自己设置了障碍，自然就难以服务经营、支撑管理。

当我们理解了会计可以同时实现核算、管理和服务职能，就可以系统地总结“十六字诀”。

“建立标准”是我们在做事前，先确立的规矩。没有规矩，不成方圆，但我们这次“建立标准”的方式不同，准确地说，我们要建立一个可选择的标准。

我们将核算、服务和管理职能，分别细化为具体的工作项目，并将每个项目，划分为“至少要做的事”（及格标准）、“努力去做的事”（优良标准）和“尝试去做的事”（加分标准）。

大家会说，既然是标准，为什么不都设定为“必须去做的事”？如果可以选，人人都选较低标准，工作质量还怎么保证？

现实中，所有的规章制度都是按最高标准制定的。请问大家，我们真的是按最高标准，规范自己的行为吗？很多时候，连基本的要求都没有达到。

尊重现实，才能实现理想。

“建立标准”的目的不是为了田里庄稼一般高，而是划定必须坚守的底线，明确至少应做到的工作，并为提升和优化明确方向。

比如，我们对核算工作的最低要求是，至少符合会计准则的要求，具备完整的原始凭据（发票、合同等）。在此基础上，进一步的要求是，确认经济活动的合规性和真实性。最后，再要求会计根据会计信息，预判业务活动对业绩的影响，发现和预警经营风险。

“划小单元”是指如果核算会计只管核算，汇总会计和管理会计只报告和分析，要是其中一项工作，只达到了“及格”的标准，这些工作组合在一起时，总的结果很可能只是及格，甚至不能达标。

比如，会计核算确认了100元的费用，这100元会以现金的形式流出企业。

如果这是不该支出的成本，却以现金形式流出企业，即使被发现了，也是无法挽回的损失。面对这样的结果，责任却难以落实，因为每个岗位都做了该做的事，凑在一起却没有控制风险。

会计信息的生产过程就是财务决策的过程。

最先接收信息的核算会计，是做出管理判断的最佳人选，在这个环节，信息衰减程度低、线索清晰、证据完整。

“划小单元”的作用就在于，斩断导致失真的会计信息向后传递的链条，使我们甄别信息的速度更快、成本更低、效率更高。

更重要的是，“划小单元”后，为我们落实管理责任，提供了现实的基础。只要我们将会计视同完成核算、管理和服务职能的综合体，工作的成效和错误就能直观地体现出来。因为工作成果可量化，责任就能准确到人、追溯到环节、落实到事。

总的来说，“划小单元”属于倒逼机制，最终目的是将核算、服务和管理融为一体。

“监督执行”是指如果说“制度的尊严在于执行”，那么“执行的效率靠监督”，但凡说管理，一定与监督有关。

有些事做到两成就是两成的结果，有些事做到九成，还差一成，就等于没做。我们的会计工作常常“功亏一篑”，差的就是这最后“一成”。“监督执行”的目的，就是推动走完“最后一公里”。

关键是谁来监督？

一般来说，权力结构决定了监督的效力，当然是上级监督下级。但权力结构无法保证监督的效率，最佳的监督者是执行者本身。

因为自我监督的效率最高。

问题是，自我监督的效力很低，毕竟，很难客观评价自己的工作，自我评价容易避重就轻，这是人性使然。

我们如何同时确保监督的效力和效率？

一个行之有效的方法是“打表计分”。

我们将会计工作，从核算、管理到服务，全部细化明确为具体的项目、内容和标准，以表格的形式确定下来。具体运用时，按照表格内容，每完成一项确认一项，工作完成时，自我监督的过程也同步完成。

工作和监督同时进行，并留下了痕迹，上级只需要抽查即可，加上执行过程一目了然，不存在争议且客观公正。

我们建议各位财务经理、财务总监，一定把这张监督执行的表格做好，这就等于完美地搭建了公司的会计工作质量监督体系。

使小力办大事，四两拨千斤，是管理追求的境界，也是“监督执行”策略要达到的目的。

“全面授权”是指建立了标准，责任落实到各岗位，同时，具备了可执行的监督机制，工作可以有效推进了吧？

当然还不够。

虽然搭建了工作框架，但没有让系统运行起来的“动力”。

没有权力的责任是挂在墙上的口号，没有责任的权力则是脱离规则的蛮力。前者无用，后者危险。

责任与权力是共生而存的。

“全面授权”就是给会计匹配相应的权力，目的是保证执行者履行责任时，拥有足够且有效的“动力”。

当我们拿着存有疑问的凭据，询问业务部门原因时；当我们需要其他部门配合时；当我们获得有价值的信息线索需要呈报领导时。如果因为权限不够，让工作无法正常开展，任务无法完成，那么，会计的核算、管理和服务职能就无从谈起。

长此以往，会计人员就会产生“是权限不够让我无法完成工作，所以，我努力也没用”的消极态度。

只有被赋予相应的权力，会计才有动力推进工作，可财务的权限如何下放，以及下放多少呢？

财务的“权力”很大，涉及公司经营的方方面面，但归根到底是“资金权”，资金权掌握在谁手中，谁真正拥有“财权”。如果将资金权抽离，财务部和其他管理部门没有本质的区别。

所以，“全面授权”的作用是，除了关乎公司经营生死存亡的“资金权”牢牢掌握在管理层手中，财会工作的其他职权都可以下放。而我们下放多少权力，以及下放什么权力给会计，关键在于公司希望会计扮演什么角色。

我们将“建议权”赋予会计，会计就能做服务经营的工作；将“否决权”和“调查权”赋予会计，会计就能做管理的工作；若只赋予收集信息的权力，会计就只能做核算。

因为会计被赋予了否决权、建议权和调查权，就可以做管理和服务工作，业务部门想要报账、支付成本，就得配合会计完成核算、管理和服务的工作。

我们以两种情况为例进一步说明：

情况一：若业务凭据经确认符合标准，我们确认为会计信息，并作为资金收、付的依据。

情况二：若业务凭据经审核不符合标准，会计可以否决，同时，向上级报告。

看得出来，当会计被赋予了相应的权力，不论哪种处理方式，业务处理的效率都很高，但握有权力的会计，会不会借权力寻租呢？

我们说"建立标准、划小单元、监督执行"三步完成后，如果还出现寻租行为，要么是框架搭建有问题，需要查漏补缺立即调整；要么是会计人员的职业操守出了问题，只能让其离职。但这都不是我们放弃"全面授权"的理由，如果是担心"权力"分散，而弱化会计核算、管理和服务的功能，那就是因噎废食，最后的结果当然是"自废武功"。

至此，我们完整地介绍了"建立标准、划小单元、监督执行、全面授权"，目的是为了建立全新的会计工作思维。不是要让大家放弃核算工作，而是在核算中引入管理和服务的职能，同时，用管理和服务的思维开展核算工作。

唯有如此，才能成就新时代的会计工作。

"会计叔"：在核算会被技术取代的大趋势下，会计必须从核算职能向外拓展，但核算是会计最基础的职能，"革命式"地改变职业轨迹既危险又不现实。最好的方式是，将核算作为基础，以管理和服务为突破口，从传统核算型的会计向懂管理、会服务的会计转型。

"算盘哥"：看来转型并不难，不论从事的是何种会计岗位，方法、技巧和能力都不是影响我们转型的障碍。唯一的阻碍，是我们的决心，心有多大，会计工作的边界就有多大，会计工作的边界有多大，我们职业发展的想象空间就有多大。

二、会计是老板的“外脑”
——把自己当成老板那样开展工作

“算盘哥”：如果一个会计能实现服务、管理和核算的三统一，这个会计是否就具备了卓越的执业能力？

“会计叔”：差不多是这个意思了，但还不敢就此定论，如果会计能站在老板的角度思考问题，才算得上是优秀的会计，但前提是老板愿意把会计当成自己的“外脑”。

作为职场中人，会计最常困扰五件事，一是操心钱，如何确保公司经营所需；二是操心事，如何推进工作；三是操心关系，如何处理上下左右、内外部之间的矛盾；四是操心老板，如何服务和支撑老板的决策；五是操心人，同事之间如何协同推进工作。

最操心的五件事中，前两项难度较低，难度居中的是最后一项，最不好把握的是中间两项，因为需要与人打交道。

比如，老板希望财务工作能创新突破，提升公司价值，但创新是“破坏”原有结构后的再次重构。创新与会计简单重复的工作属性本身就存在冲突。

不同于老板看重会计服务和支撑经营的能力，财务经理更关注与核算相关的专业技能。于是，老板和财务经理的不同评价标准，常常造成会计自我评价的落差，并纠结于工作的定位、方向和努力的程度。

既要具备创新精神，又能做好本职工作，这样的会计，必然是尽职尽责，又富于主观能动性的“稀有金属”型人才。

但“稀有金属”的物理结构一般都不太稳定。

对富于创新精神的会计来说，也是如此。

在其他专业看来，会计墨守成规、谨小慎微、精打细算，缺乏激情和趣味，对数字敏感，过于担心风险。会计生活在铜墙铁壁构筑的独立王国中，拒绝一切与会计原则、标准、规范相悖的行为。

实话实说，这些“负面”的评价，却是客观地反映了会计的精神状态、工作方式和行为特征，甚至成为会计文化的标签。

但这些标签，却没有反映出会计的真实内涵，我们回看会计发展的整个过程，最能体现会计文化内涵的符号，恰恰是我们通常戏谑会计职业的代名词——账房先生。

古装片中，我们常常看到，但凡老板做重大决定，身边常有“账房先生”相伴，老板侧身倾听，会计俯身耳语，老板或喜上眉梢，或眉头紧蹙，时不时地还要问一句：“你觉得呢?”

会计是老板身边的人，老板离不开会计，常伴老板身边的会计，是老板随身携带的人脑计算机、风险提示器、谈判智囊团。

会计是老板的第二个“大脑”。

财务是后端部门，但后端部门并非只能在后端环节发挥作用。兵马未动、粮草先行，业务未动、财务先行，说的是一个道理。会计应该先老板之思而思，替老板想策略、谋出路、解难题。

“会计叔”：这么说，老板需要的、老板关心的、老板困惑的、老板无解的，都是会计要做的事情，要这样子的话，会计工作怕是应接不暇吧。

“算盘哥”：看起来确实很多，但概括起来不过四件事：说得清商业模式、找得到替代方案、玩得来政策法规、看得清趋势方向。

(一) 说得清商业模式——会计第一要务

会计将商业活动、经营行为抽象表达为数字展示的内容，因为我们长期从事这样的工作，逐渐形成了管中窥豹的思维方式，很容易一叶障目不见泰山。

所见即所得，所得即所思，但所思不一定有用。

会计的工作就好比把某个生命体切分到细胞层面，拿着一大堆分析报告，入木三分地描述生物的特征和属性。通常，看到这样的报告，所有人都会困惑，根本无法做判断。

原因很简单——大家不知道这是什么东西。

为何不简单一点，直接告诉大家这是什么，是人还是动物，然后再从域、界、门、纲、目、科、属、种，依次往下，逐步细化。

深度和精度固然重要，但会计常常因为细节而忽略整体。

会计怎么才能把握重点又不纠结于细节，又怎么才能完整、清晰地描述业务?

简单地说，就是用三个问题，把商业模式讲清楚。

第一，公司以什么样的方式做业务？这决定了公司需要什么样的资源、组织结构、生产方式，以此得出公司财务管控方案。

第二，公司做的是什么样的业务？业务的市场容量、产品属性、业务区域是什么？以此得出公司风险控制方案。

第三，公司以什么样的途径赚谁的钱？也就是与客户定位、投入产出效率、资金周转相关的内容，以此得出公司经营管理方案。

把这三点搞明白，就说清了公司的商业模式，至于生意做不做、怎么做的问题也就迎刃而解，与之相关的财会工作也清晰明了。

作为会计，时常思考这三个问题，假以时日，我们的职业发展通道将无比广阔。

“算盘哥”：把事情说清楚，看起来是个很低的标准，其实对专业能力的要求极高，除了要懂经营、懂财务，关键还要能糅合二者，为老板出谋划策。

“会计叔”：站在老板的立场，就算会计核算能力弱一点，也比不懂业务好得多，因为所有的专业工作都是为生意服务的。

（二）找得到替代方案——让梦想照进现实

如果做一个“最喜欢说‘不’的部门”榜单，财务部一定名列前茅，很可能还是第一名，如果我们做一个“最爱说‘没问题’的部门”榜单，市场部绝对第一。

曾有老板对笔者说，他对业务人员的要求是，客户说什么都要答应，就算是造航母、卫星，都得说没问题。这样的语言，这样的豪情，怎能不让人怀疑他是“皮包公司”的老板，但有一点却是真的，他很有企业家精神。

现实中，要求造航母、卫星的客户是没有的，即使有，也轮不到我们，我们接触到的大部分还是常规业务。

业务虽然常规，情况却是多变。

高度标准化生产和运营的肯德基、麦当劳，都在改变产品，适应不同地区的饮食习惯，还有什么是一成不变的生意？

唯一不变的，是变化本身。情况很明确、道理很简单，但会计常常做不到。因为会计工作的标准来自会计准则，但会计准则没法包含所有个性化的业务。

于是，会计以不变应万变，就算万变也不离其宗。

最后，其他部门都围绕财务转，准确地说，大家都围着会计准则和财务的规章制度转。

这看起来是对的，实际上错得很离谱。

如果把公司比作一个行星体系，最内核的不是老板、不是股东、不是监管机构，而是客户，没有客户，整个体系就此崩塌，全部玩完。好比月亮如果不以地球为中心，那么地球的运行轨迹也会紊乱。

围绕谁转是运行轨迹的问题，决定的却是生死存亡。

公司的业务人员作为第一圈层的行星，离客户最近，人力、财务、业务、管理部门则分列于二、三、四、五圈层，通过服务和管理业务活动，实现与客户的互动。

所以，财务应该以业务为中心，业务怎么转，财务就要怎么转。那会计的原则呢，不需要遵守了？

会计的原则是“自转”的问题，“自转”怎么能决定“公转”。

所以，为了公转可以牺牲自转，是吗？

“牺牲”的说法应改为“调整”——调整会计原则的容忍度。按会计准则的要求，将业务活动划分为达标、瑕疵、风险、违规、违法五个层次。达标是最好的结果，瑕疵可以接受，风险需要补救，违规则应拒绝，违法必须坚决制止。

作为会计，我们应将容忍线设定在“风险”这一级，违规的事不要做，违法的事不能做。在实务工作中，按最高标准做到“达标”，是可遇不可求的，倒是有“瑕疵”的事情常常发生。

需要会计专业处理的正是“风险”层次的内容。“风险”处理得好，顶多是瑕疵，处理不好，就是违规，甚至违法。

我们这里多讲讲会计如何应对风险。

比如，公司决定投产新品种，涉及生产线购置、生产工人招聘、原材料购买等一系列工作。对会计来说，这涉及复杂的财务和会计工作，包括人工、材料、融资、资产、成本等内容。如此复杂的体系，光是测定产品的盈利水平，就不是件易事。遇到市场变换，如何建立投资退出通道，以及对风险的控制，又是复杂的问题。

但不做不行啊，不是说业务怎么转，财务就要怎么转吗？

财务需要围绕业务转，是要让业务转得轻松、转得有效，而不是单纯地跟随。要破解这样的难题，“业务外包”算是一个替代方案。

公司不需要自己投建生产线、雇佣工人，只管做好研发，摸透客户的需求，其余的事情委托给外包服务商即可。通过这种方式，在避免巨额融资成本的同时，还解决了投资退出的难题。当然，还减少了复杂的运营工作。

就因为我们换了条路走，众多问题没有了，风险也降低了，可能出现的“违规”自然也就消失了。

这就是会计想出替代方案的现实意义。

“会计叔”：有些事看起来和财务没关系，好像会计做不了主，其实与我们看问题的角度有关，多一些看问题的角度，就能解决很多难题。

“算盘哥”：选一条好走的路，比怎么走好一条路更重要，业务部门最希望会计能提出多个可选方案，以供参考决策。

（三）玩得来政策法规——会计的核心竞争力

我们在实务工作中，总能想出奇妙的商业构思，在实施时，却发现这些“完美”的经营方案，与政策制度相悖，只能忍痛割爱。通常，我们会抱怨是制度的原因，但这样的抱怨没什么用。

因为政策法规、规章制度本来就是方案设计时，要考虑的外部因素。会计作为最常接触政策法规的专业人士，当然有责任将政策法规代入“经营函数”中寻求最优解。

但是，要达到这些要求，需要三个条件。

一是学习。我们只有先“知道了”才谈得上如何运用，要“知道”就只能学习。凡是与公司业务相关的政策法规，都是我们要学习的内容。

二是选择。根据政策法规和业务目标，选择最佳经营方案，确保经营方案能合法合规地落地实施。

三是控制。财务风险不会单独出现，一定在经营过程中产生，控制财务风险的最佳时机是在业务经营环节。所以，会计的职责之一，就是营造对政策法规存有“敬畏之心”的氛围，确保经营活动不逾法、不破规，将风险扼杀在风险产生之前。

政策法规的制定者是人，执行者也是人，政策法规的作用是规范人的行为。“政策法规”就是经营活动的“游戏规则”，面对规章制度，会计要敢“玩”、会“玩”，同时，还要“玩”得起。

通常来说，犯错的人有两类，一是“无知”的初学者，还没弄清规则就犯了错；二是“懂行”的专家，熟知规则，却挖空心思钻漏洞。第一类人需要加强学习，第二类人是知法犯法，只能罪加一等。

其实，第二类人仍是“半壶水”，没有真正搞懂游戏规则。

真正搞懂规则的人是不会犯错的。

搞懂政策法规的人，不会按部就班、按图索骥，更不会挑战规则、莽撞行事，真正搞懂政策法规的人是对政策、制度和规范存有敬畏之心的人。

换言之，有人看着，我们按规则玩游戏，没人看着，我们还按规则玩游戏。

“玩得来政策法规”就是要求会计，除了树立自己对规则的敬畏之心，还要会运用政策规划经营方案，推动经营活动朝既定方向推进，这就是“玩得来规章制度”的真义所在。

（四）看得清趋势方向——会计的最高境界

实事求是地说，“看得清趋势方向”不可能单独做到，但要是前三项内容都做到了，第四项就是自然而然、顺理成章的事。

我们这里所说的“看得清趋势方向”，不是指会计预测分析的能力，而是会计敢于对经营活动的趋势变化做出判断。这包括两点：

第一，如果老板开始咨询会计，关于公司未来经营预期的问题，这就充分说明前三项工作，我们做得到位并初见成效；

第二，对于老板提出的问题，我们要给出确定的答案，行还是不行、能做还是不能做，总之，给个痛快话。

第一点是成绩，关键在于第二点，我们往往做不到。在没有充分证据的情况下，会计从不敢妄下定论，我们很难有“胆量”对不确定的事做出确定的回答。

也许，在会计看来，不对没把握的事下结论，这是负责任的态度，但在老板看来，却是最不负责任的行为。老板决策的时候，需要的是参谋，在拿捏不定的时候，需要专业人士的专业意见帮着下决心。若是我们给出什么都对，又什么都不对的答案，等于没给答案。

这一点，我们应多向业务部门的同事学习，他们总是富于激情地给出定论，帮老板下决心、做判断。当然，我们学习这种精神时，需要以会计的职业操守为底线。

要成为一个有前途的会计，必须具备判断趋势的能力，更要敢于判断公司经营走势，勇于向老板建言献策。

至此，我们算是完整地描述了一个“账房先生”的四大能力，其实这四件事，个个都是会计的本分，本分做到了，事情就做好了。

要做好这四件事，除了自身努力，更离不开老板的支持。前面我们说过，有什么样的老板，就有什么样的公司文化，有什么样的公司文化，就造就什么样的员工。

公司文化是老板决定的，但会计行业的文化也需要传承和发扬。巧合的是，二者的最佳结合点就是“账房先生”——一个懂经营、会管理、能核算的会计，一个能站在老板的立场上解决财务问题的会计。

“算盘哥”：所以，老板把会计看作什么，会计就获得什么样的存在感，有什么样的存在感，就会追求什么样的获得感，追求获得感的过程，就是跨越障碍、达成目标的过程。

“会计叔”：在未来，会计行业将发生巨大变化，这是时代进步的必然。我们只是在一定范围内提出了概念、方法和思路，更重要的是，各位读者在工作中，要不断摸索如何成为一名懂经营、会管理的会计！